人大未来法治研究丛书

Renmin
Law and Technology
Institute
中国人民大学
未来法治研究院

计算法学方法初阶

邓矜婷　著

法律出版社 LAW PRESS · CHINA
—— 北京 ——

图书在版编目(CIP)数据

计算法学方法初阶 / 邓矜婷著. -- 北京 : 法律出版社, 2021(2022.4 重印)
(人大未来法治研究丛书)
ISBN 978 - 7 - 5197 - 6283 - 4

Ⅰ. ①计… Ⅱ. ①邓… Ⅲ. ①法学 - 统计模型 - 研究 Ⅳ. ①D90

中国版本图书馆 CIP 数据核字(2021)第 260488 号

计算法学方法初阶
JISUAN FAXUE FANGFA CHUJIE

邓矜婷 著

策划编辑 陈 睿
责任编辑 陈 睿
装帧设计 汪奇峰

出版发行 法律出版社
编辑统筹 法律考试·职业教育出版分社
责任校对 杨锦华
责任印制 胡晓雅
经 销 新华书店

开本 710 毫米×1000 毫米 1/16
印张 15.5 字数 224 千
版本 2021 年 12 月第 1 版
印次 2022 年 4 月第 2 次印刷
印刷 北京虎彩文化传播有限公司

地址:北京市丰台区莲花池西里 7 号(100073)
网址:www.lawpress.com.cn
投稿邮箱:info@lawpress.com.cn
举报盗版邮箱:jbwq@lawpress.com.cn
销售电话:010 - 83938349
客服电话:010 - 83938350
咨询电话:010 - 63939796

书号:ISBN 978 - 7 - 5197 - 6283 - 4
定价:58.00 元
凡购买本社图书,如有印装错误,我社负责退换。电话:010 - 83938349

总序　建设面向未来的世界一流法学学科

未来已来！

进入21世纪第二个十年，人工智能、高端芯片、区块链、基因检测与基因编辑技术等突破了一系列重要的技术屏障，开始以我们从未想见的广度、深度和速度普及我们的生产和生活中，整个人类都面临数千年未有之大变局！

已经到来的这个未来，令人印象深刻：人生而渴望自由，却无时无刻不身处网络中；人生而渴望平静的生活，却每分每秒都无处躲藏。人类有很多美好的想法，总想"鱼"和"熊掌"能够兼得，我们中国人就此还贡献了一个词叫"两全其美"。但生活的现实残酷地告诉我们，"鱼"和"熊掌"不可兼得。我们在得到的同时，一定会失去些什么：如果我们想享受农业社会的田园风光，就一定会付出物资相对匮乏的代价；如果我们想享受工业社会丰富的产品，就一定会牺牲恬淡、自然和舒适的生活。如果我们想享受人工智能时代的便利，我们准备付出什么？如何能够让人类的获得最大化，让付出的代价在人类可接受的范围内，这可能就是未来法治要着重去思考的问题。

2017年9月8日，中国人民大学法学院集中优质资源，成立未来法治研究院，就是为了回应新一轮科技革命和产业变革给法治带来的机遇和挑战。未来法治研究院要成为促进法学学科与人工智能、互联网、大数据、云计算等现代科技及司法实践深度融合的重要载体，成为具有创新实力、在国际上拥有话语权、能够抢占国际学术制高点的重要战略创新力量，并力争具备在这些新兴学科领域与世界顶尖法学院平等对话和竞争的能力。目前，未来法治研究院已经会聚了一支具有法学、计算机科学、信息科学等跨学科背景，学缘结构多元，年龄优势明显，国际交往能力突出的学术团队。未来法治研究院自成立以来，立足中国问题，面向新一轮科技革命和产业变革所带来的挑战，已先后组织了多期未来法治读书会、具有较大影响力的学术研讨会和前沿讲座，逐步起到了学术引领作用。

未来法治是一个需要充分展现人类想象力的领域。如果说到现在为止，改革开放已经过去的四十多年，中国人向世界展现的主要是我们的学习能力的话，那么改革开放未来的四十多年，甚至更长的历史时段，中国人需要向世界展现的，应主要是我们的想象能力：面对人类还没有给出答案的问题，要给出适合我们的答案；来到人迹罕至的区域，要留下我们的脚印；我们要在还没有路的地方披荆斩棘，走出一条自己的路！

组织出版这套未来法治研究丛书，就是试图展现未来法治研究院年轻同事们的学术想象力。我一直相信，对于一个百年来不断从人类共同文明中汲取营养的民族，能够对解决相同的问题提出更好的方案，能够对没有答案的问题给出我们的回答，才是这个民族能够对人类共同文明作出的最好回馈。

让我们一起自信勇敢地面对未来！

中国人民大学副校长
中国人民大学法学院院长　王轶　于明德法学楼
未来法治研究院院长

序　言

小邓，矜婷，是一位颇有个性的才女。她是中国人民大学法学院的本科生，当过班长，听过我讲的课，但是我当时对她并无印象。2010年，她在美国密歇根大学法学院获得法律博士(JD)学位之后回到人民大学法学院，申请到证据学教研室任教。根据我的留学经验，在美国的一流大学法学院攻读法律博士学位的难度很大，因为要系统地学习美国法律并通过严苛的考试。虽然这是美国法学院的"本科"学位，但它实际上比硕士研究生学位更难读取。据此，我对她很有信心。2011年，她正式加入了我们的教学科研团队。后来，她又在职到美国的印第安纳大学法学院攻读法律科学博士(SJD)学位，并于2017年完成学业。

小邓老师很聪慧，也很勤奋，善于捕捉问题，不断开阔视野，因此她的科研效率很高，成果相当丰硕。但是在我那粗疏的印象中，她似乎有些不修边幅，甚至不拘小节。我记得，在她正式任教人民大学法学院之前，我们以法律语言研究所的名义临时聘任她工作一段时间。其间，她曾代替我给本科生讲授"法律英语"课程。她第一次上课时，我到教室"压阵"，而她的装束令我颇感意外。年轻女子在众人面前登台时往往都会精心打扮一番，但是她素面简装，而且还穿了一双并非新潮的运动鞋，仿佛是一个仍在读书的法科学生。就外貌而言，她也确实还像一个小女生。不过，她的英语很好，讲述的美国侵权法内容也很清晰，讲课效果颇佳。

后来，我们作为同事，时常一起参加教学科研活动。我感觉，她的思维很敏捷，语言很犀利，有时甚至还有些"尖刻"。不过，她的穿着打扮依然不够"精致"。也许，她在生活中就不是一个很"精致"的人。这让我联想到英国牛津大学某些著名教授的形象。那些教授大概只修学问，不修边幅，在参加研讨会时竟然身穿皱褶的西装，而且衬衣的下摆还露在西服的外面。我隐约感觉，这位小邓老师将来也会修成法学大家。其实，她目前已经显露出一些成为大师的潜质，因为在她的科研视野中，不仅有法学的“树木”，而且有法学的“森林”，本书即为佐证。

法学方法论是法学研究的基础理论。关于法学方法的讨论是我国法学研究领域中的一个热点问题，对我国法治和法学的发展都具有重大意义。目前，我国已经基本建立了中国特色社会主义法律体系，也形成了开放包容创新的法学方法体系。但是随着社会不断转型、科技不断革新和秩序不断调整，法学方法也需要不断发展。特别是在计算机、互联网、大数据、人工智能等新的科学技术的促动下，不少法律学者已经提出了一些新的法学研究方法或方向，并且提出了诸如新文科范式、计算法学、法律工程学、网络法学、计算法学等新概念。不过，这些新思维似乎还没有与既往的法学方法进行充分沟通，而且自身的体系也不够完备，尚不足以解决上述新技术引发或催生的法律问题。在此基础上，以计算机数据为中心的计算法学方法便应运而生，顺势而发，成为法学方法论研究领域中一个颇有前途的理论创新。

小邓博士勇于探索，在总结归纳现有研究成果的基础上，对计算法学方法进行了系统的探讨与阐述。她首先明确了计算法学方法的概念和基本内容，进而深入讨论了计算法学方法的独立价值和基本思维方式。其基本步骤包括两步：第一步先将法学问题形式化为可以通过数据分析予以解决的问题；第二步再结合计算机技术和系统帮助研究解决数据化后的法学问题。然后，她重点讨论了冲突价值平衡、法律原则的具体实现、法律解释和法制改革方面的法学问题的数据化方法，以及结合计算机技术和系统解决数据化后的法学问题的一般方法和路径。

作为在信息时代“法学＋计算机”日益深化过程中才被正式提出的新型法学方法，计算法学方法与其他法学方法有着显著不同。除了开放包容、以数据为中心的特点外，还有以下独特之处。第一，计算法学方法中的数据能够被计算机存储，或是通过计算机产生，能够被计算机分析和处理。它可以在现有的计算机技术运用下不断地积累、叠加，形成多个数据库，而且数据库之间可以相互流通。第二，计算法学方法在法学方法中加入了数据的维度，其最关键的步骤是将法学问题作数据化的处理，转换为通过收集、处理、分析数据可以帮助解决的问题。第三，计算法学方法允许大量数据的处理。第四，计算法学方法中对数据的收集、处理方法是以最终能让计算机帮助完成为目标的。计算法学方法不是取代所有的法学方法,而是提供连接法学和计算机科学的重要的方法桥梁,是把计算机技术能实现的诸多功能引入法学研究中必需的方法。它需要在以往法学方法的基础上加上数据和计算的维度来进行。确定所需的数据及数据处理的规则时,需要运用已有的法学方法和理论成果,按照能够与记录实际生产生活的法律数据相连的方向和程度,对法学问题进行分析和解构。

综上,《计算法学方法初阶》一书以具体的法学研究问题为例来讲述抽象的计算法学方法,既符合计算法学方法本身实用、具体、明确的特点,又方便读者初步理解和掌握这类新型的法学研究方法。我以为,这本新著对于致力于研习网络时代的法理学、法学方法及相关理论的人员和希望进入未来法学科研领域或从事"法律+科技法务"行业的人员,都是很有教益的。

何家弘

于北京世纪城痴醒斋

前 言

法学方法发展史显示,各种法学方法都有其适合的法学问题,并在法学问题的要求下出现和发展。我国已经形成了开放包容创新的法学方法体系。我国以往的法学研究方法一般被认为有三种:价值判断、规范研究、实证研究。随着互联网向社会各方面的不断渗透,互联网+法学问题不断涌现,信息技术在法学研究中的应用日益加深,一些新的法学方法开始出现,比如,领域法学、问题意识的法学、法律工程学、新文科范式、网络法学、未来法学等方法。尽管如此,现有的我国法学方法体系不足以解决计算机相关的法学问题。以计算机数据为中心展开的计算法学方法因其天然适合计算机相关的法学问题而被要求出现和发展。计算法学方法在领域法学和问题意识法学方法的基础上进一步发展。本书顺应时代所需,提出了计算法学方法的概念和基本内容,归纳已有文献,并深入具体讨论了计算法学方法的一般步骤。

法学研究方法往往包含这几方面的方法:关于提出问题、找到争议点的方法;关于问题解构、分析的方法;根据解构出来的问题寻找、收集有关资料的方法;处理、分析收集到的资料的方法;根据资料的分析,对问题的表现、存在与否及原因进行研究的方法;有时还有提出解决问题方案的方法,以及比较或者评价这些方案的方法。不过,随着历史发展和积累的不同,各类法学研究方法并不是统一地按照这一路径来呈现和展开的。它们遵循经由历史发展形成的各自不同的内在的方法论体系来展开。事实上,在以往这些法学研究方法中,数据很少被提及,较为陌生。但实际上如果把数据理解为是一种资料,或是某个论点的支撑和论据,那其实数据本就存在于各种法学研究方法中。因为无论是哪一种研究方法支持的研究,它最终都需要去寻找到一些内容来支持它的研究结果。所以研究方法中很重要的部分就是为研究者寻找、处理和分析这些内容提供方法。从这个意义上讲,以法律数据分析为基本内涵的计算法学方法存在于所有法学研究方法中。

不过,计算法学方法有几点显著不同。第一,计算法学方法中的数据能够被计算机表示,存储,分析,传输,共享和处理。第二,计算法学方法加入了数据和计算的维度,其最关键的步骤是将法学问题作数据化的处理,转换为通过数据分析和计算可以帮助解决的问题。第三,计算法学方法往往针对大量数据的处理。第四,计算法学方法中的数据分析和计算是以最终能让计算机帮助完成为目标的。计算法学方法不是取代所有的法学研究方法,而是提供连接法学和计算机科学的重要的方法桥梁,是把计算机技术能实现的诸多功能引入法学研究中必需的方法。

计算法学方法具有与其他法学方法不同的思维特点和独立价值,对于解决计算机相关的法学问题有普遍重要的意义。学界目前对该法学研究方法的一般路径缺少分析。本书初步研究了数据、计算与法学思维融合的实现,提出了计算法学方法的基本步骤,然后按照基本步骤展开,讨论了法学问题数据化及其之后运用信息技术解决的一些方法,为计算法学研究关键步骤的解决提供了指导。本书立足于我国实践,提出了具有重要现实意义的具体法律制度改革方案的比较评价问题,讨论了其解决的数据化和标准化路径,为计算法学在该类问题中的运用作铺垫。

本书第一章讨论了计算法学方法的概念内涵、独立价值和基本思维。将其概括为这样一种方法,即以研究或解决某一法学问题为任务,将其转化为可以通过数据分析和计算方法予以呈现和解决的问题,然后在已有的计算机技术能力基础上培养或发展完成数据化后问题所需要的技术能力,再通过这一能力完成任务,并通过任务完成的好坏检测和完善有关技术的能力。

计算法学方法的基本步骤分为两大步。第一步将法学问题数据化,以相关的实际法律数据和对数据的演算规则,即包含数据的算式,来表示法学问题。本书第二章、第三章分别以具体法学问题的数据化为例,讨论了法律规范类和法秩序构造类法学问题数据化的一些方法。在对法学问题作层层解构的过程中,计算法学方法不排斥任何一个与该问题有关的已有法学研究理论及成果,哪怕这些已有理论之间相互冲突或者概念的定义各自不同。因为法学问题的数据化,不是要追求该问题的精确的概念表达,而是为了寻找和发现与该问题研究和解决有关的尽可能全面、完整的数据以及数据分析和计算的可能规则。在对相关数据作层层抽象的过程中,计算法学方法提倡充分运用已有的法学研究方法及成果处理分析数据,如实证法学方法中的类型化分析、类特征提取,统计学的方法,计算机科学的方法等。所谓层层抽象,就是发现数据之间的关系,对数据分门别类,发现类之间的关系,对不同的类和关系确定合适的定义和描述等,以最终与法学问题的基本要素相连。数据化法学问题是一个不断往返、重复的过程,以便不断地发现、更新相关的数据及数据之间的算式,使法学问题获得充分、多样的数据算式表达。

计算法学方法的第二步是结合计算机技术帮助解决和研究数据化后的法学问题。本书第四章以具体法律数据分析处理和计算机系统在法学中的具体应用为例,讨论了第二步的两个重要部分。第二步的一个重要部分是结合计算机技术获取、存储、处理和分析法学问题相关数据的方法。在具体实现的过程中,要根据相关数据及初步确定的演算规则的特点,选择合适的计算机方法和技术,逐步构造出能够达到一定准确率要求的获取、处理和分析数据的方法和程序。可以对数据按照其获取和处理所需的技术难易程度分类,按类选择合适的计算机方法分别获取和处理。在设定准确率的要求时,应当同时考虑法学和计算机科学的要求。在分析数据以获得法学问题研究和解决的依据或支撑时,应当遵循两个原则。一是所获得的依据或支撑应当符合法律法规明确的规定,或者法学理论界的学术共识。二是分析数据的算法应当尽可能模拟或接近人为分析数据的过程。第二步的另一个重要部分是认识法学问题相关理论和用以帮助研究解决法学问题的计算机系统的相互作用,以便确定计算机技术和系统的设计和选择,调整法学问题的理论研究体系和具体实现路径。在很多情形下,法学问题的解决不能仅依靠计算机系统来实现,还需要结合计算机系统和制度建设来共同完成,所以应当同时考虑计算机和制度建设两套系统各自的特点,不断调整,以便二者能够良好地结合,共同实现法学问题的解决。法学问题与计算机技术之间的相互作用也是计算法学方法中数据思维、计算思维与法学思维相互融合的重要体现。

本书初步系统性地讨论了计算法学方法用于研究法学问题的一般

步骤和路径,希望能推动这一研究方法更好地运用于法学和“法学+计算机”领域问题的研究和解决,将以往的法学方法与计算机技术能力连接起来,与学界前辈同人一起努力推进计算机技术和系统在法学问题研究和解决上的运用。

目　录

第一章　计算法学方法的概念内涵、独立价值和基本思维

关于法学方法的讨论一直是我国法学领域的热点问题，对我国法治和法学研究的发展有重大的意义。[1] 随着我国法治的发展，法学方法体系也在不断丰富。[2] 在我国社会不断转型、技术快速革新、网络时代经济社会秩序不断调整的背景下，法学方法需要进一步发展，以帮助法治和法学研究的顺利进行。在这一背景下，有不少学者已经开始提出新的法学方法或法学研究思维，或者运用新的法学方法研究法学问题，提

---

〔1〕 相关研究包括但不限于：季卫东、齐海滨：《系统论方法在法学研究中的应用及其局限——兼论法学方法论问题》，载《中国社会科学》1987 年第 1 期；舒国滢：《法学研究方法的历史演进》，载《法律科学（西北政法学院学报）》1992 年第 4 期；苏力：《解释的难题：对几种法律文本解释方法的追问》，载《中国社会科学》1997 年第 4 期；郑永流：《法律判断形成的模式》，载《法学研究》2004 年第 1 期；李其瑞：《论法学研究方法的多元化趋向》，载《法律科学（西北政法学院学报）》2004 年第 4 期；王夏昊：《现代法学方法论的研究对象和范围》，载《现代法学》2006 年第 5 期；朱虎：《萨维尼的法学方法论述评》，载《环球法律评论》2010 年第 1 期；葛洪义：《法律方法与几个相关概念的比较》，载《法制与社会发展》2010 年第 3 期；朱景文：《法学研究的社会学方法：应用、局限及其克服》，载《法学研究》2011 年第 6 期；许中缘：《论法学方法论与中国法学发展》，载《比较法研究》2012 年第 4 期；邓矜婷：《新法律现实主义的最新发展与启示》，载《法学家》2014 年第 4 期；任超：《德国法学方法论在中国的继受——兼论我国民事立法的科学化和体系化》，载《甘肃社会科学》2016 年第 5 期。

〔2〕 相关研究包括但不限于：古力、余军：《行政法律责任的规范分析——兼论行政法学研究方法》，载《中国法学》2004 年第 5 期；王夏昊、杨贝：《实践理性与法学方法——全国法学方法论论坛第一次学术会议综述》，载《政法论坛》2006 年第 4 期；张旭、单勇：《从方法到方法论—以刑事科学为场域的反思》，载《法制与社会发展》2007 年第 1 期；黄辉：《探析法学方法论"生态化"》，载《清华法学》2008 年第 3 期；刘国涛：《"环境法学方法论"的内容架构》，载《法学评论》2009 年第 5 期；白斌：《宪法教义学的功能与界限》，载舒国滢主编：《法学方法论丛》第 3 卷，中国法制出版社 2015 年版，第 163 页；汤文平：《民法教义学与法学方法的系统观》，载《法学》2015 年第 7 期；张卫平：《民事诉讼法学方法论》，载《法商研究》2016 年第 2 期；程金华：《迈向科学的法律实证研究》，载《清华法学》2018 年第 4 期。

出了像新文科范式、计算法学、法律工程学、网络法学等新概念。[1] 不过这些讨论也存在不足,一是与以往的法学方法讨论缺少沟通,二是对新法学方法的基本步骤缺少深入具体的展开。建立在已有文献的基础上,本章主要解决两个问题。第一,当前我国法学方法体系中为什么需要像计算法学方法这样的新方法?第二,计算法学方法是怎样研究法学问题的?

本章首先从法学方法的发展史梳理得出结论,法学方法的出现都有其对应要解决的法学问题。然后从我国法学方法发展史梳理得出结论,我国已经形成了一个开放包容创新的法学方法体系,进而归纳了当前我国法学研究中存在的法学方法。在此基础上,本章从我国法治发展出现的新问题要求像计算法学方法这样的新方法的角度,论述了计算法学方法独立于其他法学方法的价值,提出了计算法学方法的概念内涵,独立价值和基本思维。

第一节 我国法学方法体系要求计算法学方法的出现和发展

一、法学方法都在其对应法学问题的要求下出现和发展

(一)法学方法都有其适合的法学问题

法学方法是研究和解决法学问题的路径,应当符合所研究法学问题或现象本身的规律。在古罗马法时期,主要的法学问题是实践性的,即解决具体案件中的法律问题。由于当时的法律条文较少,所以主要是通过一定的技艺,结合已有的法律条文,利用明智判断,找到解决纠纷的方

---

〔1〕 相关研究包括但不限于:严青等:《遇见法律知识工程师——互联网时代法律人的职业新选择》,中国政法大学出版社 2016 年版,“第二章”;钱宁峰:《走向“计算法学”:大数据时代法学研究的选择》,载《东南大学学报(哲学社会科学版)》2017 年第 2 期;邓矜婷、张建悦:《计算法学:作为一种新的法学研究方法》,载《法学》2019 年第 4 期;张妮、徐静村:《计算法学:法律与人工智能的交叉研究》,载《现代法学》2019 年第 6 期;季卫东:《人工智能时代的法律议论》,载《法学研究》2019 年第 6 期;张本才:《未来法学论纲》,载《法学》2019 年第 7 期;季卫东:《新文科的学术范式与集群化》,载《上海交通大学学报(哲学社会科学版)》2020 年第 1 期。

法。所以古老的法学方法包括“修辞学”“开题术”“论题术”“争点论”“决疑术”等。[1]

在法学进一步发展后，到中世纪，法律条文更加丰富多样，古老的法学方法不足以应对日益繁多的法律条文，容易出现诡辩和矛盾，所以需要对法律条文作注释，强调对法律条文的尊重和解决法律条文间的矛盾，因而出现了注释派。[2]

当社会发展较快，法律条文的更新跟不上社会发展变化的需要，对条文的注释无法合理地解决新出现的法学问题时，需要根据新情况对原条文的含义作合理的演变，所以要求评注法学方法的出现。[3]

当法律条文进一步增多，规模变得更加巨大，社会生活更加丰富复杂时，评注和注释一来效率较低，知识传承积累较难，二来容易以偏概全，顾此失彼。此时对法律体系化的要求凸显出来，希望建立一套逻辑自洽、便于较快确定法律含义的体系，将各种法律条文放进去，加上受到自然科学发展的影响，因而出现了建立法典、法律百科全书、法律公理体系、法律概念演绎体系的方法。[4]

当不同地区人们的交往日益增多，不同法秩序之间的交流日益频繁，而这些法秩序又具有显著不同的特点时，法的同一基本概念和命题在不同的法秩序中可能具有较大差异的含义，不同法秩序中对法律实现的正义的理解也可能相差较大。在这种情况下，一套统一的法律公理体系难以建立，某一法秩序下建立的法律概念的演绎体系难以适用显著不同的多个法秩序，不利于不同法秩序之间人们的交往。对法学问题的解决需要理解法秩序中社会、经济、文化、历史等更多层面的因素，以便通过法律实现不同法秩序下人们交往过程中的正义。与此同时，社会科学随着社会不同方面的分化和发展也迅速发展，使收集、分析和研究社会、经济、文化、历史等多方面因素成为可能。所以法社会学、法经济学、实

---

〔1〕 舒国滢：《法学是一门什么样的学问——从古罗马时期的 Jurisprudentia 谈起》，载《清华法学》2013 年第 1 期。

〔2〕 舒国滢：《波伦亚注释法学派：方法与风格》，载《法律科学（西北政法大学学报）》2013 年第 3 期。

〔3〕 舒国滢：《评注法学派的兴盛与危机———一种基于知识论和方法论的考察》，载《中外法学》2013 年第 5 期。

〔4〕 舒国滢：《寻访法学的问题立场——兼谈“论题学法学”的思考方式》，载《法学研究》2005 年第 3 期。

证法学等方法应运而生，尝试从不同地区人们的交往实践中寻找正义的共识和基础，沟通不同的法体系。[1] 法学的实践面向又被重视起来。[2] 随着法秩序的日益丰富，法学方法不断多元化、多样化。[3] 在法秩序差异较大、共识难以建立时，又出现了商谈理论在法学中的运用，以交往理性作为法正义的基础，指导法学问题的解决。[4]

可以看到，法学方法都有其适合的法学问题。某一法秩序下的主要或极具特色的法学问题决定了该法秩序中需要的主流或独特的法学方法，使该类法学方法成为某一时期法学方法体系的核心或标志。虽然时空变换，主要或标志性的法学问题会变化，进而主要或标志性的法学方法会变化，但是某类法学方法适应的法学问题大体不会变化。虽然不同的法学方法对应的法学问题有时会重合，但是仍然会因各自明显不同的方法路径，而适应明显不同的核心法学问题，从而相互区别开来。那些原先主要或独特的法学问题虽然变得不再主要，但是往往继续存在，相应的法学方法也依旧需要。所以法学方法体系会随着法秩序的发展和分化、法学问题的多样化而不断丰富。比如，注释、评注、法典化、法律概念演绎等法学方法对应的法学问题在不同时期、不同地区的法秩序中可能不再主要或独特，但这些法学问题仍然存在，构成法秩序中的一部分，所以这些法学方法始终是法学方法体系中的一部分。

（二）法学方法都在其对应法学问题的要求下出现和发展

通过法学方法发展史的梳理得出结论，不同法秩序下的法学问题要求符合该法学问题本身特点的能够帮助人们解决研究该法学问题的法学方法的出现和发展。表现为：一是已有的法学方法无法较好地适用于新出现的重要的法学问题；二是已有的法学方法提出相互冲突的解决方案。随着对新的法学问题的有效解决和这类法学问题的日益增多，与其

---

〔1〕 舒国滢：《法学研究方法的历史演进》，载《法律科学（西北政法学院学报）》1992 年第 4 期。

〔2〕 舒国滢：《寻访法学的问题立场——兼谈“论题学法学”的思考方式》，载《法学研究》2005 年第 3 期。

〔3〕 李其瑞：《论法学研究方法的多元化趋向》，载《法律科学（西北政法学院学报）》2004 年第 4 期。

〔4〕 范志勇：《问题意识视阈下法学研究方法的革新》，载《西部法学评论》2019 年第 1 期。

相应的新的法学方法会不断发展繁荣，其价值也不断增加。

法学问题本质上是通过法律实现正义的问题。法律实现的正义，也可简称为法正义，是在具体的时空下受某一法秩序影响的人们关于法秩序应当是怎样的主观感受。受到时空、法秩序和人们的影响，法律实现的正义会有不同的要求，表达为不同的法学问题。这些法学问题需要相应适合的法学方法，帮助研究和解决这些法学问题，以便通过法律实现正义。所以受到法正义的不同要求，会出现和发展不同的法学方法，通过帮助解决与该方法相应的代表不同法正义要求的法学问题来实现法正义。

虽然在法的科学性、体系性和安定性的特殊魅力吸引下，法学方法论曾经尝试以法典化、概念法学的方法作为法学方法体系的固定核心，但是这种尝试终因法秩序的进一步发展变化而未能坚持。直接的体现是法律公理体系的失败和实证法学方法的兴起。根本原因是法的科学性、体系性和安定性的实现与法正义的实现发生了冲突，而对法而言，正义性的要求更优先、更本质。比如，在社会迅速变化的时期，安定性不符合这一时期形成的迅速变化的法秩序，人们对安定性的预期也更低，所以此时再强调安定性已不符合人们对法正义的感受，需要调整安定性的内容和预期，以反映迅速变化的社会特点。所以法正义的不同要求，通过不同法学问题予以体现，决定了不同法学方法的出现和发展。

虽然已有文献常认为法学方法往往是受到其他学科的影响，从其他学科的方法中借用过来以成为法学方法，[1]但是本书认为，其他学科方法对法学方法的影响只是一个因素。根本上，法学方法是取决于法学问题的发展变化的。其他学科因其发展对社会秩序构成了显著影响，使相关的法秩序和法律实现的正义均发生变化，进而导致法学问题的变化，要求不同的法学方法出现。而由于这类法学问题的变化是由其他学科的发展引起的，所以这类变化往往包含其他学科的特点，其解决需要其他学科方法的帮助，所以法学方法会在吸收其他学科方法的基础上出现和发展新的法学方法，使新的法学方法表现为对其他学科方法的借用。

---

〔1〕 舒国滢：《法学研究方法的历史演进》，载《法律科学（西北政法学院学报）》1992 年第 4 期。

二、我国法学方法已经形成一个开放包容创新的丰富体系

(一)我国法学方法随着法治的发展不断丰富

1949 年以来,我国法学方法体系经历了三个发展阶段。

一是中华人民共和国成立初期阶段。已有文献认为,20 世纪上半叶,中国法学进入了“西方法学的汉语表达”时期,主要是以翻译法学方法为主,对西方法学理论进行大量的翻译和引进。[1] 1949 年到 1977 年,受到当时我国法治的国家法、政治法特点的影响,中国法学经历了一次断裂,之前的翻译法学戛然而止,进入了“斗争法学”时期。[2]

二是翻译法学的重启阶段。1977 年恢复法学教育后到 20 世纪 90 年代,随着国家法治秩序的恢复,法治社会的发展,我国急需各方面的法律经验,进行大量的立法活动。所以需要的法学方法主要是法律移植、翻译法治先进国家法律的方法。我国法学方法又重新开始中止的“西方法学的汉语表达”时期,全面学习、引进各种西方法学方法和知识。[3]

三是 20 世纪末至今的我国法学方法自觉阶段。这一阶段,我国社会更加开放、变化更加多样迅速,人们之间的活动交往形态更加丰富复杂。翻译和移植不足以满足我国社会变化所需要的法治。在前期翻译和移植的基础上,中国法学者开始思考中国自己的法律体系特点,建构符合中国国情的法治体系,所以需要面向中国法治实践和已有法律体系的方法。我国法学者开始法学方法的反思和自我觉醒,法教义学和社科法学开始兴起,不断发展,形成了价值法学、规范法学和实证法学三大类方法并存的局面。[4] 规范法学方法强调对已有的我国法律规范作体系化的建构,从立法论转向解释论,化解已有法律规范之间的矛盾,填补法律漏洞,进行法律续造,规范法律解释和适用。实证法学方法则强调对我国法治实践的创新做法和出现的问题的重视,具有问题意识,对问题

---

〔1〕 舒国滢:《中国法学之问题——中国法律知识谱系的梳理》,载《清华法学》2018 年第 3 期。

〔2〕 舒国滢:《中国法学之问题——中国法律知识谱系的梳理》,载《清华法学》2018 年第 3 期。

〔3〕 舒国滢:《中国法学之问题——中国法律知识谱系的梳理》,载《清华法学》2018 年第 3 期。

〔4〕 苏力:《也许正在发生——中国当代法学发展的一个概览》,载《比较法研究》2001 年第 3 期。

进行分析和概念化,破除已有法规的规范解释,影响甚至突破立法以解决问题,推动法学理论的创新。

(二)目前我国已经形成开放包容创新的法学方法体系

经过三个阶段的发展,我国目前已经形成了丰富的法学方法体系。在形成三大类法学方法并存的局面之后,我国法学方法开始进入自我发展创新的阶段。21 世纪以来经过二十年的发展,我国社会经济活动形态更加丰富多样,法治实践不断创新,出现了更多复杂的法学问题,要求和推动我国法学方法体系进一步丰富。这些法学方法的新发展主要有以下两方面的体现。

一是三大类方法之间的沟通和融合。实证法学方法开始用于研究法律议论的问题,发现和分析价值讨论和规范解释的实证数据,以及以价值讨论的共识作为实证研究建模的前提。[1] 规范法学方法的解释中包含了丰富的价值讨论和平衡。规范法学方法区分法律体系的外部和内部,或者直观和建构,在外部或直观不清楚的时候运用价值法学或实证法学方法对规范和概念进行建构,由内部规整外部。[2] 在此之前,各大类法学方法内部已经开始强调子方法之间的综合运用,比如,新法律现实主义提倡的定性加定量的实证方法;[3] 规范法学方法强调综合运用多种规范解释的方法以尽可能达到既符合安定性要求又具有实质正义的法律解释。[4]

二是新的法学方法的不断出现。虽然规范法学和实证法学有过一段时间的一较高下的比拼,但是比争的热潮褪去,法学者们都意识到两大类方法的重要性,应当切实加强沟通。在加强二者沟通的方面出现了不少新的法学方法,比如,具有问题意识的法学方法。[5] 与之前的实证法学方法不同,这类方法强调在发现和分析中国法治实践问题的同时,重视对问题进行概念的建构,对解决方案作抽象的讨论,强调与相关规

---

〔1〕 季卫东:《法律议论的社会科学研究新范式》,载《中国法学》2015 年第 6 期。

〔2〕 汤文平:《批准生效合同报批义务之违反、请求权方法与评价法学》,载《法学研究》2014 年第 1 期;朱虎:《萨维尼的法学方法论述评》,载《环球法律评论》2010 年第 1 期。

〔3〕 邓矜婷:《新法律现实主义的最新发展与启示》,载《法学家》2014 年第 4 期。

〔4〕 张翔:《宪法教义学初阶》,载《中外法学》2013 年第 5 期。

〔5〕 范志勇:《问题意识视阈下法学研究方法的革新》,载《西部法学评论》2019 年第 1 期;陈瑞华:《从经验到理论的法学研究方法》,载《中国法律评论》2019 年第 2 期。

范法学理论的沟通和连接。再如,辩证列举的说服式法学方法。这类方法是对修辞学这一古老的法学方法的创新运用,即先提出某一法学问题的解决方案,后罗列若干该方案的支持理由和其他相斥方案的反对理由,再反驳若干该方案的反对理由和其他相斥方案的支持理由,以完成对该方案的论述。在此过程中灵活运用各种法学方法帮助寻找和论述支持和反驳的理由。又如,领域法学的方法。[1] 这类方法强调围绕着某一领域问题研究和解决的需要,充分运用多部门法的知识和方法,在可以适用的多种法学方法的帮助下进行研究。如反腐败领域的法学问题涉及宪法、刑法、刑事诉讼法、证据法等多个部门法,在解决该领域问题时常常同时用到价值法学、规范法学和实证法学等多类法学方法。还如,商谈理论的法学方法在我国的兴起。[2] 这一方法是针对全球化、差异巨大的法秩序之间交往中共识尚缺、交往急需、实践理性尚在形成中的情况,将法正义的基础建立在程序理性、交往理性上的一种新出现的法学方法。它在我国的兴起,既反映了我国法治发展、不同地区交往加剧、我国深入与他国交流等的需要,也丰富了我国的法学方法体系。

可见我国法学方法体系随着我国法治发展的需要在不断地发展、丰富。我国法学方法体系并不排斥某一种法学方法。只要其在我国法治发展中有可以适用的法学问题,这类法学方法就会被学习、讨论。虽然我国法学方法论的发展尝试研究关于方法的方法,希望规范各种法学方法的适用范围、前提、适用顺序等,避免不同法学方法之间发生冲突或得到冲突的解决方案,但是这种尝试并没有实际形成不同法学方法之间的位阶和适用的先后顺序,也没有实际排斥某类法学方法。从目前来看,我国法学方法论发展形成的主要共识是两点:一是我国法学方法体系应当开放、包容、创新,二是各类法学方法有各自的适用范围和局限。[3] 当某类法学方法用以解决某个法学问题会得到明显不符合我国当前法正义要求时,排除该类法学方法的适用。但是如果多个法学方法适用得

〔1〕 范志勇:《问题意识视阈下法学研究方法的革新》,载《西部法学评论》2019 年第 1 期。

〔2〕 范志勇:《问题意识视阈下法学研究方法的革新》,载《西部法学评论》2019 年第 1 期。

〔3〕 舒国滢:《中国法学之问题——中国法律知识谱系的梳理》,载《清华法学》2018 年第 3 期。

到相互矛盾的解决方案时，不表示其中某类法学方法必须被排除适用。正义的要求可能相互矛盾。

三、当前我国法学方法体系需要像计算法学方法这样的新方法

（一）我国法治发展出现的新问题要求新的法学方法

近十几年来，我国社会乃至世界范围的最重大的变化之一就是计算机技术的高速发展、普及和深度应用。这一变化在我国表现得尤为突出。截至2019年，中国网民规模达8.54亿人，互联网普及率61.2%，手机网民规模达8.47亿人，手机上网比例占99.1%。[1] 随着我国网络技术的高速发展和普及，社会网络化程度的激增，国家"互联网+"的战略布局，各种计算机技术应用的开发和落地，与计算机相关的法学问题成为我国当前法治发展中的一个非常重要的部分，而且越来越重要，所以要求我国法学方法体系进一步发展以帮助研究和解决这些法学问题。

与计算机相关的法学问题可以分为两大类：一是受计算机技术显著影响和由其延伸出来的法律关系产生的法学问题，二是用计算机帮助解决法学问题产生的法学问题。无论是对哪类问题，我国现有法学方法体系都存在力不从心的情况。

目前学界使用的法学方法可以分为三类。第一类方法是运用某个部门法的理论和方法予以解决。在解决时根据该部门法常用的法学方法和体系特点选择可以适用的前述法学方法进行研究。比如，对涉网犯罪的问题运用刑法学知识、对互联网法院涉及的问题运用诉讼法学知识等。这类方法的局限在于计算机相关的法学问题超出了以往科技对法秩序影响的深度和广度，时常突破部门法基本原则的前提，而且往往涉及多个部门法，难以在某个部门法内良好地解决。

针对这种情况，出现了第二类方法，即领域法学方法。以计算机的特点和规律为研究中心，充分运用多种可能适合的法学方法解决问题，出现了信息法学、人工智能法学、数据法学、未来法学等方法。这类方法的局限在于缺少相对明确、规范的方法路径，在不同的法学方法帮助下

---

〔1〕 中国互联网络信息中心（CNNIC）：《中国互联网络发展状况统计报告》，载中国网信网：http://www.cac.gov.cn/pdf/20190829/49.pdf，最后访问日期：2019年8月30日。

容易得到相互矛盾的解决方案,创新性有余而体系性和规范性欠缺,所以研究往往碎片化、随机性,彼此之间缺少呼应,与部门法相关的研究亦缺少连接。

第三类方法是具有问题意识的法学方法,即从计算机相关的法学问题出发,以理解该问题的原因和解决该问题为目的,充分运用前述的法学方法分析该问题,评价不同的解决方案,对问题和方案进行概念化和抽象讨论,再得到问题的解决。由于在概念化和抽象上缺少明确、规范的方法路径,使这类方法难以做到抽象的概念提炼和讨论,往往只是就问题提出解决方案,对方案作表面的讨论,在讨论时用列举的说服式法学方法作评价。这类方法经常用在第二类计算机相关法学问题的解决上,即计算机在法治领域的运用所产生的问题,如智慧司法运用时计算机模型的设计,表现为实践先行、理论滞后的状态。[1]

(二)计算法学方法对于解决新问题的独特价值

针对我国现有法学方法体系在解决计算机相关法学问题上力不从心的情况,为了满足我国计算机相关法学问题研究的需要,本书提出了计算法学方法。计算法学方法是在诸如数据法学、未来法学等领域法学方法和具有问题意识的法学方法的基础上发展出来的。计算法学方法是这样一种方法,即以研究或解决某一法学问题为任务,将其转化为可以通过数据分析处理的方法予以呈现和解决的问题,然后在已有的计算机技术能力基础上培养或发展完成数据化后问题所需要的技术能力,再通过这一能力完成任务,并通过任务完成的好坏检测和完善有关技术的能力。计算法学方法拥有如下优点,得以克服前述法学方法的局限,具有帮助研究解决计算机相关的法学问题的独立价值。

首先,计算法学方法以计算机可以收集、存储、分析的数据为方法的中心,使这一方法天然与计算机相连。数据是计算机的本质。计算机的产生和运行都源于数据,表现为数据。以数据为中心,就是以计算机的本质为方法的中心,便于理解计算机相关法学问题的本质。以计算机数据为中心展开,计算法学方法不会局限于某一部门法的知识和方法。从

---

〔1〕 邓矜婷、张建悦:《计算法学:作为一种新的法学研究方法》,载《法学》2019 年第 4 期。

这点来看,计算法学方法具有领域法学方法的特点,与数据法学、未来法学有类似的地方。

其次,计算法学方法以计算机数据为中心展开,通过提出法学问题数据化的方法和利用计算机研究解决数据化后法学问题的路径,使这类方法有相对明确规范的研究方法,在运用其他可能适用的法学方法时会遵循一定的方法,减少方法之间的混乱和冲突。在法学问题数据化的过程中,计算法学方法提供了一个包容开放的框架,便于综合运用多种法学方法分析解构法学问题,与这些法学方法相沟通。以数据为中心,指导了法学问题解构分析时的方向,规范了多种法学方法的运用,并且在多种法学方法的运用中增加了数据的维度,使这种解构分析与计算机技术直接相连。通过以数据为中心,计算法学方法既沟通了已有的法学方法,又连接了法学和计算机科学的不同方法,帮助计算机相关的法学问题的研究和解决。从这点看,计算法学方法克服了数据法学、未来法学缺少明确规范的方法路径、缺少与已有法学方法和部门法研究沟通等局限,在它们的基础上进一步发展。

最后,计算法学方法强调法学问题与数据的连接,即用包含数据的算式来表示法学问题和通过对数据及算式的处理分析来研究解决法学问题,所以必然包括对数据及其算式的概念化和抽象讨论。在数据化法学问题的过程中,必然需要对抽象的法概念或法命题通过价值法学或规范法学方法作层层解构,以不断接近计算机可以收集分析处理的数据。在运用计算机技术处理数据及算式帮助研究解决法学问题时,也需要对数据及算式作概念化分析,理解它们的理论意义,进而调整相关法学问题的理论成果或解决路径。所以计算法学方法在本质上就包括理论和实践两部分,可以有效地连接理论和实践,不会出现问题意识法学方法脱离理论的情况。

综上,计算法学方法以计算机数据为中心展开(在下文中会详细讨论其研究法学问题的基本步骤、路径和方法),克服了目前已有的法学方法的局限,天然地与计算机相关法学问题的本质相接近,因应此类法学问题的要求而出现和发展。

第二节　计算法学方法的含义、价值和基本思维

一、计算法学方法的含义、特点及价值

(一)计算法学与计算法学方法

计算法学具有广泛的含义。它可以指新的研究领域,包括政法舆情分析、法治国情调查、法律数据库分析等[1];也可以指新的研究对象,包括数据获取的正当途径、数据及数据库的权利属性、代码程序软件等的权利属性等;还可以指新的研究手段,包括各种计算机语言、不断涌现的计算方法和开源程序;抑或新的研究思维,即将法学问题数据化以便于计算机处理分析的数据思维。本书讨论的是作为一种新的法学方法的计算法学方法,而不是研究数据有关法学问题的研究方法。因为研究数据有关的法学问题,特别是数据等权利属性,也会用到价值判断、规范研究和实证研究的方法。不过计算法学的研究方法中最主要、最具特点的还是本书所讨论的运用数据思维,将法学问题数据化后结合计算机技术予以解决的方法。也正是因为这种方法的能力,使计算法学可以具有其他法学方法难以研究的新的研究对象和研究领域。

(二)计算法学方法与其他法学研究方法的联系与区别

法学研究方法都遵循这样一个展开路径:首先是关于提出问题、找到争议点的方法;其次是关于问题解构、分析的方法,如通过概念、命题、关系、模型等对问题进行解构;再次是根据解构出来的问题寻找、收集有关资料的方法;复次是处理、分析收集到的资料的方法,即从中找出有关的能够用来论述和解决问题的资料;最后是根据资料的分析,对问题的表现、存在与否及原因进行研究的方法。有些时候还会有提出解决问题方案的方法,以及比较或者评价这些方案的方法。不过,随着历史发展和积累的不同,各类法学研究方法并不是统一地按照这一路径来呈现和

[1] 钱宁峰:《走向"计算法学":大数据时代法学研究的选择》,载《东南大学学报(哲学社会科学版)》2017年第2期。

展开的。它们遵循经由历史发展形成的各自不同的内在的方法论体系来展开。事实上，在以往这些法学研究方法中，数据很少被提及，较为陌生。即使在实证法学研究中，数据也主要是作为研究对象被讨论，而不是作为方法的一部分。实证法学中将理论问题转变为可操作、可测量的假设才是关键的步骤，而数据主要是被收集、处理的对象。所以这些法学研究方法中缺少数据的维度。但实际上如果把数据理解为是一种资料，或是某个论点的支撑和论据，那其实数据本就存在于各种法学研究方法中。因为无论是哪一种研究方法支持的研究，它最终都需要去寻找到一些东西来支持它的研究结果。所以研究方法中很重要的部分就是为研究者寻找、处理和分析这些东西提供方法。从这个意义上讲，以法律数据分析为基本内涵的计算法学方法存在于所有法学研究方法中。

不过，作为在信息时代法学+计算机日益深化过程中才被正式提出的新型法学研究方法，计算法学方法与其他法学研究方法有几点显著不同。

第一，计算法学方法中的数据跟以往法学研究方法中所寻找、处理的资料不一样。计算法学方法中的数据能够被计算机存储，或是通过计算机产生，能够被计算机分析和处理。它可以在现有的计算机技术运用下不断地积累、叠加、形成多个数据库，而且数据库之间可以相互流通。

第二，计算法学方法在法学研究方法中加入了数据的维度，其最关键的步骤是将法学问题作数据化的处理，转换为通过收集、处理、分析数据可以帮助解决的问题。它在解构法学问题时，会运用某一类以往的法学研究方法来帮助解构。不过在运用这些方法的过程中，要加上数据的维度。比如，在运用某种规范法学的解释方法解构问题时，计算法学方法要求对法律规范的含义不断地解释，直到实现与某个实际数据库的连接为止，而不是只要进行了一定程度的解释就可以。计算法学方法提供了连接法学和计算机科学的重要的方法桥梁，是把计算机技术能实现的诸多功能引入法学研究中必需的方法。

第三，计算法学方法允许大量数据的处理。这里的大量既指超过人类手工能够处理的数量，如十几万、几十万甚至几百万份判决书，也指能够高效地处理手工可以处理的数量，比如用一台普通电脑在一两周的时间内处理几千份文书。而事实上对于同类的文书，处理的时间主要花在编写和调试程序上，所以处理少量和多量的判决书所花的时间相差不多，计算法学方法因而更倾向于处理大量的数据，所以往往会对全样本进行分析，而不再受限于随机抽样的要求。[1] 诸如“截止到某日之前的所有在裁判文书网上公开的某一类罪名的判决书”就成了运用计算法学方法的文章的常用表述。而且这里的“处理”不仅指让计算机从法律文书中提取数据，还包括获取、打开、清洗/格式化、输出、存储、检索、更新大量文书，以及对所提取的信息进一步批量处理等一系列的操作。

第四，计算法学方法对数据的处理主要是通过计算机而非人类来完成的，所以需要项目人具有能够与计算机沟通的能力，能够理解计算机运行的情况，并将对大量文书的处理要求转化成计算机可以理解和执行的命令。这要求项目人掌握一门高级计算机语言和理解计算机的运行思维。高级计算机语言，并不是复杂、难懂的语言，而是指与人类语言最为接近的计算机语言；它便于人类掌握，从而与计算机沟通，常见的如 python，java 等。[2] 人类可以通过这类语言编写程序，进而被编译器转换成汇编语言，再由计算机来执行。所以法律人掌握这类高级语言是很容易的，它有远比中文、英语等人类语言更为简单的语法层次和结构，需要记忆的内容也非常少。[3] 掌握语言之后还需要能够将法律研究问题形式化为可以通过数据来呈现和解决的问题，就像在法律实证研究中都需要把抽象的理论问题转化为可以被验证的具体的假设一样，只是计算法学方法中要求转化过来的是能够以数据的形式表示的问题，以便于计算机处理和分析，协助该问题的解决。掌握这些能力是在计算法学方法应运而生后对法律人的基本要求，不应再被当作是非法律的技术问题而拒之千里。[4]

---

〔1〕 白建军：《大数据对法学研究的些许影响》，载《中外法学》2015 年第 1 期。

〔2〕 详见嵩天：《Python 语言程序设计》慕课课程，教学课件 PPT1.1，第 19 页；关于 Python 的介绍详见 https://docs.python.org/3/tutorial/index.html，最后访问日期：2019 年 3 月 13 日。关于 Java 的介绍详见 https://www.runoob.com/java/java-intro.html，最后访问日期：2019 年 3 月 13 日。

〔3〕 像常用的高级计算机语言 Python 就只有 33 个保留字是需要记忆其具体含义的。

〔4〕 钱宁峰：《走向“计算法学”：大数据时代法学研究的选择》，载《东南大学学报（哲学社会科学版）》2017 年第 2 期。

（三）计算法学方法可以在定量法学研究之外的领域产生价值

计算法学方法在本质上是将一个法律研究问题的一部分或全部转化为数据处理的问题，可以结合计算机技术予以解决。它有时是抽象、模拟人们思考和解决这一法律问题时的过程，再由计算机执行这一过程予以解答；有时会用数据科学等方法将法学问题模型化。所以，虽然计算法学方法因其主要用于处理大量法律数据而与定量实证法学研究联系颇紧，但若因此而认为计算法学方法是法学定量研究方法的分支，并将其局限于法学定量研究的领域则未免狭隘了。比如，以规范研究为主的教义法学素来强调法律概念、形式法治、法律体系的自洽，排斥以非法律因素为由对法律规范的随意解读。但是，由于语言天然的模糊性、可解释性、语义的变迁等特点，要实现同一时期人数众多的社会群体对法律规范的统一理解是非常困难的，更别说是不同时代人的理解了。其实让同一个法学家完成我国当今所有法律，或者某一部门法律的所有法条的全部梳理，建立起法律体系，确定每个法条在其中的坐标与其他法条之间的联系，消除矛盾和歧义，并能保持更新，都是过于理想化了。但是计算机在完成这类工程方面却有先天优势，因为计算机有巨大的存储空间，知识可以不断累加，不受记忆的限制，可以完美地传递和更新知识。而且计算机运行要求百分之百的准确，不允许有歧义和矛盾，对体系和结构的要求更是不容有错，否则就无法运行。所以虽然暂时计算机还未用于规范研究，但可以预见随着法律人更为深刻地理解计算法学方法，这类方法被用于规范研究是完全可能的。另外，目前政法实务界正在如火如荼进行的运用算法建立定罪量刑模型[1]其实也是运用计算法学方法来研究和确定法律规范或概念的可解释边界。

（四）计算法学方法在定量法学研究中可以产生的价值

具体到定量法学实证研究中，计算法学方法的作用可以细分为三大类。

---

〔1〕 亦有法律学者开始关注如何建立这些模型。参见白建军：《基于法官集体经验的量刑预测研究》，载《法学研究》2016 年第 6 期；张妮、蒲亦非：《计算法学导论》，四川大学出版社 2015 年版，第二、三章。

一是自动获取大量判决文书。虽然自最高人民法院积极推行法院判决文书上网以来,越来越多的判决书公布在中国裁判文书网上,也进而被无讼、北大法宝等第三方平台收录和转载,但是若要手动从网上下载则费时无效。每篇文书下载的过程都是重复的,所以可以通过代码让计算机自动重复这一过程,完成大量文书的下载。

二是自动提取文书信息。这是将定量研究中对文书进行编码的过程由人力转变为由计算机完成。计算机能够提取的信息按其完成的难度和准确度可以分为三类。第一类是在相对固定位置有相对固定表述的信息,如案件名称、当事人及代理人信息、法院/公诉人信息、审判时间/地点、审判人员等。这些信息出现的位置一般在判决书标题、开头或结尾,表述都有特定的词汇,虽然偶有变化,但是可以通过少量列举的方法让计算机辨别。第二类是位置不太固定、表述较多变化的信息,如受贿罪判决书处理中的受贿次数、受贿金额、行贿人数等信息。这些信息有的出现在总结句中,有的散落在整个文书中需要计算;信息的表述多种多样,跨度很大。以受贿金额为例,可以有多种货币,还可能包括多类财物。所以难以用简单的列举让计算机通过搜索文书来完成,需要抽象人在阅读文书时获取这些信息的思考过程来让计算机模拟,进而不断重复,遍历所有文书予以提取。第三类是不能直接提取、需要通过构建可提取要素的算法或组合才能获得的信息,如受贿人的职级、是否积极为他人谋利、法官对证据确实充分的内心确信程度、犯罪嫌疑人的社会危险性等。这些信息不会直接在文书中载明;有些本身就足以成为一个法学研究问题。这些信息需要转换成若干可从文书中直接提取的信息(本章称为“要素”)的某种组合或者算法来由计算机获得。[1] 这一转换需要有法学理论的支持和引导,通过模拟符合条件的法律人思考该法

[1] 本章将可以从文书中直接提取的构成某一更为抽象信息的信息称为要素,将抽象信息具象化为要素的具体算法的过程称为要素化过程。这也是目前研发智慧司法软件的几大公司通用的说法。比如,元典、法信、国双等公司在分析判决文书、构建人工智能定罪量刑/类案推送模型时都是通过要素化过程将一些比较抽象的情节转换成可直接提取的要素来进行的。这些信息是由笔者在2018年4月到5月于北京、上海、浙江等地在上述公司和运用这些公司研发的智慧司法软件的法院、检察院进行调研时获得的。

律问题的过程来得到。[1] 与定量研究中将抽象理论形式化为可操作、可验证的具体假设类似,这里则是将这些更为抽象的信息转化为可直接提取的要素的组合或算法。

三是自动更新文书、提取的信息和用以提取抽象信息的算法。大数据时代数据的特点之一就是实时、持续更新;裁判文书网上的判决书也每天在增加。虽然法学研究都是针对截止到某日期之前的固定的样本库,但是如果计算机能够自动更新已有样本库,增加新公布的判决书,并及时自动从中提取信息,那么过一段时间后研究新公布判决书与旧样本库之间的变化就变得非常轻松了。另外,机器学习的方法还使计算机能够根据新判决书的信息自动或者提示项目人更新对抽象信息进行提取的算法,包括发现新的要素和修改已有要素的影响权重。

二、计算法学方法的基本思维

前文已经解释了计算法学方法的含义。不过,一种新的研究方法应当具有独特的不同于其他研究方法的基本思维。那么,计算法学方法的基本思维的独特之处体现在哪些方面呢?由于计算法学方法目前主要用于智能化编码大量法律文书,从中提取信息,所以很多时候计算法学方法体现的是一种搜索思维,即遍历所有文档检索项目人输入的词语,然后存储、计算和输出。如此直观和简单以至于难以称得上是一种思维。如此,计算法学方法似乎不算拥有自己独特的思维了。但显然这种理解只停留在计算机发展初期。经过半个多世纪指数级的发展,计算机的计算能力在2020年已经达到一个成人大脑的水平。[2] 计算机能够完成的任务、进行的思考和处理的问题的复杂度都足以将其与机械化机

---

〔1〕 笔者曾在调研北京某基层人民法院的司法辅助断案软件,并访谈该软件开发的负责人员时了解到这样一个例子,可以较好地说明这一过程。该例子中要提取的是既有判决中法官们是如何确定肖像权损害的赔偿数额这一信息。为了提取这一信息,首先需要根据法条梳理和访谈多个法官确定法官们一般会遵守的思考这一问题的过程,将它要素化为若干可直接提取的要素的算法,如被侵权人的身份、被侵犯的照片的性质、有多少人看过侵权的照片等,以及这些信息的影响权重。再通过对既有判决中这些要素的提取和分析,来增删要素、检验和修改它们的影响权重,最终得到合适的算法,并通过计算机从大量既有判决中提取这一信息。该调研由笔者在2018年4月中旬于北京某信息学院完成。

〔2〕 王文敏:《人工智能原理》慕课课程,教学课件 PPTA-1-2 第11页。转引自 http://waitbutwhy.com/,最后访问日期:2019年3月13日。

器区别开来，而被称为智能化的机器，又称人工智能。而通过充分利用和发展计算机的能力来解决问题的思维也被计算机科学界称为人类历史上区别于逻辑思维和实证思维的第三种思维模式，即计算思维。[1]这种思维目前可以细分为对计算机四种能力的开发和运用，即检索、推理、规划和学习的能力。[2] 随着计算科学的不断发展，计算思维也会不断深化和扩展。本质上讲，计算思维就是一种通过发展和运用计算机能力来解决问题的思维，它需要将问题形式化为能被计算的问题，进而将其求解过程抽象出来，并由计算机模拟和执行予以解决。这里的“能被计算”并不是指数学或者统计学运算，而是指能被计算机运算。这是一个循环定义，因为计算机的能力在不断的发展，其边界和性质都还在讨论中。事实上，计算科学的基础不仅有数学、统计学，还有逻辑学、哲学、心理学等。随着大数据时代的来临，计算思维进一步升级为数据思维，即强调对待决问题的数据化，进而通过数据的收集、处理和分析，结合计算机技术予以解决的思维。[3]

（一）计算法学思维是计算思维、数据思维和法学思维的融合

计算法学思维是计算思维、数据思维在法学问题中的体现。本章认为计算法学思维是这样一种思维：它以研究或解决某一法学问题为任务，先将该任务形式化为可以通过数据处理分析来解决的问题，再运用已有的计算机方法，在已有的计算机能力基础上培养或发展完成任务所需要的数据和计算机能力，再通过这一能力完成任务，并通过任务完成的好坏检测和完善已有的计算机能力。它是计算机科学与法学思维的结合。它要求法律人在解析法学研究问题时能够意识到怎样的法学问题有可能被数据化，并适合通过计算机实现，设想出将问题分解为计算机可实现问题的路径，并能进一步了解实现需要的方法和条件是否存在，以及掌握建立条件、运用方法让计算机实现研究的能力。它的基本

---

〔1〕 嵩天：《Python 语言程序设计》慕课课程，教学课件 PPT1.1 第 32 页，关于 Python 的介绍详见 https://docs.python.org/3/tutorial/index.html，最后访问日期：2019 年 3 月 13 日。

〔2〕 王文敏：《人工智能原理》慕课课程，教学课件 PPTA－2－1 第 2 页。转引自 http://waitbutwhy.com/，最后访问日期：2019 年 3 月 13 日。

〔3〕 王汉生：《数据思维：从数据分析到商业价值》，中国人民大学出版社 2017 年版，第一章。

步骤可以分为以下两大步。

第一步,将法学问题形式化为可以通过数据处理予以解决的问题,简称为法学问题的数据化。数据化法学问题是计算法学方法中最关键的步骤。它决定了某个法学问题能否以数据的形式表示和存储,而计算机只能对数据进行处理和分析,所以该步决定了某个法学问题能否被计算机理解、处理和分析。不同类型的法学问题在数据化时有不同的方法和路径。本书在第二章和第三章中讨论了几类常见的法学问题数据化的方法,包括法学中价值平衡、法律原则的实现、法律解释,以及法制改革等方面的问题。

数据化法学问题的目的是能结合计算机技术予以解决,所以应当在计算机当前能力的启发下来讨论法学问题的数据化,设计出解决法学问题的计算机方法。前述讨论的计算机当前具有的四种能力在法学问题中皆有用武之地。

首先是常见的检索能力,即在大量法律文书中自动检索需要的信息。这种能力也是目前计算机发展得最丰富的一种,包括有条件和无条件检索、有启发和盲目检索、单个和群检索等[1],可以用来处理不同数量、属性、状态和结构的数据,提取所需要的信息,以及分析直接提取的信息以发掘出隐蔽的信息。判决书只是一种法律文书,还有比判决书更大量、更动态、更交互的法律数据,如政法舆情、法治国情等领域研究的数据[2],需要有更高级、复杂、丰富的检索方法才能更有效地完成相关研究的任务。

其次是与规范法学研究思维最接近的计算机推理能力。这种能力是建立在计算机知识库工程建设的基础上的。通过计算机逻辑语言将知识表示出来,形成知识图谱,让计算机能够掌握,再通过以计算机逻辑模型表达的规则,让计算机知道如何检索、关联、运用和更新这些知识。这其实就是前一部分所说的要素化过程:要素就是知识,基于要素的算法就是规则。这正是目前智慧司法及类案智能推送软件开发的基本思路,即先建立法律知识图谱,然后让计算机根据图谱对判决文书进行要

〔1〕 王文敏:《人工智能原理》慕课课程,教学课件 PPT 第 3、4 章。转引自 http://waitbutwhy.com/,最后访问日期:2019 年 3 月 13 日。

〔2〕 钱宁峰:《走向"计算法学":大数据时代法学研究的选择》,载《东南大学学报(哲学社会科学版)》2017 年第 2 期。

素化，再根据规则分析提取的要素，从而判断法律争议点是否为类案，以及如何判罚。[1]

最后，计算机规划的能力在法学研究中的运用尚不明显，但是计算机学习的能力已经得到了很多法学学者的关注，这种能力多被称为机器学习。[2] 机器学习是指机器从数据或数据的计算中积累经验获取技能。[3] 这被普遍认为是这样一种能力，即一个针对某类任务 T 和性能度量 P 的计算机程序，如果它在完成 T 任务中的性能，如 P 度量所示，随经验 E 而改善的话，它就被认为具有从经验 E 中学习的能力。[4] 机器学习目前的运用场景主要是分类，回归分析，聚类，对数据降维等。[5] 这些场景里都有各种各样的法律问题，如确定某一法律概念的内涵和外延、将某一法律现象归类等就属于分类和集合的场景。又如，机器学习既可以用来让计算机掌握知识图谱，又可以用来自动提示或直接更新已有的要素或算法。

换言之，前述提及的法学问题都可能转化为可以通过数据处理分析的问题，让计算机能够派上用场，所以不要认为只有定量法学研究问题才是可数据化的问题。目前学界认为，能够让计算机帮助处理的问题的核心特点是该问题表述明确无歧义，解决过程自洽无矛盾。[6] 比如，要让计算机编码判决书，则要明确要提取的具体情节，对于可以直接提取的情节，则明确给出要提取的字段或表述；对于不能直接提取的，则明确给出具体的要素和算法。又如，要通过判决书研究法官理解的受贿罪保

---

〔1〕 左卫民：《如何通过人工智能实现类案类判》，载《中国法律评论》2018 年第 2 期。

〔2〕 参见左卫民：《关于法律人工智能在中国运用前景的若干思考》，载《清华法学》2018 年第 2 期；王利民：《人工智能时代对民法学的新挑战》，载《东方法学》2018 年第 3 期。

〔3〕 王文敏：《人工智能原理》慕课课程，教学课件 PPT9 - 1 第 14 页。转引自 http://waitbutwhy.com/，最后访问日期：2019 年 3 月 13 日。

〔4〕 Tom Mitchell, *Machine Learning*, published by McGraw-Hill Education; 1 edition (March 1,1997), Introduction.

〔5〕 王文敏：《人工智能原理》慕课课程，教学课件 PPT 第 10 章。转引自 http://waitbutwhy.com/，最后访问日期：2019 年 3 月 13 日。

〔6〕 Joshua Kroll, et. al., *Accountable Algorithms*, 165 U. Penn L. R. 633 (2017), pp. 695 - 696; Cary Coglianese & David Lehr, *Regulating by Robot: Administrative Decision Making in the Machine-Learning Era*, 105 Geo. L. J. 1147 (2017), p. 105.

护的法益是公权力的不可收买性还是廉洁性[1]，则要明确不可收买性和廉洁性的具体含义和不同，表现为可计算的问题则是二者对应的案件集的不相交元素的集合，再对判决书的案情和结果做归类处理。将法学问题转变为数据问题的难点在于学界缺少关于法学问题数据化的方法和路径；法学问题往往是不明确、存在变化、可能出现矛盾的；而且许多法学问题缺少必要的数据来表示。比如，法学理论问题，法律人对其的理解也是局限的、不充分的。所以在转换时需要根据不同类型法学问题的特点，结合计算机的能力，采取适合的方法和路径来完成。在面对茫然无知、变化多端的情形时，可以采取盲目检索或机器学习的方法让计算机自行发现一些特点，启发法学问题的数据化。

第二步，结合计算机技术解决数据化后的法学问题。这一大步具体可以分为三小步。

首先，选择合适的结合计算机加以解决的方法。经过半个多世纪的发展，目前存在丰富多样的计算方法。同一问题通过计算机实现的路径也有很多。应当根据任务的性质、所需数据和可获取数据的特点、任务完成好坏的检测指标选择合适的方法或方法的组合。比如，对于像判决书这类较规范文书信息的提取运用正则表达式进行简单、直接的检索可以比使用如自然语言处理等更复杂高级的技术更加有效和准确。但是对于涉及法律概念的理解等对语义要求更高的问题则需要借助更加复杂的语言处理技术。对于像舆情实时分析等数据海量、及时更新的情形则需要运用大数据的处理方法。方法的选择是一个不断尝试、检测、更新的过程。方法中具体算法的选择和优胜劣汰更是一个需要群体性力量有效叠加的过程。这也要求并且促使计算法学思维比其他法学思维更加开放、更加广阔、更加需要群体力量。

其次，根据选择的方法，设计需要的计算机功能。以造房子为例，形式化问题、选择好方法后只能说是确定了房子的基本框架，获得了可用于造房子的工具和原材料，但是房子具体怎么建起来、每一层/每个房间的具体构造、层间的联结等则是接下来的工作。比如，在确定需要计算

---

〔1〕 由于学界关于受贿罪保护的法益到底是公权力的不可收买性还是廉洁性存在争议，所以这一研究是有现实意义的。参见张明楷：《受贿犯罪的保护法益》，载《法学研究》2018 年第 1 期；黎宏：《受贿犯罪保护法益与刑法第 388 条的解释》，载《法学研究》2017 年第 1 期。

机直接提取的字段后，就要对判决文书分词；在确定运用第三方开发的"jieba"中文分词模块来对文书进行分词后[1]，则要在该模块基础上进一步编写提取指定字段的具体功能，包括如何确定字段在文书中出现的位置、如何确定是要提取的字段而非同字异义的情况等。只有设计好具体的功能，给定这些具体的条件，才能实现对被选择的方法的运用。设计功能是将问题与方法相连的过程。通过方法，构造出具体的功能，一步一步地将问题的求解路径明确出来。

最后，编写程序，实现设计的功能。程序是功能在计算机中具体实现的形式。设计好的功能需要通过程序，给定参数，予以调用，确定调用的先后顺序和条件，让计算机具体执行。实现功能的过程是非常烦琐、细致的，不仅是对功能的具体调用，还需要做好至少三方面的工作。一是系统环境、编程环境、方法的调试。一套用高级计算机语言编写好的功能放在某个特定的操作系统、编译环境中需要与这个环境衔接好才能顺利被该计算机理解和执行。同样的，第三方研发的方法和模块也需要与编程环境衔接好后才能被顺利调用。二是清洗输入数据，设定输出数据的格式。程序化的功能如同造好的机器，输入的数据就像原材料，输出数据则是原材料经过机器运转加工后得到的产品。就像不合格的原材料无法让机器正常运转一样，不符合程序要求的数据，包括格式、属性、结构等，是无法被计算机正常打开和读取的。程序还要告诉计算机如何处理新增数据，以实现数据更新。功能运转后得到的结果是否要输出、输出的形式、存储的路径等也要在程序中设置清楚，以便人工查找和阅读。三是设定错误检测和处理。由于计算机要求百分之百的准确和自洽，所以极易因为难以预见的问题或瑕疵而无法运转。错误检测可以将错误的信息捕捉并反馈给项目人，以便有针对性地修改程序，提高效率。

（二）计算法学思维不是计算、数据思维和法学思维的简单拼接，具有独立的复杂性和学术价值

虽然计算法学思维具有上述特性，但是它目前还没有被认为是独立

---

〔1〕 关于jieba中文分词模块的介绍详见https://github.com/fxsjy/jieba，最后访问日期：2019年3月13日。

于其他法学研究方法之外的思维。虽然法学界对计算机科学技术，特别是机器学习，表现出浓厚的兴趣，但是这种兴趣还停留在实践摸索和高谈阔论的阶段。在严肃的学术讨论中，计算法学方法仍被认为是定量法学研究方法中编码文书的一种方法。因其只关乎数据处理，或因其涉及具体的代码编程，而不被认为是一种独立的法学方法。涉及计算机运用的法学研究的思维被认为是将数据思维和法学思维简单地拼接，由法律人提出问题，由计算机专业人员负责编写代码、让计算机执行，返回数据，再由法律人分析数据完成研究。这几部分被认为是相互独立，可以分离的。法律人只需要具有以往的法学思维即可，涉及计算机的部分只需通过跨学科合作研究、聘请第三方专业公司、组织计算机专业学生等来完成即可，进而否定计算法学思维的独立性，否定针对算法设计、计算机功能选择以及处理基础的法律问题的研究独立的学术价值。结合前文的定义和解释，这种认识显然是不对的。原因如下：

首先，在法律人与计算机专业人员的合作研究中，各自负责的部分之间不是独立分离的，而是互相融合的。不具有数据思维的人难以意识到怎样的法学问题是可数据化的问题，而没有法学思维的人根本就提不出有法学研究意义的问题。如此，计算机在法学研究中的运用就只能靠偶然的机会来产生，只能局限在狭窄、表面的领域。即使在有限的运用中，不懂数据思维的法律人无法检测功能设计、程序编写的正确性和合理性，无法判断数据的可靠性，只能被动地接受返回的数据，再进行人工检测。但对于海量的数据，即使抽取 1% 的样本量进行检测，也是人力难以完成的。而没有法学思维的人在设计功能时难以正确理解法学问题的丰富内涵，在具体化的过程中很容易出现偏差、存在偏见而不自知。这些都进一步限制了计算科学在法学中的运用。

其次，由于法学、计算机科学是两个都很复杂、有各自话语体系、相差甚远的学科，让法学学者再去掌握计算机技术实在艰难，所以当下提倡跨学科合作研究，希望由此来解决这一困难。但是由于计算法学思维的独立性并没有得到法学界或计算机科学界的认可，相关的交叉学科尚未真正建立，所以涉及计算机运用的法学文章要么因为涉及具体的功能设计和程序编写而被认为不属于法学问题，要么因为研究的问题法学价值不高而被拒绝。毕竟，在发展初期，能够运用计算机完成的法学研究还是比较简单的；这类文章的价值更多是体现在该研究是通过计算机完成的，而不在于其解决了怎样的法学问题；但这一价值目前不被学界认可。同理可得，这类合作研究的成果也不被计算机科学界认可。所以此类合作研究的困境在于其成果往往具有实践意义，但却不被认为具有学术价值，因为认可这类学术价值的学科和学术圈尚未形成。

再次，实践先行，理论单薄。虽然理论文章难以发表，但是不影响此类合作项目的日益增多。根据大数据、人工智能的国家战略部署，政法实务界对智慧司法、检务的热情高涨，相关程序的开发在政法部门的领导下由大数据企业具体负责；一些开发好的程序都已经在某省或某市范围内开始运行。但是由于严谨的学术讨论、体系的理论的缺位，这些程序到底情况如何，功能设计是否合理，可能存在的问题等都没有得到充分的讨论，更缺少达成共识的平台。由于这些程序是商业化开发的结果，所以更不可能开源和接受检测，也不利于之后的再开发和再利用。这些程序，如正在研发的定罪量刑模型，既应符合规范法学研究中对法条的解释，又应满足实证法学研究中对模型合理性的要求。如果在研发过程中能够经过严谨的学术讨论，得到理论上的指导，则能形成更加成熟、稳定的模型，也能减少研发过程中的弯路。而这些都要求学界能够认可计算法学研究的独立价值，促进计算法学思维的发展，产生指导计算机在法学中运用的理论成果。

最后，计算法学思维独立性的学术认可对于计算法学良性生态的形成至关重要。计算生态其实早已形成，即世界各地的程序员都可以自由选择某一合适的操作系统或编程环境，在其框架下进一步开发自己设想的更高级的程序，后人又能在其开发的程序上向前进；已有的程序在被后人的使用过程中得到检测、完善或淘汰，实现程序的优胜劣汰和快速更迭。这也是前述所说的计算法学思维里很重要的一步，即了解和运用已有的计算方法或工具。由于计算法学尚未形成有生力量，其生态自然难以形成。另外，由于计算法学研究主要以商业化的形态存在，所以成果都是商业产品，很难开源。而开源是前述计算生态得以形成的基础，所以如果放任计算法学研究继续以商业化形态存在，则前述的良性生态将不可能形成。必须承认计算法学思维的独立价值，形成能够认可计算法学研究独立学术价值的学术圈，才能促使这些研究学术化，相关研究成果才能以学术文章的形式公布，程序代码才可能被学者公开，进而推动企业开源，如此才能更好地促进计算法学研究的有效叠加和良性竞争。

本章结语

本章论述了一种新型的法学研究方法,即计算法学方法的概念内涵、独立价值、基本思维和特点,指出了在这类研究领域存在的实践先行、理论单薄、研究视域过窄、重复劳动、合作困难、研究缺少接续能力等问题,抽象了计算法学方法的一般步骤。本章也讨论了计算法学生态的形成对这个领域的发展和计算法学方法价值的充分发挥有至关重要的作用,而实践、具体、可传承的严谨的学术探讨和尽可能开源的程序才能更好地促进生态的形成。如此,法学研究才不会在目前正在进行的智慧司法软件的研发中无法发挥任何作用,而任凭司法实务和计算机专业人员来确定诸如某个罪名的定罪量刑、某个证据的采纳采信、某个合同效力的判断等标准化模型。虽然这些模型是用来辅助实践的,但是标准的建立向来是应当接受充分的学术探讨的,而不应由某个部门或企业来决定。

计算机科学是目前将学术产业化做得最好的学科之一。计算机图灵奖得主往往都创办了公司或研究院,所做的研究都能在产业上得到运用。所以它是一门实践性、专业性、技术性非常强的学科。而法学学科无论是规范解释、价值判断还是现实描述也都具有很强的实践性和技术性。虽然两个学科有各自独特的话语体系,但是二者的研究对象并不是互斥的,而是有不少重合,并会随着虚拟世界的不断现实化而越发紧密;两种研究方法也不是不相容的,而是可以互补。计算法学的出现和发展就是为了搭建架设这两套话语体系的桥梁,探索将可能需要计算机帮助的法学问题转化为数据问题的方法,寻找和培养能够解决已转化问题的计算方法和能力,检测、修正和更新既有的算法,从计算结果中获得有法学价值的信息,丰富法学研究的领域和方法。

计算法学不只是一种法学研究方法,还有更广泛的内涵,有很多有争议的问题需要讨论厘清才能更好地促进它的发展。比如,前文所述的反爬虫策略,虽然其本意是网站为了防止用于商业目的的“脱库”下载行为,但是却造成了用于学术研究的下载也难以进行,提高了判决使用的成本和难度。关于爬虫和反爬虫等攻防措施的正当性、合法性的争议,以及更深层次的数据权利属性和数据权益分配的讨论都尚未定论。我国和美国都出现了类似的有关公开数据权利的案件,如我国的大众点评诉百度地图抓取其页面用户评论、美国的“hiQ Labs, Inc.”诉领英(LinkedIn)设置严密的反爬虫策略妨碍其抓取领英用户公开的教育背景信息等案件,而两国的法院目前则做出了相反的判决。[1] 所以这类问题还需进一步的研究。随着计算法学的发展,计算法学生态的形成,计算法学研究成果的学术化和去商业化,如果能够建立学术圈内共享的法律文书或数据库,便于从事学术研究的人员使用,就能更好地解决这个问题。

本书在接下来的章节中按照本章提出的计算法学方法的一般步骤展开,深入讨论在常见的几类法学研究中,将法学问题数据化的一些方法,尝试归纳可数据化的法学问题的基本特点,研究了结合计算机帮助解决计算法学问题的路径和目前常用的一些计算机方法。在此基础上,本书初步系统性地提出了计算法学方法不同于其他法学研究方法的独特的研究思维、体系和路径,论述了计算法学方法支持的法学研究的特点和学术价值,为面向数据网络时代的法学研究提供了重要的方法论指导。

---

〔1〕 参见 Cheryl B. Preston, *Lawyers' Abuse of Technology*, Cornell Law Review Vol. 103: 879, p. 894. 领英案目前仅有美国联邦基层法院作出的要求双方友好协商的临时禁止令(preliminary injunction order)。大众点评案则已经二审终审,终审维持了一审要求百度地图等原告方赔偿大众点评 323 万元损失的决定。参见《百度抓取大众点评用户评论,一审被判赔 323 万》,载搜狐网,http://www.sohu.com/a/77647804_410381,最后访问日期:2019 年 3 月 13 日。

第二章　法学问题数据化的方法初探

从法理学的发展成果可以归纳出，法学问题可以分为在法理论和不同的部门法中关于法的基本概念和命题、法律规范的构成和法秩序的构造等方面的问题。[1] 法的基本概念是法律规范的构成要素。法的基本命题是对法的概念进行陈述和判断的语义，是法律规范的内涵判断、假定前提、适用范围或结果指向，贯穿法律规范适用和发挥作用的全过程。法律规范是实在法的具体表现形式，包括所有具有法律效力的各种规范。经过法理学多年的发展，法律规范可以分为多种类型。一般而言，可以将法律规范分为法律原则和法律规则两大类，前者更为抽象、一般，后者更为确定、具体，所以在适用时体现出不同的特点，需要区别对待。[2] 法律规范的构成问题包括法律规范的具体含义和相互之间的内容及效力关系。[3] 法秩序的构造是指通过法律规范及其构成的体系的适用和作用，使人们或组织等主体按照一定的规范制订计划、采取行动、解决纠纷和承担结果，从而构造出某种法律秩序。所以法秩序的构造问题主要是从法学体系外部来观察法律的运行和法对社会秩序的构造，是必须结合组织行为学、社会学、经济学、政治学等学科的原理和方法来共同解决的。这类问题较法的基本概念、命题和法律规范的问题更为开放和面向实践。前述从法律体系基本构成的角度对法学问题作了基本分类。还可以从常见法学问题形式的角度，把法学问题大体分为四大类。第一类是法条的解释和适用问题。第二类是审判经验的提炼问题，是面向司法的问题。第三类是立法和法律政策相关的问题，包括确定立法目

[1] 雷磊：《法理论：历史形成、学科属性及其中国化》，载《法学研究》2020 年第 2 期。
[2] 雷磊：《法理论：历史形成、学科属性及其中国化》，载《法学研究》2020 年第 2 期。
[3] 雷磊：《法理论：历史形成、学科属性及其中国化》，载《法学研究》2020 年第 2 期。

的和立法内容、预测立法效果、研究立法技术和程序等。第四类是司法制度相关的问题,是从制度主义角度出发,研究法律相关的不同机构之间的关系,各法律机构的制度建设和功能定位。法学问题还有很多其他分类。不同分类可以相互结合,得到更细化的法学问题。比如,解释某个法律概念类的问题可以具体分为立法时确定该概念内容类问题、法律解释推导出的该概念含义类问题和司法中该概念含义的审判经验类问题。之所以分类,是为了更好地讨论不同类法学问题的数据化方法,而且不断分类的过程也是层层解构法学问题以便发现相关数据的过程。本书在法学问题基本分类的基础上初步探讨法学问题数据化的方法和路径。

第一章中已经将计算法学方法的基本步骤抽象为两大步,其中最为关键的是第一步,即数据化法学问题,为运用计算机技术帮助解决问题作铺垫。第一章提出了数据化法学问题的一般特点,但是没有系统、具体地展开。本章在此基础上,先讨论数据化法学问题的方法和步骤,再根据前述法学问题的基本分类展开,选择了若干类法学问题,具体讨论其数据化的方法。由于法的基本概念和命题是通过法律规范来具体表现和把握,受限于当前该领域法学研究积累的不足,将更为抽象、一般的法的基本概念和命题提炼出来进而数据化非常困难,所以本书仅讨论法律规范和法秩序方面的问题数据化的方法,以期在此基础上在未来进一步讨论法的基本概念和命题类的问题的数据化方法。具体而言,本章讨论了原则型和规则型法律规范类问题数据化的方法,第三章则讨论了法秩序类问题中面向中国实践、具有现实意义的既有法制改革类问题的数据化路径和方法。

如第一章所述,本书认为,法学问题数据化是指将法学问题转换为能够通过数据收集、处理和分析予以表示和帮助解决的问题。这里的数据从形式上讲就是信息技术中产生、存储或处理的数字信号,从内容上讲是与待转换法学问题有关的数据。数据化的过程就是要找到哪些数据与待转换法学问题有关,进而找到哪些数据按照怎样的规则进行计算机允许的演算可以表示待转换法学问题的语义。具体可以再分为两步。第一步,构造与法学问题对应的计算机可以帮助解决的问题。第二步,确定输入输出变量及其关系适应的模型,确定数据集。但不是任何存储在计算机上的数字信号就是待寻找的数据,否则只要将某一法学问题的表述在计算机上打出并存储就可以被认为是将法学问题数据化了,这显然是没有意义的。

待寻找的数据一般是指社会生产生活过程中实际产生或记录这些实际活动的数据。法律数据则是指这些数据中与法律有关的数据。具体而言,本书认为,法律数据包括描述法律文件、法律事件、法律行为、法律关系或法律工作者、法律舆情等的数据。法律文件数据是指描述法律法规规范性文件、裁判文书等具有法律效力的文书的数据。法律事件数据是指描述不以权利主体意志为转移而发生的会引起法律关系产生、变化和消灭的自然或社会现象的数据。法律行为数据是指描述会引起法律关系产生、变化和消灭的人的有意识的活动的数据。法律关系数据是指描述法律规范在调整人们的行为过程中所形成的权利义务关系的数据。法律工作者数据是指描述法律工作者行为、观点、态度等的数据。法律舆情数据是反映人们对法律文件、事件、案件等的普遍态度、观点等舆论情况的数据。因此,数据化法学问题是要确定表示该法学问题所需要的数据和确定这些数据得以表示该法学问题所需的演算规则。

确定所需的数据及数据处理的规则,需要运用已有的法学方法和理论成果对法学问题进行解构,并在此基础上加上数据的维度,即解构的程度和方向应当能与前述的法律数据相连。比如,在运用某种规范法学的解释方法解构法学问题时,需要将法律规范的含义进行不断的解释,直到实现与某些类实际数据的连接为止,而不是只要进行了一定程度的解释就可以。计算法学方法不是取代所有的法学方法,而是提供连接法学和计算机科学的重要的方法桥梁,是把计算机技术能实现的诸多功能引入法学研究中必需的方法。它需要在以往法学方法的基础上加上数据的维度来进行。数据维度是将数据化法学问题与实证法学研究中将抽象理论问题形式化为可操作、可测量的假设问题区别开来的关键。后者强调假设问题与理论问题之间的紧密联系和理论可靠性,前者则重在发现与理论问题有关的可能的数据,看重的是数据的完整性和全面性,而不强调与理论问题关系是否足够紧密、推导的理论依据是否充分。所以计算法学方法鼓励运用多个已有的法学方法及理论,包括一些有争议的理论或直觉,对问题的要素作进一步的、多方面的充分解构,以尽可能完整、全面地寻找到有关的数据。计算法学方法在解构法学问题时不强调每一步解构的理论基础必须成熟、可靠、无争议,而是重在利用已有的理论和方法启发对法学问题的不断解构，以致发现尽可能全面、完整的与法学问题有关的数据。

在寻找到相关的可能数据后，数据化法学问题还要求初步确定这些数据如何演算以表示法学问题。这一步既要理解法学问题的基本要素、要素的性质及要素的联系，又要了解计算机目前处理数据的方法。目前计算机对数据作处理可以有图、表等的方法。其中常用的是概念模型图。[1] 该模型把数据分为三类，即表示实体的数据、表示实体属性的数据、表示实体之间关系的数据。这三类并不对应于法学问题中的要素、要素的性质及联系，但是确有一定的联系，有待进一步的研究。简言之，表示实体的数据是指该类数据指向的是某个客观存在，表示实体属性的数据则是指该类数据是描述某个实体数据的特点、性质、情况等，而表示实体之间关系的数据则是指该类数据是描述某两个或多个实体数据之间的关系。

以审判组织是否合法的计算机实现为例，实体类数据包括从判决中提取到的审判人员、审判组织、案由、审判级别、审判法院等。属性类数据对应不同的实体，有不同的项，如对应审判组织的属性有法官人数、非法官人数、总人数；对应审判人员的属性有性别、是否审判长、是否人民陪审员；关系类数据对应不同的实体之间的关系，有不同的项，如对应不同审判人员之间的关系有从属、同事、辅助。在将相关数据分为三大类后，可以利用这三类数据，结合知识图谱等一些计算机表示方法，把法学问题表示出来。比如，可以将审判组织是否合法的问题数据化为这样一些规则：审判组织的总人数为偶数时审判组织不合法；在某些案由、某个审级的案件中，审判组织的总人数为 1 不合法；在某些案由、某个审级的案件中，审判组织非法官人数小于 1 不合法等。这些规则可以运用图和正则表达式的方法编写为计算机程序，通过计算机运行。

本章在接下来的三节中分别以具体的法学研究问题为例，初步讨论了数据化法学问题的一些方法在几类常见法学问题中的具体实现路径，即如何运用已有的法学研究方法解构法学问题，使被解构后的法学问题能够与实际的数据相连，为寻找相关的数据提供指引，为处理分析相关数据提供规则。这三节分别讨论了不同原则代表的价值存在冲突时的

---

〔1〕 万晓枫、文军：《实体关系图的程序实现》，载《实验科学与技术》2013 年第 6 期。

平衡、法律原则的含义及具体实现,以及法律规则的解释等法学问题。

第一节　法律原则中冲突价值平衡问题的数据化

本节讨论的是原则型法律规范研究中常见的冲突价值平衡问题的数据化方法。按照法学问题数据化的一般思路,应当运用已有的法学研究方法及成果对问题进行解构,在选择解构的路径和方向时应当考虑数据的维度。据此,首先将本节的问题做概念性的补充,即把问题的前提、场景、条件和目的意义等尽可能地补充完整。该问题即为:当法律原则支持的不同价值表现为相互冲突时,不同价值平衡问题的数据化。在此基础上,原本概要的法学问题的构成要素和命题会较为完整、全面地展现出来。该问题中的基本要素就是不同价值、相互冲突的表现,以及价值的平衡。继而应当运用已有的法学研究方法及成果对提取出的基本要素进一步解构,构造出指向实际数据的该问题的具体表述。

不同的价值不是任何时候都会冲突,所以一般讨论冲突价值平衡问题都会有较为明确的场景限制。本节以反腐败中法治与效率价值的冲突问题为例展开。进一步的解构即是运用已有法学研究方法及理论对法治和效率价值在反腐败中的内涵、要求和表现作多方面的解释,并对价值相互冲突的含义和表现作解释,在此基础上找到二者会相互冲突的内容。经过这一过程的解构,很多相关的数据会被找到。比如,实现不同价值要求的具体法律规则、规定、政策文件、司法判决,以及实现某一价值要求但可能损害另一价值的具体规则、规定、政策文件、司法判决等;在具体反腐败案件办理过程中,办案人员实现某一价值但损害另一价值的具体行为、标准和态度等。这些数据可以被收集、存储以便后面的处理、分析和使用。此外还应对冲突中价值平衡这一要素进行解构。价值平衡一般要求先了解价值冲突的原因,以便尽可能地化解冲突;在无法化解时,尽可能均衡地保护和损害相互冲突的价值。应当运用已有理论对价值平衡作进一步的解构。目前据此至少可以增加与冲突的原因、冲突中对不同价值损害的程度和性质,以及冲突化解的可能等方面有关的数据。

数据的初步收集和处理时常会影响问题进一步数据化的方向。比如,在本节研究的问题中,如果对初步收集的数据分析发现在当前反腐败中效率价值的实现更为关键,或者保护效率价值能够有效地化解冲突,那么接下来数据的收集就会更偏向于对效率价值的保护可能造成的法治价值的损害,以及效率价值的实现方法和评价等方面。经过不断地解构和在数据收集分析过程中的调整,原本抽象概要的法学问题会不断地丰富,与实际的数据连接起来,使与该问题研究有关的数据尽可能全面、完整地被发现和收集。这是法学问题数据化中最重要的一步。

除了确定可能有关的数据,数据化法学问题还要求确定数据提取、处理和分析的演算规则。这一步主要是为后面结合计算机技术帮助法学问题的解决作准备,所以具体的演算规则有很大部分需要在后面来明确和实现。这一步中主要是根据法学问题的解构,启发演算规则的初步确定,也就是根据相关数据,确定输入输出变量及其之间关系,进而建立相应的模型。概言之,对法学问题建立模型的过程。建模有多种方法,本书采取的方法是:首先,在法学问题的每一步解构中,尽可能准确地描述被解构要素与解构后的表示(一般由下位概念和命题及其相互关系组成)之间的关系、被解构问题中不同要素和命题之间的关系。其次,这些描述以某些抽象的符号或数值或算式来表示,形成数据的初步演算规则,即法学问题的初步模型。本节后面的内容尝试运用这一方法来数据化反腐败中法治与效率在冲突时的平衡问题,以启发这一问题的解决。

一、反腐败中法治与效率的冲突与平衡问题的提出及初步分析

自监察体制改革全面深入开展以来,有效反腐和法治反腐持续处于紧张的状态。受效率和法治两种价值的不同引导,腐败案件的司法实务面临很多困惑。[1] 这种情况也使腐败犯罪的刑事立法处于不稳定状态,不断考虑修改。[2] 我国反腐败中的“零容忍”政策、有效惩治腐败犯罪的需要与刑法中的罪刑法定原则、无罪推定原则的要求也存在冲突。[3]

---

〔1〕 梁根林:《中国反贿赂刑法与〈联合国反腐败公约〉:一个比较分析》,载《中国法律评论》2017 年第 4 期。

〔2〕 石巍、王德骧:《论我国腐败犯罪刑事立法之完善——以刑法修正案(九)为视角》,载《人民司法(应用)》2017 年第 16 期。

〔3〕 赵均锋等:《论我国对腐败犯罪刑事推定的应然态度》,载《河南社会科学》2018 年第 1 期。

另外,随着检察机关职务犯罪侦查部门的转隶、纪委检察机关反腐败力量的合并,效率与法治的紧张关系更是凸显出来。以能够有效反腐为其主要正当性基础的纪委办案规范与体现法治要求和价值的原检察机关侦查腐败案件规范在办案手段、措施、对犯罪嫌疑人权利的保障等方面都存在明显差异。[1] 转隶之后,两套人马变成一班人马,严重违纪与严重违法犯罪腐败案件不再区分,而是适用同一办案程序,如此,强调效率和法治不同价值的两套办案规范也就直接冲突起来。[2] 这也促使纪委办案规范的修订、《监察法》的出台,以及《刑事诉讼法》的修改。[3]

有效依法反腐是我国反腐败成功的标志,是我国反腐败模式得到世界认可的关键。监察体制改革的顺利进行需要处理好效率与法治的关系。目前来看,处理的路径主要是两种价值互相平衡,寻找折中点。一方面,尝试通过修改腐败犯罪的立法,与有效反腐的需要相适应,扩大入罪范围,降低入罪门槛等。[4] 另一方面,把"零容忍"的反腐政策转化为具体的司法把握标准,对其作宽严相济的解读,对前述降低门槛等作严格限制。[5] 一方面,通过出台《监察法》、修改《刑事诉讼法》,尝试将《刑事诉讼法》要求限制于严重违法犯罪的部分监察案件,寻找能够适应有效反腐需要并兼顾犯罪嫌疑人权利保障的措施。[6] 另一方面,提高纪委办案规范的要求,用留置取代"双规",向《刑事诉讼法》对侦查的要求靠拢。[7]

---

〔1〕 卞建林:《监察机关办案程序初探》,载《法律科学(西北政法大学学报)》2017 年第 6 期;龙宗智:《监察与司法协调衔接的法规范分析》,载《政治与法律》2018 年第 1 期。

〔2〕 邓矜婷:《纪委、检察机关办案规范的整合:一个连接理论与实践的分析路径》,载《法学家》2018 年第 6 期;汪海燕:《监察制度与〈刑诉法〉的衔接》,载《政法论坛》2017 年第 6 期;陈卫东:《职务犯罪监察调查程序若干问题研究》,载《政治与法律》2018 年第 1 期。

〔3〕 《中国共产党纪律检查机关监督执纪工作规则(试行)》,2017 年 1 月 8 日颁布;《监察法》,2018 年 3 月 20 日颁布;《刑事诉讼法》于 2018 年 10 月 26 日修正。

〔4〕 石巍、王德禳:《论我国腐败犯罪刑事立法之完善》,载《人民司法(应用)》2017 年第 16 期;赵秉志:《论我国反腐败刑事法治的完善》,载《当代法学》2013 年第 3 期。

〔5〕 赵均锋等:《论我国对腐败犯罪刑事推定的应然态度》,载《河南社会科学》2018 年第 1 期。

〔6〕 汪海燕:《监察制度与〈刑诉法〉的衔接》,载《政法论坛》2017 年第 6 期;陈卫东:《职务犯罪监察调查程序若干问题研究》,载《政治与法律》2018 年第 1 期。

〔7〕 邓矜婷:《纪委、检察机关办案规范的整合:一个连接理论与实践的分析路径》,载《法学家》2018 年第 6 期;陈越峰:《监察措施的合法性研究》,载《环球法律评论》2017 年第 2 期。

效率与法治并不必然是冲突的,而是可以在一定条件下实现共赢的。所以在反腐败情景下,对二者的关系应当做进一步的研究。只有更全面深入地了解反腐败中法治与效率的实现和相互关系,才能更好地进行取舍,建立二者的平衡点。腐败虽然有多种表现形式,但是贿赂型腐败是最常见的一种腐败,也是有关腐败的研究中最受关注的一类,是反腐败打击的重点,具有典型的特点。所以本节进一步将问题限缩在贿赂型腐败查办、防范中的法治与效率价值的平衡问题。[1]

二、问题的进一步解构:运用理性人模型建立法治与效率的关系

经过前一点的初步分析,可以看到法治和效率价值的冲突在反腐败中具体体现为腐败案件的查办规范存在冲突。两种价值指向不同的具体办案规范,这些构成有关数据的一部分。另外,根据前一点的观察,学界在讨论两者的冲突关系时,主要考虑的是如何取舍的办法,而缺少对二者冲突的化解角度的思考。所以本节在对二者冲突的原因和关系做解构时,方向是系统地研究二者的冲突关系,讨论化解冲突的可能。目前学界解构时运用的是概念和规范解释的方法。而按照数据化法学问题的一般思路,应当尽可能运用多种已有法学研究方法和理论来解构法学问题,启发数据的寻找。而实证法学中有不少用于分析价值平衡的方法和理论,也有不少用于研究反腐败的问题:比如,有不少从社会学和经济学的角度建立腐败的模型,包括腐败与经济发展的关系、政府介入(提高工资、加大处罚、增强监管等)对腐败的遏制等;[2]又如,犯罪学中围绕犯罪的本质、原因、有组织犯罪的罪因及对策等建立的模型,[3]以及关于腐败类刑事犯罪的研究。[4] 本节在这些研究基础上,以法经济

---

〔1〕 除特殊说明之外,下文中的腐败均指贿赂型腐败。

〔2〕 See Becker, G. S. & Stigler, G. J., *Law Enforcement, Malfeasance, and Compensation of Enforcers*, The Journal of Legal Studies, 3(1), 1 – 18 (1974); Banerjee, A. V. *A Theory of Misgovernance*. The Quarterly Journal of Economics, 112(4), 1289 – 1332 (1997); Cracau, D., and Franz, B, *Bonus Payments as an Anti-corruption Instrument: A Theoretical Approach*, Economics Letters, 120(1): 1 – 4 (2013).

〔3〕 参见张小虎:《犯罪学》(第二版),中国人民大学出版社2017年版,第二、三、四章。

〔4〕 Huisman, Wim & Vande Walle, Gudrun, *The criminology of corruption. In: Graaf*, Gjalt de (Ed.); Maravic, Patrick von (Ed.); Wagenaar, Pieter (Ed.), The good cause: theoretical perspectives on corruption. Opladen: B. Budrich, 2010, p. 116.

学和犯罪学经常用的理性人模型来增加对本问题的解构角度。这一模型也非常适合用于研究反腐败中的法治与效率的关系问题,因为该模型可以同时放进法治与效率价值,将二者的关系在一个式子里表示出来,便于直接分析二者的关系。而且无论基于哪种价值的反腐,最终的作用对象都是可能腐败的官员,反腐效果如何也是最终体现在对官员腐败行为和态度的影响上。

贿赂型腐败的发生是腐败供应方和接受方双向选择、达成合意的结果,所以其发生的模型包括腐败供应方提供腐败的发生模型和腐败接受方接受腐败的发生模型。腐败接受方因其持有能够为腐败供应方谋取利益的公权力而成为接受方。《联合国反腐败公约》将腐败分为公共部门腐败和私营部门腐败两种形式,这也是学界的共识。[1] 私营部门腐败按照腐败双方中一方或双方为私营部门可以进一步分为"私对公的腐败"和"私对私的腐败"。[2] 后者中腐败接受方所具有的公权力是在私营部门中因其职务、职位享有的权力。这种腐败与公共部门的腐败在权力性质、腐败形态、损害后果、反腐手段等方面都显著不同,而且监察委不管辖"私对私的腐败"。所以本节关注的是腐败接受方(以下简称公职人员)享有公共部门权力,接受腐败进而运用其公共权力为腐败供应方谋取利益的情景下其接受腐败的模型。

1. 理性人假设下单次/初次贿赂型腐败发生的模型

建立在理性人、自由选择的基本假设前提下,公职人员面对单次贿赂会选择接受应满足接受单次贿赂在发现和未发现情形下的综合收益大于不接受贿赂带来的总收益,即表示为下述不等式Ⅰ:

$$
\begin{aligned}
&(1-p)\times[\text{Income}_{\text{ycurrent}}\times t+\text{Utility}_{\text{bribe}}]\\
&+p\times[\text{Income}_{\text{ysubstitute}}\times(t-t_j)+\text{Utility}_{\text{wbribe}}-\text{Fine}\\
&-\text{Suffering}(S_j(t_j),S_r)]>\text{Income}_{\text{ycurrent}}\times t+\text{Restraint}_{\text{rule}}
\end{aligned}
$$

其中,p 表示接受此次腐败被发现并被处罚的概率。$\text{Utility}_{\text{bribe}}$表示接受贿赂带来的享受,既可指财产性利益带来的财富增加,也可指非财产性的有价值物带来的享受,如机会、情感、性贿赂等。$\text{Utility}_{\text{wbribe}}$则表

[1] 《联合国反腐败公约》前言。

[2] 王秀梅、宋玥婵:《反腐败国际公约视野下私营部门腐败的防治》,载《法律适用(司法案例)》2017 年第 18 期。

示已经被消费、转移、洗白而无法追回的贿赂。$Income_{ycurrent}$表示目前职位每年所带来的正常收入，包括工资和非工资性的其他正常收入。$Income_{ysubstitute}$则表示腐败被发现后替代工作每年所带来的正常收入，如果对腐败的处罚不会导致原工作的丢失，则二者相等。由于现有工作和替代工作的工资都会不断增长，所以工资增长在这里的作用是此消彼长的，为使模型更简单，这里就不考虑工资增长的问题。$Income_{ycurrent} \times t$ 表示公职人员在当前职位正常工作 t 年所得的总收入。t_j 表示腐败被发现后所受的刑罚中的监禁刑期，如果腐败轻微，没有刑罚或刑罚中没有监禁刑，则t_j 等于零。$Income_{ysubstitute} \times (t - t_j)$表示腐败发现后，公职人员离开原岗位，在服刑$t_j$ 年刑满释放后又找到了替代工作，在替代工作中工作$t - t_j$ 年所得的总收入。Fine 表示腐败被发现后受到处罚中的罚金金额。Suffering 表示除罚金、工作损失外腐败被发现并被处罚带来的痛苦，会受到监禁刑S_j、声誉S_r 等因素的影响，所以表示为它们的函数$Suffering(S_j(t_j), S_r)$。监禁刑带来的痛苦与刑期t_j 正向相关，表示为刑期的函数$S_j(t_j)$。$Restraint_{rule}$表示遵守规则的意识带给公职人员抵抗贿赂诱惑的克制力（以下简称规则的克制力）。

当公职人员面对贿赂时，如果他拒绝，那么他的预期收益为：①$Income_{ycurrent} \times t$；如果他接受，那么预期收益为：

（没有被发现、处罚情况下的收益）

$$②(1 - p) \times [Income_{ycurrent} \times t + Utility_{bribe}]$$

$$+$$

（被发现、处罚情况下的收益）

$$p \times [Income_{ysubstitute} \times (t - t_j) + Utility_{wbribe} - Fine - Suffering(S_j(t_j), S_r)]$$

由于公职人员是经过层层选拔考试、不断地接受规则培训，所以应当具有一定的规则意识，因而不会在接受贿赂的预期收益一超过拒绝贿赂的预期收益，即② > ①时就选择接受贿赂，而是在二者的差距可以突破规则意识带来的克制力时才会接受贿赂，即② - ① > $Restraint_{rule}$。所以建立在接受贿赂会带来更大的收益的理性选择前提下，公职人员会接受腐败应满足前述不等式Ⅰ。

2. 理性人假设下多次贿赂型腐败发生的模型

上述模型是针对单次或初次接受贿赂的情形，但是现实中贿赂型腐败经常都是多次出现的。虽然腐败时而随机发生，时而与先前腐败有联系，但是后发生的腐败被发现后对先前腐败的发现都有显著的影响，因为一旦开始调查，腐败的隐蔽性会被显著破坏，被调查人也有立功的动机。所以不应将后发生的腐败视作与先前腐败相互独立的事件。在面对第 n 次贿赂$Bribe_n$时，公职人员会接受腐败应满足不等式Ⅱ：

$$(1-p_n)\times[Income_{ycurrent}\times t+Utility_{sumbribe}]$$
$$+p_n\times[Income_{ysubstitute}\times(t-t_j)+Utility_{wbribe}-Fine_{sum}$$
$$-Suffering_{sum}(S_j(t_j),S_r)]>Income_{ycurrent}\times t+Restraint_{nrule}$$

这里，由于第 n 次接受贿赂被发现的风险不一定等同于先前发生的，所以用p_n表示。由于第 n 次腐败一旦被发现很容易导致先前腐败全部或部分也被发现，导致刑罚的增加和相应痛苦的加重，所以这里用$Fine_{sum}$和$Suffering_{sum}$来表示被发现和处罚的总贿赂。另外，由于先前腐败中公职人员已经出现了违规，损害了规则在其心中的神圣地位和约束感，所以再次面对贿赂时规则意识的克制力会降低，不会等同于先前克制力，所以用$Restraint_{nrule}$表示。

三、通过分析模型确定问题下一步解构的关键点：阻止受贿发生中 p 的关键性作用

1. 从防止初次腐败的发生来看

建立腐败模型是为了更好地理解公职人员为何接受贿赂，以便更有效地依法反腐。从不等式Ⅰ的构成来看，为了让不等式Ⅰ更难成立，即公职人员接受贿赂更不可能是理性选择，那么，应当增加不等式的右边，减少左边。由于两边均有$Income_{ycurrent}$和$Utility_{bribe}$，不能直接看出影响，所以经过合并同类项、简化处理得到不等式Ⅰ的变体不等式Ⅲ：

$$\left(\frac{1}{p}-1\right)\times Utility_{bribe}+Utility_{wbribe}+[Income_{ysubstitute}\times(t-t_j)]$$

$$>Income_{ycurrent}\times t+[Fine+Suffering(S_j(t_j),S_r)]+\frac{1}{p}\times Restraint_{rule}$$

通过不等式Ⅲ可以看到，要使不等式更难成立，应当：减少贿赂带给公职人员的享受和吸引；减少被洗白、转移、无法被追回的贿赂；减少替代工作相比现有公职多出的收入；增加现有公职的正常收入；增加腐败被发现后的处罚，包括增加罚金，刑期的长度，声誉、职业生涯、政治权利等方面的惩罚等；以及增加腐败被发现并处罚的概率和提高规则意识的

克制力。

(1)通过排除法发现 p 的关键性。在这些措施中,贿赂带来的享受和吸引取决于贿赂的性质、金额和公职人员的癖好、年龄、职级等个性化因素,难以被监察委控制和影响。替代工作取决于市场,而且服刑人员出来找工作本来就很难,所以对不等式成立的影响较小,公职人员因腐败已受到刑罚处罚,监察委也不应再干扰其刑满释放后的正常生活。现有公职的正常收入由国家财政和公务员体系决定,难以作大幅的调整,而且相比巨额的贿赂,即使调整,影响也是杯水车薪。减少被洗白、转移、无法被追回的贿赂对不等式成立的影响是实质性的,虽然重要,但是其对应的是缺席审判制度的建立、赃款的认定标准、洗钱罪等有组织犯罪的追查等措施。它们与监察程序的制度建设关系很小。腐败被发现后的处罚的调整空间也十分有限。声誉、职业生涯、政治权利等方面的惩罚没有中间值,只有保留和被剥夺、被毁坏两种状态。罚金、刑期等受限于刑罚体系的约束和刑事立法各方面的考虑,难以良好地区分不同程度的腐败,调整的空间有限。其设置受监察委影响较小,且与监察程序关系也不大。逐一分析排除之后,与监察程序密切相关、对不等式的成立有关键影响的就剩下增加腐败被发现并处罚的概率和提高规则的克制力了。

(2)如果 $p=0$,或者 p 非常小以至于约等于 0,那么不等式Ⅰ的左边约为:$[\text{Income}_{\text{ycurrent}} \times t + \text{Utility}_{\text{bribe}}]$;右边为:$\text{Income}_{\text{ysubstitute}} \times (t - t_j) + \text{Restraint}_{\text{rule}}$。除去规则的克制力,左边恒大于右边。换言之,如果腐败极难发现并处罚,即 p 非常小,那么公职人员纯粹是靠规则意识来抵制贿赂的诱惑,因为接受贿赂几乎没有风险,只有收益。所以 p 等于 0,腐败几乎必然发生,由此体现出 p 的关键性。

假设 $p=0$ 具有现实意义吗?或者说,p 可能如此小吗?其实是可能的,特别是在比较腐败的环境里。反腐败资源的相对稀缺使腐败必须是有选择的。这个选择就可能造就反腐败的盲区和死角。比如,以前官场中流传的潜规则,退休、退二线或者进入闲职了就不会被查,低级官员(蚁官)、小额腐败(小贪)、某些领域(高校科研机构)等的腐败不会被查。在这些情况中,由于 p 趋于 0,所以接受贿赂恒为理性选择,因此不难理解会出现蚁官巨贪、退休前或进入闲职后大捞一笔等现象。

(3)观察不等式Ⅲ发现,整个式子中数值可能最大的要素就是

$Utility_{bribe}$,即贿赂金额,而且这一金额可以无限增加。所以这个要素的取值对不等式成立与否的影响最为关键。由于 p 对这个要素整体数值的影响是成倍增加或减少的,所以 p 对受贿是否理性的整体影响具有关键作用。

2. 从中断多次腐败的发生来看

如果外部环境不发生变化,公职人员的行事风格和谨慎程度维持基本稳定,那么腐败发现和处罚的概率通常不会有明显的变化,即$p_n \approx p$。由于多次腐败的发生是建立在先前接受腐败是理性选择的基础上,所以不等式Ⅰ是成立的。而且$Restraint_{nrule}$的克制力会随着先前腐败的发生和没有被查而显著降低。将成立的不等式Ⅰ和下降了的$Restraint_{nrule}$代入不等式Ⅱ,则发现,此时要让不等式Ⅱ不成立则只能明显地增加$[Fine_{sum} + Suffering_{sum}(S_j(t_j), S_r)]$,并且增加的幅度要超过先前腐败中不等式Ⅰ成立时两边的差额和新增的贿赂带来的不等式变化。考虑到 p 的值较小,则罚金和刑期等代表刑罚严厉性的处罚的增速至少应当超过所对应的贿赂金额的增长率。换言之,在先前腐败未被发现的情况下,要公职人员自行理性选择拒绝后来的腐败需要更严重的单位刑罚,即增加刑罚与贿赂之比(j/b)。

具体的实现路径有两种,一是让刑罚的严厉程度的增速超过被发现的贿赂金额总数的增速。比如,假定初次接受 1 万元贿赂对应 0.5 年刑期,那么如果第二次贿赂是 1 万元,则其增加的刑期应当超过之前的 0.5 年。二是设定若干节点,贿赂总数超过某一节点则刑罚加重一档。比如,以 1 万～20 万元为第一档,对应刑期为 1～3 年,20 万元以上为第二档,对应刑期为 5 年以上,使达到 20 万元的这最后 1 万元对于公职人员的刑罚成本显著增加,促使其接受第 20 万元的腐败变成非理性选择。

我国刑法对公职人员贿赂腐败犯罪的刑罚设置对上述路径有所体现,反映了部分希望中断腐败的立法意图。比如,将国家工作人员受贿罪的刑罚分为三档,贿赂金额超过每一档的节点会导致所受刑罚加重一档,多次受贿会增加刑罚,贿赂金额的增加在每一档内也会导致刑罚的加重,体现了随着受贿次数的增加和受贿金额的增多,刑法对公职人员的加重处罚。

不过受到刑罚的体系结构和刑罚手段的局限性,以及刑法的司法公正理念、立法技术、受贿罪保护的法益等的影响,目前的设置还难以在 p

没有明显变化、不等式Ⅰ成立且$Restraint_{nrule}$降低的情况下，使不等式Ⅱ难以成立，难以使再次接受腐败变成非理性的选择。

首先，虽然设了不同档，但是节点的跳跃作用不明显，加重一档的刑期范围都是以前一档的最高值为起始值，即没有跳跃，只是延续。比如，在没有特别情节下，受贿 20 万元在第一档和第二档中均对应于 3 年刑期，受贿 300 万元则在第二档和第三档中均对应于 10 年刑期。其次，更重的档对应的 j/b 比例更低，没有满足严厉性的增速超过贿赂的增速的要求。第一档中，j/b = (3 − 0)/(20 − 3) ≈0.18，即每增加 1 万元贿赂，增加 0.18 年刑期；第二档中，j/b = (10 − 3)/(300 − 20) = 0.025；第三档中，j/b = (112[1] − 10)/(1 亿[2] − 300) ≈0。[3] 换句话说，进入了加重档后，表面看刑期会更严重，但其实刑期的增速显著降低，对于巨额受贿官员而言，无疑是进入了更为安全的领域。这也是为何会出现实证研究中发现的越腐败，所受的单位刑罚越小的现象，以及受贿千万和受贿上亿的官员受到的刑罚是相同的直观上违反公平感的案件。[4] 虽然最新刑法及司法解释不再唯数额论，考虑更多的弹性情节，但是上述问题都没有改变，对中断多次腐败的意义并不大。

综上所述，要想中断多次腐败的发生，依靠刑罚与贿赂之比(j/b)的增加目前来看非常困难，所以也必须通过显著增加 p 来中断。

四、对问题解构后关键点的进一步解构：p 的解构

从前两点的启发来看，在不等式Ⅰ成立之后，要让不等式Ⅱ不成立变得非常困难，因为规则的克制力会显著下降，所以要防止腐败发

---

〔1〕 无期徒刑一般按照人的平均寿命减去服刑人员的年龄，以可能受贿的公职人员最低年龄为标准，无期徒刑的最大对应值为(78 − 22)岁，得到 56 年；死刑一般设为两个无期徒刑，即 112 年。参见褚红丽、孙圣民、魏建：《异地审理与腐败惩罚：基于判决书的实证分析》，载《清华法学》2018 年第 4 期。

〔2〕 这里应当取已发受贿案件中受贿金额的最大值，目前已有超过十亿的，这里仅取更为常见的 1 亿，其实结果都是趋于零。

〔3〕 《最高人民法院、最高人民检察院关于办理贪污贿赂刑事案件适用法律若干问题的解释》法释〔2016〕9 号第 1 ~ 3 条。

〔4〕 参见过勇、李松锋：《贪污受贿案件刑事量刑的实证研究》，载《经济社会体制比较》2018 年第 1 期；褚红丽、魏建：《腐败惩罚的边际递减及地区差异：基于腐败金额的实证分析》，载《广东财经大学学报》2016 年第 3 期。

生,更容易地是让不等式Ⅰ不成立,使初次受贿成为不理性的选择,将腐败遏制在初期。而要使不等式Ⅰ不成立,增加贿赂被发现并处罚的概率 p 是尤为重要的,因此,增加 p 成为理解反腐败中法治与效率价值冲突平衡问题的关键。对该问题的进一步解构重点应放在对 p 的认识上。

1. 从模型的变体得到 p 的解构一,进而寻找有关数据,计算得到使受贿非理性的 p 的取值范围

对不等式Ⅰ进行形式变换可得不等式Ⅳ:

$$p < \frac{Utility_{bribe} - Restraint_{rule}}{Income_{ycurrent} \times t + Utility_{bribe} + Fine + Suffering(S_j(t_j), S_r) - Income_{ysubstitute} \times (t - t_j) - Utility_{wbribe}}$$

由此可以更好地观察 p 的取值范围要求。虽然公职工作工资收入会低于市场工资,但是这里的 income 是包括了其他的福利、地位、工作状态等,考虑到公职人员是可以自由选择放弃现有工作,所以本节认为,其留下来是因为满意现有工作,而不是纯粹为了腐败,而替代工作能带来的享受应该不会高于现有工作,为简便起见,这里将 $Income_{ycurrent}$ 与 $Income_{ysubstitute}$ 视为相等,得到不等式Ⅴ:

$$p < \frac{Utility_{bribe} - Restraint_{rule}}{Utility_{bribe} + Fine + Suffering(S_j(t_j), S_r) - Income_{ysubstitute} \times t_j - Utility_{wbribe}}$$

要使不等式Ⅴ不成立,则 p 应当大于等于不等式Ⅴ右边的算式的值。由不等式Ⅴ的右边启发有关数据的寻找,并根据右边式子的算法计算得到使受贿非理性的 p 值。下文就根据不等式Ⅴ右边的式子,以刑法有关受贿罪的最新规定设立的各档贿赂金额与刑罚值,[1] 判决中相关变量的平均值[2],以及现实中有关变量的常见值代入进行计算,得到在通常情况下,即不考虑《最高人民法院、最高人民检察院关于办理贪污贿赂刑事案件适用法律若干问题的解释》(以下简称《贪污贿赂解释》)[3] 中的特别情节时,使不等式Ⅴ不成立所需要的 p 值:

(1)当宣告刑在 3 年及以下时,根据所收集的判决书,$Utility_{bribe}$ 取为

〔1〕 1997 年《刑法》设定的受贿罪刑罚在 2015 年《刑法修正案(九)》中有较大调整,之后又在 2016 年司法解释中具体明确,而本章研究的是当前刑罚结构下受贿罪发生的逻辑,所以以最新的刑法规定为准。

〔2〕 本章收集了中国裁判文书网上截至 2018 年 5 月 1 日以前公布的全部受贿罪判决书,共计 20109 份。通过对判决书进行统计分析,得到相关变量的取值范围和平均值。

〔3〕《贪污贿赂解释》第 1 ~ 3 条。

9.8 万元，Fine 取为 4.8 万元，平均刑期$t_j=8$个月，即 0.7 年。[1] 由于$Utility_{bribe}$较小，所以被告人几乎都会如数上缴，则$Utility_{wbribe}$取值为 0。$Income_{ysubstitute}$则综合考虑，按月薪 0.5 万元，取为 6 万元。[2] 代入得到不等式Ⅵ：

$$p<\frac{9.8-Restraint_{rule}}{10.4+Suffering(S_j(0.7),S_r)}$$

假设在腐败比较严重的地方，规则的克制力几乎没有，那么，$Restraint_{rule}$为0。如果一年刑期带来的痛苦相当于辛苦工作10年赚的钱，即$Suffering(S_j(0.7),S_r)=(6\times10)\times0.7=42$，[3]那么要使不等式Ⅵ不成立，则 p 应大于 18.7%；如果痛苦相当于 20 年收入，则 p 应大于 10.4%。

(2)同理，当宣告刑在 3～10 年时，$Utility_{bribe}$为 81.7 万元，Fine 为 27.6 万元，平均刑期为 3.8 年。[4] 这一档中由于受贿金额较大，所以有少部分判决中出现了贿赂没有全部上缴的情况，所以酌情将$Utility_{wbribe}$取为$Utility_{bribe}$值的 20%。代入得到不等式Ⅶ：

$$p<\frac{81.7-Restraint_{rule}}{70.2+Suffering(S_j(3.8),S_r)}$$

如果$Restraint_{rule}$设为 0，当一年刑期相当于工作 10 年时，则 p 应大于 27.4%；当相当于工作 20 年时，则 p 应大于 15.5%。

(3)同理，当宣告刑在 10 年～死刑[5]之间时，$Utility_{bribe}$为 3238.3 万元，Fine 为 750.8 万元，平均刑期为 19.4 年。[6] 这一档中由于受贿

---

〔1〕 相关变量的取值为《贪污贿赂解释》生效后公布的所有宣告刑在 3 年以下的受贿罪判决书中认定收受贿赂、判决罚金、监禁刑的均值。

〔2〕 公职人员收入没有直接的数据，所以在 2018 年第一季度国家统计局公布的全国人均可支配收入的基础上乘以 2 得到，大概反映公职人员居于中上收入水平的状态。详见 https://www.sohu.com/a/231240360_552349，最后访问日期：2019 年 3 月 13 日。

〔3〕 这里先假设痛苦的增长与刑期的增加是线性正向关系。

〔4〕 相关变量的取值为《贪污贿赂解释》生效后公布的所有宣告刑在 3～10 年的受贿罪判决书中认定收受贿赂、判决罚金、监禁刑的均值。

〔5〕 这里死刑取为 56 年。虽然最高人民法院在《关于重大贪污受贿犯罪案件量刑意见》中还分了 10～15 年，无期，死缓等档，但都属于数额特别巨大，因篇幅所限，本章在此不再分档讨论。

〔6〕 相关变量的取值为《贪污贿赂解释》生效后公布的所有宣告刑在 10 年以上的受贿罪判决书中认定收受贿赂、判决罚金、监禁刑的均值。由于部级以上的官员的判决书很多没有公布，所以本章还统计了媒体中公布的这些官员的判决情况。参见 https://mp.weixin.qq.com/s/i_DjwhsWxHlORTOpewK9cA，最后访问日期：2019 年 3 月 13 日。

金额巨大,所以有很多判决中出现了贿赂没有全部上缴的情况,所以酌情将$Utility_{wbribe}$取为$Utility_{bribe}$值的30%。代入得到不等式Ⅷ:

$$p < \frac{3238.3 - Restraint_{rule}}{2577.4 + Suffering(S_j(19.4), S_r)}$$

如果$Restraint_{rule}$设为0,当一年刑期相当于工作10年时,则p应大于86.6%;当一年刑期的痛苦相当于工作20年时,则p应大于66%。

(4)当贿赂非常大时,$Income_{ysubstitute} \times t_j$的影响可以忽略,Fine和$Utility_{wbribe}$的影响相互抵消,不等式Ⅴ可以简化为:

$$p < \frac{Utility_{bribe} - Restraint_{rule}}{Utility_{bribe} + Suffering(S_j(t_j), S_r)}$$

虽然死刑痛苦的定量比较特殊,但是对于像受贿2000万元,判刑10年的,要使所需要的p值降到20%,则要求一年刑期的痛苦相当于损失800万元的痛苦,也即辛苦工作133年。这恐怕在很多人中都不成立。反之,p只要达到62.5%以上,一年刑期的痛苦只需要相当于工作20年,就可以使不等式Ⅰ[1]不成立了。

通过上面的具体运算,可以看到,在每一档中,p只要达到一定的值以上就可以使不等式Ⅰ不成立,而且在贿赂金额较小时,p只需要在10%~18%以上即可。这是一个合理的被发现并处罚的概率。在每一档中,p值的增加会成倍地减少为使不等式Ⅰ不成立所需要的刑罚带来的痛苦,减少所需要增加的公职收入,减少贿赂带来的诱惑,成倍地降低使不等式Ⅰ不成立的难度。而且在贿赂非常大时,提高p值是使不等式Ⅰ不成立的唯一可能途径。这再次证明了p的关键性。

2. 从p的定义得到p的解构二,进而寻找数据,计算现实社会中的真实p值

另一种更为常见的解构就是考虑如何计算p。这可以简单地从p的定义得到,即公职人员接受贿赂被发现并处罚的概率p_0是指被发现并处罚的收受贿赂总数(N_c)/实际发生的收受贿赂总数(N_o),即$p_0 = N_c/N_o$。这里的数量可以指受贿金额数,或者被查处的受贿罪案件数,或者被查处的受贿公职人员数。受此启发,为了计算现实的p值,本节

[1] 不等式Ⅰ为$(1-p) \times [Income_{ycurrent} \times t + Utility_{bribe}] + p \times [Income_{ysubstitute} \times (t - t_j) + Utility_{wbribe} - Fine - Suffering(S_j(t_j), S_r)] > Income_{ycurrent} \times t + Restraint_{rule}$。

选择以公职人员数为单位。由于腐败的隐蔽性,实际发生的受贿公职人数无从得知,所以本节以透明国际组织公布的世界各国清廉指数为参考来获得大概的值。

清廉指数是通过问卷调查与某国相关的人们对腐败的主观感知来测评该国的公共部门腐败水平。截至 2017 年,清廉指数已经能够覆盖 180 个国家,受到广泛的关注。虽然存在争议,但清廉指数还是被认为与实际情况基本相符,并在学术研究中被作为重要的指标。[1] 图 2-1 是根据透明国际组织公布的历年我国清廉指数评分和排名得到的变化图。由图 2-1 可知,1998 年以后我国的腐败程度即在约 50% 的位置。排名第一的被认为是非常廉洁的国家;排名最后的则是非常腐败的国家。

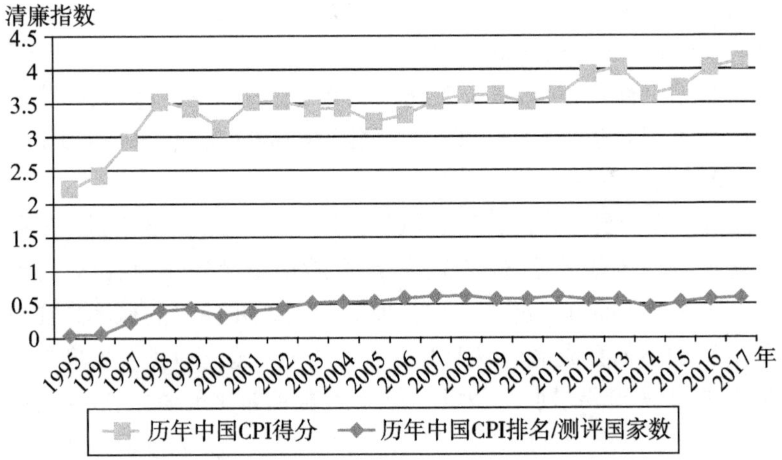

图 2-1 中国 CPI 分数及排名(1995~2017 年)

如果非常廉洁可以具象为几乎每个公职人员都不腐败,而非常腐败则相应具象为几乎每个公职人员都会腐败,那么,我国则约 50% 的公职人员腐败,所以N_0约为我国公职人员总数 × 50% 。由于国家公布的相关数据大多是对应 2010 年的,所以本章估算的是 2010 年公职人员总数。由于我国受贿罪中"国家工作人员"不仅指公务员,《监察法》覆盖的人员范围广泛,所以公职人数不能只取公务员数量,而应按照《监察法》第 15 条的规定,结合国家统计局和人社部公布的数据逐一确定,经

[1] 过勇、宋伟:《清廉指数的腐败测评方法与局限性》,载《经济社会体制比较》2013 年第 5 期。

过估算,取值 1934.8 万元,[1]则N_o为 967.4 万元。

由于受贿罪的追诉期通常是 20 年,[2]所以受贿行为的风险期是 20 年。因此,N_c应是近 20 年来(1998～2017 年)被判处受贿罪的公职人数总和。经查我国最高人民检察院近 20 年来的五年度工作报告,得到表 2－1。[3] 根据表 2－1,N_c为 60.9 万。将各个值代入得到:$p_0 = N_c/N_o \approx 60.9/967.4 = 6.3\%$。这个概率比前一步计算得到的使不等式Ⅰ不成立所需要的 p 的最小值 10.4% 还要小接近一半,因此有较高的提升空间,也说明 p 值对阻止受贿腐败发生的关键性。

表 2－1 全国职务犯罪案件数量和职务犯罪人数(1998～2017 年)

年份	全国职务犯罪案件数/万	全国职务犯罪人数/万
1998～2002	9.6	8.3
2003～2007	12	无数据(以案件数 12 填充)
2008～2012	13.8	14.3
2013～2017	19.5	26.3
总数	54.9	约为 60.9

[1] 按照《监察法》释义,第 15 条具体包括:公务员和参公管理人员,事业单位从事公务人员,国企管理人员,公办教育、科研等单位的管理人员,基层群众性组织的管理人员等。详见国家监委会法规室编,《监察法》释义,第 105 页到第 114 页。虽然随着刑法职务犯罪相关规定的修改,这个范围也有变化,但是大体都包括这几类,所以本章以此为准来估算。查询人社部《2016 年度人力资源和社会保障事业发展统计公报》、国家统计局 2001 年第二次基本单位普查《按单位类别、三次产业、行业(门类)分组的法人单位数、产业活动单位数及从业人数》、2010 年第五次全国人口普查资料 4－13,得到相关数据,估算得到 2008 年公职人数约为 1934.8 万。相关数据资料参见 http://www.mohrss.gov.cn/SYrlzyhshbzb/zwgk/szrs/tjgb/201805/W020180521567132619037.pdf; http://www.stats.gov.cn/tjsj/pcsj/jbdwpc/decjbdwpcsj/201612/t20161229_1447977.html; http://www.stats.gov.cn/tjsj/pcsj/rkpc/6rp/indexch.htm,最后访问日期:2019 年 3 月 13 日。该值的具体估算过程:人社部公报得到 2016 年年底公务员人数为 719 万,按照每年平均增加 20 万人,倒推出 2008 年年底公务员人数为 559 万。按照第二次基本单位普查里,机关工作人数为 1164.82 万,事业单位工作人数量为 2650.44 万,得到 2008 年年底事业单位公务人数约为:$(2650.44/1164.82) \times 552 = 1271.95$ 万。查询 2010 年第五次人口普查资料 4－13,得到国有企业负责人数为 98.9113 万,基层群众组织负责人数为 4.9547 万。最后 $559 + 1271.95 + 98.9113 + 4.9547 = 1934.8$ 万。由于公办教育科研等公务人数无法得知,估计数量小于一百万,所以就不再从事业单位公务人数量中减去了。也就不再加上公办教育科研等负责人的数量了。

[2] 参见《刑法》第 87 条和第 383 条。

[3] 参见 2003 年、2008 年、2013 年、2018 年度最高人民检察院工作报告,载最高人民检察院网,http://www.spp.gov.cn/gzbg/,最后访问日期:2019 年 3 月 19 日。

五、从 p 的解构和取值看当前反腐败中法治与效率冲突时效率的优先地位

前文论述了提高 p 值在使初次受贿成为不理性选择中可以发挥关键作用,从而应当成为监察程序设计的核心目标和基本原则。提高 p 值是有效反腐的直接体现,所以 p 值的关键性也反映出效率价值在反腐败工作中的重要性。

1. 持续增加 p 值可使第Ⅰ档的受贿成为不理性的选择

从前面对 p 的解构可以看到,提高 p 值就是增加被发现并处罚的贿赂案件数量N_c,同时控制或减少新增加的受贿公职人数,使N_o的增长少于N_c的增长。由于每年公职人数的增长受到当年退休人数、公共管理和服务需要、经济发展等多方面因素的影响,由国家有关部门综合决定,不由监察委决定,而且根据中华人民共和国人力资源和社会保障部 2016 年和 2015 年的公报,[1]公务员数量保持相对稳定(分别为 719 万和 716 万),所以提高 p 值主要是靠增加N_c。

假定N_o不变,要使 p 达到所需要的第Ⅰ档的最低值,则未来 20 年所需要查处的受贿公职人数$N_c = p \times N_o \approx (10.4\%$ 或者 $18.4\%) \times 967.4 =$ 100.6 万或者 178 万;平均每五年应查处受贿公职人数为 25.2 或者 44.5 万。对比表 2 - 1 发现,只要未来 20 年查处人数保持 2013 ~ 2017 年的数量,那么对于那些认为 1 年刑期的痛苦相当于工作 20 年的公职人员来说,p 就足以使第Ⅰ档的受贿成为不理性的选择。对于 1 年刑期相当于 10 年工作的来说,只要未来 20 年中每五年查处人数较前 5 年增长 20% 也能使受贿变得不理性。相比之下,1998 ~ 2017 年每 5 年的平均增长率为 49.3%。另外,每年查处的受贿人数会减少公职人员总数。因此,只要保持现有办案的增速,第Ⅰ档的受贿行为可以被遏制。

2. 持续较高增长 p 值、降低办案的单位成本、合理优化反腐资源配置可以遏制第Ⅱ档和第Ⅲ档受贿

按照前述计算,遏制第Ⅱ档和第Ⅲ档所需要的平均每五年查处的公

---

[1] 参见中华人民共和国人力资源和社会保障部 2016 年度、2015 年度人力资源和社会保障事业发展统计公报,http://www.mohrss.gov.cn/SYrlzyhshbzb/zwgk/szrs/tjgb/201805/W020180521567132619037.pdf; http://www.mohrss.gov.cn/SYrlzyhshbzb/zwgk/szrs/tjgb/201805/W020180521566641377904.pdf,最后访问日期:2019 年 3 月 19 日。

职人数为66万、159.6万、211.4万，显著地超过了现有的办案数量，使按照现有的增速来得到需要的p值变得不现实。每年能够办案的数量N等于每年能够投入办案的人物财（以下简称办案资源R）除以办理单位案件需要的平均成本C，即N = R/C。R的增加是有限和困难的，所以应当在监察程序的设计中尽可能地降低C和优化R的配置来提高p。具体体现为：

（1）避免重复办案，合并类似的环节，尽量避免证据转化。监察体制改革中将各部门反腐败力量集中到监察委就是这一思想的体现，解决先前存在的纪委、检察机关重复办案的现象。[1] 由于贿赂案件既违反纪律又触犯法律，所以监察委对贿赂案件采取同时的双立案机制，[2]实现对违纪、违法事实的同时、合并查处，而不是先查违纪后查违法，或者违纪、违法双轨制。这样既减少办案程序，又避免了证据转化。

（2）增加贿赂案件被发现的机会和手段，降低证据资格的门槛。对《监察法》第33条的解释应当体现这一思想。由于贿赂案件往往十分隐蔽，表面上看没有违法的迹象，常常没有受害者，所以获得证据十分困难，认定案件强烈依赖供述。而获取口供、搜查住所、冻结账户等强制调查措施会直接侵犯公民的人身自由和基本权利，所以法律对其适用有较高的标准。因此，监察委需要丰富自由调查阶段可以采取的手段，间接地获取贿赂的信息，包括便于跟踪贿赂资金的走向和捕捉公职人员与可能行贿对象之间的关系网等手段。比如，在保障隐私信息安全的基础上，让监察委在线索收集阶段就可以查询重点监察对象及关系密切人员的资产、账户，与公职人员谈话，在有一定怀疑的基础上便可获取其通信及聊天记录等，尽可能多且便捷地让监察委获得这些外围信息。同时，通过这些手段如谈话、函询、初查等收集的材料，只要符合与其对应的程序要求，就应被认为满足证据合法性的要求，而不应将刑事诉讼的证据严格限定在立案调查之后，这也是为何第33条没有限定监察委收集的材料必须在某一监察程序之后。由于材料的形式多种多样，所以对第33条所写的七种材料种类应做宽泛解释，“等”应理解为“等外”，而不

[1] 邓矜婷：《纪委、检察机关办案规范的整合：一个连接理论与实践的分析路径》，载《法学家》2018年第6期。

[2] 根据笔者对北京、青海、上海等多地省市区级监察委的调研所得，调研时间为2018年5月、6月、11月。

以种类将某材料排除在证据之外。至于这些阶段的非强制性会影响言词证据的可信度等应由法官在决定是否采信时加以考虑。

(3)优化资源配置,采用“喇叭式”反腐。由于单次巨额受贿行为往往发生在高级别或重要部门的官员身上,所以这类人员数量有限。因此最直接的办法就是将这类人员作为重点监察对象,分配更多的反腐败资源查办此类案件。与此同时,由于第Ⅰ档受贿行为需要更低的发现概率,所以分配更少的反腐败资源,从而优化资源的配置。

由于受贿被发现并处罚的概率等于受贿被发现的概率乘以受贿发现后被处罚的概率,而在我国,受贿案件立案后被定罪的概率接近百分之百,所以要提高 p 值,其实更重要的是提高受贿被发现的概率。这就要求扩大受监督的范围和收集线索的渠道,让谈话、函询等非强制措施覆盖更多的官员。而由于立案后会适用强制措施,对被调查人权利有重大影响,所以应当更为谨慎、准确地适用立案后程序。因此,监察程序应采取“喇叭式”的设计,宽口径适用非强制的措施,窄口径适用立案之后的程序。事实上,2013～2017 年来我国的反腐工作已经在用纪律处分弥补法律的不足,体现了“喇叭式”查腐的特点,强化了上级领导的主体责任。

综上可以看到,在当前的腐败形势下,提高 p 值,强调有效反腐是反腐败工作中的重点,这也说明了在当前反腐败中法治与效率冲突时效率的优先地位。

六、当前反腐败中法治与效率冲突的化解

1. 依法查处对提高 p 值的帮助作用

虽然资源配置和程序优化可以较大地提高查处的贿赂案件,客观地提高 p 值,但是这种客观的增速还需要传导给公职人员,实际地提高公职人员感知的受贿被发现处罚的风险。心理学研究表明,人们感知的风险与实际的情况容易出现偏差,存在偏见。[1] 由于影响公职人员决策的是主观 p 而不是客观 p,所以不等式Ⅰ中的 p 准确地说是感知到的受

〔1〕 Denes-Raj, V. & Epstein, S., *Conflict between intuitive and rational processing: When people behave against their better judgment*, Journal of Personality and Social Psychology, Vol. 66: 5, p. 819 - 829 (1994).

贿被发现处罚的概率(风险),即 perceived probability。这也是透明国际组织基于人们主观感知进行的腐败水平测评的价值所在。同时,由于人们的主观感知存在偏差,所以这一方法测得的政府清廉排名有时会与实际情况不符,由此引发不少争议。[1]

经过传导,p 可能会增加或减少。如果增加,则事半功倍;如果减少,则事倍功半。而且由于第Ⅲ档对 p 值要求很高,所以一旦减少,则更无法遏制此类受贿行为。如何传导才能增加 p 值?已有研究表明,除了个性化的因素外,人们会产生偏差往往是因为信息不对称,这与消费者会作出非理性的市场选择是因为缺乏信息、难以辨别真伪的情况类似。[2] 不过在规则明晰时,如果规则本身不完善,则容易被人们钻空子。可以将监察委查处案件的状态假设为三种:一是混沌神秘,让公职人员茫然无措;二是有规律可循,但是让公职人员有漏洞可钻,可以控制;三是依法依规查处,但是让公职人员无漏洞可钻,无法控制。在第一种状态下,虽然公职人员因为不知道查办案件的规则或规律,所以无法钻漏洞,也难以施加影响,但由于不清楚规则是什么,所以也不明确受贿被发现处罚的风险到底有多少,容易抱侥幸心理。在第二种状态下,虽然有规则,但是规则有漏洞或者形同虚设,公职人员可以钻空子,甚至干扰案件查处,规避监管,那么他感知到的 p 值就会大大减少。

而在第三种状态下,由于案件查处是按照明确公布的规则进行,不受公职人员控制,没有漏洞,所以案件查处可以让公职人员形成对规则遵守的条件反射,即感到如果遵守规则就会安全,如果不遵守就会被发现处罚。如此,即使 p 值只有 10% ~20%,也能让每个公职人员认识的周围人员因为违反规则被审查,使没被审查的人员感受到切实的压力,过高地估计受贿的风险。另外,这种压力会增加遵守规则的克制力 $Restraint_{rule}$,增加规则的权威性,减少使不等式Ⅰ不成立所需要的最低 p 值。由不等式Ⅴ可以看到,随着贿赂金额的增加,所需要的 p 值也不断增加。当 $Utility_{bribe}$ 非常大时,如果没有规则的克制力,p 值会趋于 1,即要求对千万级以上的贿赂的发现是百分之百。这是非常困难的。所以

---

〔1〕 过勇、宋伟:《清廉指数的腐败测评方法与局限性》,载《经济社会体制比较》2013 年第 5 期。

〔2〕 Rory Van Loo, *Rise of the Digital Regulator*, Duke Law Journal, Vol. 66:1267, p. 1276 (2017).

通过树立规则的权威性降低所需要的 p 值,对于遏制巨额受贿行为尤为重要。

因此,第三种状态是最佳状态,即依法查处腐败案件。这样既能通过传导扩大被感知的 p 值,又能增加规则约束力,降低所需要的 p 值,从而成倍地提高反腐的有效性。这就说明,在当前反腐败中,法治与效率不是必然对立的。

2. 依法查处不能显著降低客观 p 值

对 p 的解构可以看到,虽然依法查处可以提高被感知的 p 值,但是如果法律规定的标准过高或不合理,使依法反腐的成本显著上升,即 C 增加,那么 N 就会降低,客观 p 值也会降低。虽然客观 p 值通过依法办案传导后被感知时会提高,但是如果客观 p 值过低,即使会被提高也难以达到所需要的值,仍然无法遏制受贿行为。首先,如果法规本身存在漏洞和死角,那么明确公布的法规和对法规的严格遵守会将监察委的行为置于明处,而受贿人员处于暗处,他们可以更好地利用漏洞规避监管,从而导致反腐效率的降低。其次,如果法治要求的办案程序过于复杂或者标准过高,使办理单位案件所需的时间和资源显著上升,就会导致办案效率的下降。这一矛盾集中体现在强制调查阶段,即立案之后。由于这一阶段运用的调查手段会严重影响公民的基本权利,影响重要的法治价值,所以法规对这些手段的启动和具体运用比较严格和谨慎。由于受贿行为非常隐蔽且往往没有受害人和外在的违法表现,所以对受贿案件的查处和认定强烈依赖于贿赂双方的供述,而供述的获得又依靠强制调查措施的采取。如果这些措施运用的标准较高,而前期自由调查手段又比较局限,难以获得足够的信息,就会导致这些措施难以启用,影响反腐工作的开展。在这种情况下,虽然遵守法规会扩大被感知的 p 值,增强法规的克制力,但是遵守法规也会带来实际 p 值的下降,留出漏洞和死角。如果 p 值下降的幅度较大,那么即使通过传导扩大也无法达到所需要的最低 p 值,无法阻止受贿行为的理性发生。如此,法治与效率就无法两全了。

3. 在能保证所需的最低客观 p 值后,反腐败中法治与效率冲突时法治价值应当优先

在能够保障基本 p 值的条件下,法治与效率是共赢的,遵守法制是有利于提高效率的,所以在监察委查处腐败案件中,遇到与法治价值相

冲突时,应当尽可能地维护法治价值。此类冲突集中在立案的确定和此后的强制调查阶段。具体体现在管辖的确定、案件的选择、留置的适用标准及要求、被调查人获得律师帮助的权利等。[1]

首先,要想让公职人员感到是因为违反了有关受贿的规定而被查处,而不是因为站错了队或与某领导关系不好被查处,就必须让所有违反了受贿规定的案件线索都受到平等的对待,有同等被查的概率,并且这种平等对待有制度的保障,让公职人员通过制度相信是平等的对待。理想的状态是有足够的反腐资源,可以充分处理所有的线索。但是在腐败较严重的社会中,反腐资源是稀缺的,所以必然存在选择。由于要突出重点,所以选择应当对不同档受贿行为进行区别对待,使高级别、特殊领域公职人员面临显著更高的被查风险。但是在同一档内不同人员被查的概率应当相同。所以管辖和案件的选择应当从制度上予以确定,这也是管辖法定的要求。对线索的处理标准、管辖权限都应确定和公布,减少"一把手"、部门领导、上级对线索的直接过问和特殊处理,减少人为操作的空间,建立具体的筛选细则。不过也要考虑到,细则因为过于细致而可能出现漏洞所以不宜对外公布。

其次,在强制调查阶段,留置应当适用与其强制性相当的逮捕措施的标准、同等适用非法证据排除的规定,其间讯问的适用也应参照逮捕中讯问的适用标准,对《监察法》相关条款作相应的解释。[2] 如此规定既尊重了法治价值,又更好地规范案件的查处,减少被调查人员向监察委"寻租"以躲避留置及留置期间的刑讯逼供等行为的空间,增强规则的权威性。

不过即使对留置有这些规定,但是如果没有相应的制度和力量监督调查人员遵循这些规定,那么它们也有可能流于形式。调查过程中的录音录像要求就是这样一种制度安排,既保障被调查人在被采取强制措施后的基本权利,也更有效地监督调查人员的行为,体现无罪推定原则的要求,防止冤假错案,是现代刑事制度的重要保障,应当在实际办案中予以坚持。

最后,尊重法治价值和规则权威不仅会提高短期的效率,还对效率

---

〔1〕 陈卫东:《职务犯罪监察调查程序若干问题研究》,载《政治与法律》2018 年第 1 期。
〔2〕 汪海燕:《监察制度与〈刑诉法〉的衔接》,载《政法论坛》2017 年第 6 期。

的可持续性有重要意义。反腐人员与腐败分子之间不是单一静态的"猫捉老鼠"的关系,而是双向动态的可能相互转换角色的关系。不等式Ⅰ也适用于反腐人员。虽然监察委已经建立了内部监督机构,但是人员配备非常有限,拥有反腐权力的公职人员被查腐的风险往往显著小于非反腐人员。随着反腐力度的增加,反腐权力的扩张,想要或已经受贿的公职人员及行贿人员都会增加对反腐人员的公关强度。面对显著增加的贿赂金额和较小的被发现风险,要使不等式Ⅰ不成立则更需要反腐人员有强烈的规则意识和职业使命感。让他们按照前述讨论依法依规确定和查处腐败案件,凭借职业素养公正平等地对待每一条线索或每一个案件,既能坚定他们对反腐事业的正确性认识、内心认同感和信仰,更快地达到"不想腐"的状态;又能提高他们在社会上的正义形象,获得更高的社会认可,而不是惧怕;还能减少他们的可操作空间,降低他们出错的概率,保护他们不沦为被调查人员或行贿人员的"猎物",让他们时刻感受到规则的约束。如此才能遏制反腐人员的腐败,使得反腐长期有效。

七、本节问题解构过程对有关数据的寻找和如何演算的启发

经过原问题和对 p 的解构,以及前述的分析讨论,发现在反腐败中法治与效率价值的冲突平衡问题可以解构为:当法治办案规范的要求不会显著降低 p 值,使客观 p 值加上法治传导的扩大后能够达到使不等式Ⅰ不成立的最低值要求时,在反腐败中法治与效率冲突时,法治的要求应当优先;当前述条件不满足时,在反腐败中法治与效率冲突时,效率的要求应当优先;以及,对于不会显著降低 p 值的法治办案规范,法治与效率不存在冲突,所以法治的要求应当满足。据此得到,与本节问题有关的数据至少包括:不会显著降低 p 值的法治办案规范及其对 p 值的影响范围;会显著降低 p 值的法治办案规范及其对 p 值的影响范围;可以提高 p 值的法治办案规范及其对 p 值的影响范围;所需的最低客观 p 值下办案单位成本、办案数量、办案资源等的数据;依法查处后对客观 p 值的传导扩大作用的数据;依法查处的具体要求方面的数据等。

据此可以得到一些零散的启发,以便对数据化后的法治与效率平衡问题结合计算机予以解决。比如,可以收集数据表示程序设计和资源配置如何优化。这两种方法可以提高 p 值,但是不会与法治价值相冲突。

繁简分流、突出重点等措施并不要求法律规定的办案标准的降低，还可以收集数据，反映监察委查办受贿案件的具体查办流程。这种方法既可以通过传导扩大公职人员感知到的受贿被发现的风险（p 值），又维护了规则的权威性，强化了规则的克制力，利于形成公职人员遵守规则的条件反射，降低了所需要的最低 p 值。可以收集数据，讨论根据可能的受贿金额大小或受贿对象级别领域等进行分类，对同类案件再随机或设立算法进行筛选，减少人为决策的空间。公布较稳定的分类标准以影响公职人员行为，保密更细致多变的算法以防止钻漏洞。收集数据确定如何具体实现对受贿行为的认定范围采取“喇叭式”的方法，确定线索处理时应采取的标准，以便不同程度的受贿行为受到从违纪到刑罚等不同程度的处罚，降低漏洞的危害。

再如，收集数据研究如何提高自由调查阶段发现受贿的能力，增强该阶段对受贿行为认定处罚的作用。由于强制调查措施会影响重要的法治价值，需要适用严格的法定标准，所以只有减少反腐效率对这一阶段的依赖才能缓解遵守法制可能导致的效率的下降。而且，一旦进入立案环节，采取强制措施，那么相当于将对公职人员的怀疑公之于众，实际上该公职人员已经无法再正常工作，对其利益和相关部门或区域的运转都已造成较大的影响，所以立案应当谨慎和尽可能地准确。可以收集数据，研究如何丰富监察委自由调查阶段的手段，以便获得有关贿赂金额走向和可疑公职人员相关行动轨迹和思想活动的信息，建立起让具有这些信息的相关部门与监察委就线索处理、案件初查进行信息共享的机制。

本节以反腐败查办案件的具体场景为例，展示了法律原则中的效率和法治原则平衡问题的一种数据化方法。首先，运用理性人假设和受贿型腐败的特点建立腐败收益和风险的模型，用腐败被发现的概率代表效率原则的作用，用规则意识形成的克制力代表法治原则的作用，将两个原则的关系在模型中表示出来。其次，通过模型的简化、变形和计算，得到两个原则在不同情况下平衡的不同解决。该数据化方法还可以用在很多其他场景中。将理性人假设和该场景的特点相结合，得到效率和法治的关系模型，通过代入相关数据计算得到关键值，帮助确定某一具体情形中两个原则的较优平衡点。可以据此得到建立某一具体场景中效率和法治关系模型的一种方法，以及用于表示效率和法治关系的一类模型。在此基础上,可以进一步研究通过计算机实现建立这类效率和法治关系模型的方法,并且根据模型建立相关数据集,再通过运行这些模型得到对某个具体情形中二者平衡点的建议。

第二节　法律原则具体实现的数据化

原则型法律规范类问题中一类常见且重要的子问题是某一法律原则的含义确定和在现实案件中具体实现的问题。法律现实主义之所以能够迅速兴起并造成广泛影响,一个重要原因就是法律现实主义学者发现一种常见的情况,即某一法律原则被法官用不同的解释路径或方法进行解释以适用于类似的案件时,会变成相距较大甚至相反的含义,进而得到相距较大甚至截然相反的判决结果。[1] 所以界定某一法律原则的含义,使其具有稳定性、确定性和可预测性,对于维护法律体系的逻辑自洽性和正当性有重要的意义,是法学研究中的重要问题。可是,抽象的法律原则的含义是无法仅仅通过静态的方法来界定的,因为它始终需要回答某一具体案件及其具体判决是否符合该法律原则含义的要求,而每一次回答都动态地勾勒了该法律原则含义的一部分。所以法律原则的含义需要结合大量的现实案件来动态确定。正因如此,法律原则的含义及具体实现问题天然地吸引了大量的实证法学研究和现在的计算法学研究,因为它往往涉及对大量现实法律数据的处理和分析。即使是对少量的法律数据进行分析,那也是典型的定性实证法学研究问题。冲突价值的平衡问题往往是对相互冲突的价值本身、冲突的表现形式、原因等进行不断地概念解构来启发该问题的研究。而法律原则的具体实现问题则因为要结合具体现实来动态把握,所以既需要对法律原则的概念解构,又要求对具体现实的归纳总结。所以在数据化时,本章第一节的冲突价值平衡问题体现了一种由上而下、层层解构以启发有关数据的寻找和演算规则确定的路径,而本节中的法律原则具体实现问题则需要一种部分由上而下解构、部分由下而上归纳的相结合的路径。本节以刑法学

---

〔1〕 See Karl Llewellyn, *The Common Law Tradition: Deciding Appeals*, The University of Chicago Law Review, Vol. 28, No. 3, p. 574.

的一个基本原则，即罪刑均衡原则，在一类备受关注的案件，即受贿罪案件中的具体实现为例，来解释和展现这一路径下法律原则具体实现类问题的数据化过程。

具体而言，本节在由下而上的部分，对16000余份受贿罪判决书进行归纳总结，发现2016年《贪污贿赂解释》出台之后，受贿罪量刑存在10年以上监禁刑档虚设、加重减轻情节适用极不均衡、罚金幅度过于集中等问题。对数据进一步分析处理，初步得到造成这些问题的原因有：10年以上档的下限金额设定过高；加重情节规定的种类过少；罚金刑分档金额的设置不合理。本节在由上而下的部分，运用已有法学研究理论对罪刑均衡原则进行解构，分离出相对均衡和绝对均衡的要求，进而发现该原则在受贿罪中具体实现时呈现出相对均衡与绝对均衡的矛盾。初步分析得到，这一矛盾需要符合正态分布的分档配刑和具有区分惩罚功能的罚金刑予以调和。为了实现罚金刑的区分惩罚功能，本节对罚金刑、监禁刑及受贿金额之间的关系作进一步解构，得到三者之间的数学关系。将由下而上的部分和由上而下的部分相连接得到，要在受贿罪中具体实现罪刑均衡原则，则需要：调低10年以上档的下限金额、增加更为常见的加重情节，以使受贿罪量刑在各档的分布符合正态分布；改善罚金刑各档的上下限值，以消除监禁刑相对受贿金额的边际递减效应。综上，本节完成了罪刑均衡原则在受贿罪中具体实现问题的数据化，将罪刑均衡具体化为罚金刑、监禁刑及受贿金额之间的模型关系。

由此可见，由于法律原则具体实现问题的数据化过程包括了部分的由下而上的路径，所以事实上在数据化的时候，该问题就已经运用了计算机的技术帮助归纳总结具体现实的法律数据。而在数据化完成的同时，该问题已经初步得到了解决。冲突价值平衡问题是通过数据化来启发有关数据的寻找，在数据化后再收集处理有关数据，研究解决问题，所以计算法学方法中第一步的数据化法学问题和第二步的结合计算机解决问题之间有较为明显的界限。而在法律原则具体实现问题中，数据化的过程包括了一部分的对数据的处理和分析，相当于部分完成了第二步中的数据处理分析以解决问题的过程，所以第一步和第二步不再是明确的先后顺序关系，而是相互融合。在法律原则具体实现问题中，有关数据往往较为清晰，所以第一步的难点也不是寻找有关数据，而是对现实数据的归纳总结，以便与由上而下部分的概念解构相连；而且在对现实数据进行处理分析时，计算法学方法会在法律原则的指引下进行，时常还会运用合适的已有实证法学研究方法来帮助归纳总结现实数据。

一、受贿罪中罪刑均衡问题的提出及初步分析

《刑法修正案(九)》修订了1997年《刑法》关于贪污受贿罪处罚的规定，并于2015年11月1日起施行。紧接着，最高人民法院、最高人民检察院颁布了《贪污贿赂解释》进一步明确了修订后贪污受贿罪量刑的标准，并于2016年4月18日起施行。新法对旧法关于受贿罪量刑规定的修订主要有五方面：一是提高判处监禁刑的入刑和分档金额；二是增加免除、减轻刑罚规定可以适用的情形和刑罚档；三是确立“数额＋情节”的二元定罪量刑标准，增加加重情节的种类；四是要求各监禁刑档都并处财产刑，增设罚金刑；五是增加死缓限制减刑、假释的刑罚选项。这些修改是对贪污受贿罪此前刑罚规定及适用一直存在问题的回应，包括：罪刑不均衡，监禁刑相对贪污受贿金额的边际效应递减，贪污受贿罪入刑和量刑的唯数额论等问题。[1]

《刑法修正案(九)》修订受到了学界广泛的关注。不过学界主要从理论层面来研究，多采取法教义学、法解释学等方法讨论修订的特点，多数认为修订体现了贪污受贿罪新定罪量刑数额相对合理、刑罚严而不厉、以弹性情节改善量刑僵化、以财产刑补充等特点。[2] 相比之下，《刑法修正案(九)》施行后对司法的实际影响及效果的研究较少[3]，尚未有关于修订前受贿罪量刑问题是否随着《刑法修正案(九)》的施行得到改善的系统性研究，包括罪刑失衡问题是否改善，“数额＋情节”二元的定罪量刑是否使受贿罪刑罚更有弹性，罚金刑的增设和监禁刑的新分档

---

〔1〕 参见赵秉志：《贪污受贿犯罪定罪量刑标准问题研究》，载《中国法学》2015年第1期；王剑波、景景：《受贿罪量刑影响因素问题研究》，载《北京师范大学学报(社会科学版)》2014年第6期；郭嘉、白平则：《贪污贿赂犯罪的数额问题研究》，载《政法论丛》2012年第6期。

〔2〕 参见陈兴良：《贪污贿赂犯罪司法解释：刑法教义学的阐释》，载《法学》2016年第5期；刘宪权：《贪污贿赂犯罪最新定罪量刑标准体系化评析》，载《法学》2016年第5期；莫晓宇：《非数额情节在受贿案件中定罪量刑的功能分析——〈关于办理贪污贿赂刑事案件适用法律若干问题的解释〉第1－3条评析》，载《浙江社会科学》2016年第8期。

〔3〕 参见王剑波：《我国受贿罪量刑地区差异问题实证研究》，载《中国法学》2016年第4期；过勇、李松锋：《贪污受贿案件刑事量刑的实证研究》，载《经济社会体制比较》2018年第1期；商浩文：《论受贿罪数额与情节定罪量刑标准之调和》，载《政法论丛》2018年第6期。

是否更好地实现了罚当其刑等。针对这些问题,本节围绕《刑法修正案(九)》修订的前述前四点变化展开(死缓限制减刑、假释的变化未在本章研究范围内),拟研究在《贪污贿赂解释》之后,罪刑均衡原则在受贿罪中的具体实现问题。本节先对截至2018年8月公布在中国裁判文书网上的所有受贿罪项下的判决书进行实证研究,运用计算机获取判决书、提取信息和进行分析。后将有关罪刑均衡原则的现有理论运用于受贿罪中以解构该原则的具体实现问题。再将两部分相连,得到对本节问题的启发和初步解决。

二、由下而上部分的数据化之一:对受贿罪判决书的初步归纳研究

由于是对罪刑均衡原则在受贿罪中的具体实现进行研究,而罪刑均衡显然指向的是具体判决的刑罚幅度与该判决中罪行的恶劣程度是否相符,因而很容易知道有关的数据是受贿罪项下的实际司法判决。本节研究的对象是截至2018年8月在中国裁判文书网上公布的所有受贿罪项下的判决书。为了保证判决书之间的可比性,经过数据去重、清理,得到受贿罪一审、非共同犯罪、非数罪的判决书共16620份。其中,除1份2007年的以外,其余都分布在2011年到2018年,87.5%的案件集中在2014年到2017年,审判法院覆盖全国31个省,有4个死缓案件,13个无期徒刑案件,没有死刑立即执行和死缓限制减刑、假释的案件,2379个免除刑罚的案件,5612个判有缓刑的案件,其余的都是小于等于15年的无缓刑的有监禁刑的案件。经观察,大部分省部级以上高官巨额受贿案的判决书尚未在网上公布,所以未被包括在本节的研究样本中。但是为了增强研究数据的完整性,本节对省部级以上高官受贿案判决书的情况通过阅读已有的文献和媒体的报道进行统计分析,以检验由本节样本分析得到结论的可靠性。已有学术文献对省部级以上高官受贿案的情况进行了详细的统计,可以借鉴。[1]

---

[1] 参见张兆松:《贪贿高官量刑规范化研究——基于2013年—2017年省部级以上高官刑事判决的分析》,载《法治研究》2019年第2期。

1.《刑法修正案(九)》后受贿罪量刑更加集中于轻刑罚档,10 年以上监禁刑档虚设

《刑法修正案(九)》之前,受贿罪的监禁刑按照受贿金额 5000 元以下,5000 ~ 50000 元,5 万 ~ 10 万元和 10 万元以上分为四档,对应于免除刑罚到 1 年、1 年到 7 年[1]、5 年到 10 年、10 年以上的监禁刑,情节较重、严重、特别严重的可以突破对应档的监禁刑上限。《刑法修正案(九)》之后,以数额较大且无较重情节以下、数额较大或较重情节到巨大或严重情节、数额巨大或严重情节到特别巨大或特别严重情节、数额特别巨大以上或有特别严重情节代替旧法中的数额进行分档,将对应的监禁刑分档修订为免除刑罚、3 年以下、3 年到 10 年、10 年以上。《贪污贿赂解释》进一步明确了各档的数额,即为 3 万元以下、3 万元到 20 万元、20 万元到 300 万元、300 万元以上,并规定了严重情节。

为了反映《刑法修正案(九)》修改前后量刑分布的变化,本节对所有案件按照立法规定分档。由于立法修改前后,监禁刑都是分为四档,所以本节都用 sentencelevel 变量对案件按其受到的监禁刑刑期[2]分档,按照轻重依次分为第一、二、三、四档。本章还用变量 amountlevel 对案件按其认定的受贿金额[3]分档,按照轻重依次分为第一、二、三、四档。分档的标准均以该案件判决时生效的刑法规定的分档标准为依据。通过观察两类分档中各档案件数的分布,对比分析《刑法修正案(九)》修改前后量刑分布的变化。

本节研究涉及变量的相关情况描述见表 2 - 2。原始刑期是直接从判决中提取的宣告刑刑期,以月为单位。对于死缓案件,本节设为 600 个月的刑期,对于无期徒刑,则设为 420 个月,并在稳健性检验中排除了这部分案件。本节样本中拘役和有期徒刑统一都用数字表示。除非特别说明,本节的监禁刑变量(非对数)单位均为月,金额有关的变量(非对数)单位均为万元。本节样本中,缓刑案件占总样本的 34.06% 。判

---

〔1〕 由于《刑法修正案(九)》前第二档对应的 1 年到 7 年与第三档的 5 年以上有重复,为避免重复计数,在分档时将 5 年作为《刑法修正案(九)》前第二档的上限。

〔2〕 缓刑案件是在其刑期按照后一段的公式转换为类似严厉程度的非缓刑刑期后,再进行分档。

〔3〕 由于《刑法修正案(九)》后、《贪污贿赂解释》前,分档的新金额尚不明确,而且这部分案件仅 394 件,所以在根据金额分档时,将这部分案件的值都置为缺失,避免不当的影响。

处同一时长刑期的缓刑和非缓刑显然具有不同的刑罚严厉程度,将它们等同看待不符合法理和实际情况。将缓刑案件删除会导致样本量锐减,不利于观察司法适用的整体情况。所以本节将缓刑案件的原判刑期折算成严厉程度相当的非缓刑的刑期,使缓刑案件与非缓刑案件可以一起分析。根据刑法规定,对于判处缓刑的案件,如果在缓刑期内没有违反规定,则原判刑罚不再执行;如果违反规定,则执行原判刑罚。[1] 所以假设缓刑期内违反规定的概率为 p,则一般来看,缓刑案件刑期为:缓刑期相当的拘役或有期徒刑刑期 × (1 - p) + 原判刑期 × p。从威科先行上搜索截至 2019 年 5 月 19 日的所有刑事判决或裁定书,得到共有 38189 个判处了缓刑的一审贪污受贿类案件[2],其中仅有 90 个案件发生了缓刑期内违反规定进而执行原判刑罚的情况,所以 p≈90/38189 = 0.2%。根据刑法规定,缓刑犯受到社区矫正等限制[3],严厉程度与同样要实施社区矫正等的管制类似[4],而先行羁押一日折抵管制刑期二日[5],先行羁押一日折抵拘役或有期徒刑刑期一日[6],所以缓刑期二日可大体折抵拘役或有期徒刑刑期一日。缓刑刑期可通过下式折算为非缓刑刑期:(1 - 0.2%) × 缓刑期/2 + 原判刑期 × 0.2%。缓刑案件的变量 sentence 就是其 orisentence,经过如此折算得到,非缓刑案件中 sentence 则等于 orisentence。

表 2 - 2　涉及变量的基本情况描述

变量名称	变量表示	样本数/件	平均值	标准差	最小值	最大值
原始刑期	orisentence	16480	39.13	39.77	0	600
是否缓刑	reprieve	16477	0.34	0.47	0	1
缓刑转换后刑期	sentence	16480	36.40	40.55	0	600
受贿金额	amount	16048	121.17	5116.82	0	540000

---

〔1〕《刑法》第 76 条、第 77 条。

〔2〕这里的贪污受贿类案件包括《刑法》第二编第八章项下所有罪名的案件。

〔3〕《刑法》第 75 条、第 76 条。

〔4〕《刑法》第 38 条、第 39 条。

〔5〕《刑法》第 41 条。

〔6〕《刑法》第 44 条、第 47 条。

续表

变量名称	变量表示	样本数/件	平均值	标准差	最小值	最大值
判决年份	jyear	16480	2015.38	1.45	2007	2018
监禁刑分档	sentencelevel	16480	2.29	0.85	1	4
受贿金额分档	amountlevel	15663	2.78	0.79	1	4

表2-2显示转换后刑期平均值为36.4个月。由于样本中仅有17个无期徒刑以上的案件,为了更好地观察有期徒刑的量刑分布,图2-2、图2-3中均将刑期限制在小于等于180个月。图2-2、图2-3分别为《刑法修正案(九)》前、后转换后刑期的分布。观察图2-2、图2-3发现,《刑法修正案(九)》前监禁刑较为均匀地分布在第二~四档中,第二档居多,第四档较少但仍然占全部样本的15%~20%;而《刑法修正案(九)》后,绝大部分案件都在第二、三档,第四档几乎没有案件,占5%以下。为了稳健性检验,本节也观察了排除缓刑判决后刑期的分布,发现了类似的变化,而且第四档案件数量的减少更为明显。表2-3更为准确地反映出《刑法修正案(九)》后量刑较大幅度地向第二档集中,第四档变得形同虚设。第四档从修订前占总样本数的17%降到修订后的0.02%;第二档则从34%左右升到57%左右,第一、三档有少量的下降。

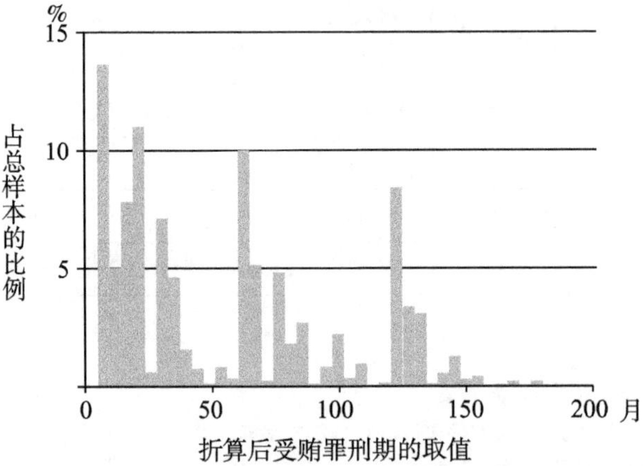

图2-2 《刑法修正案(九)》前刑期分布

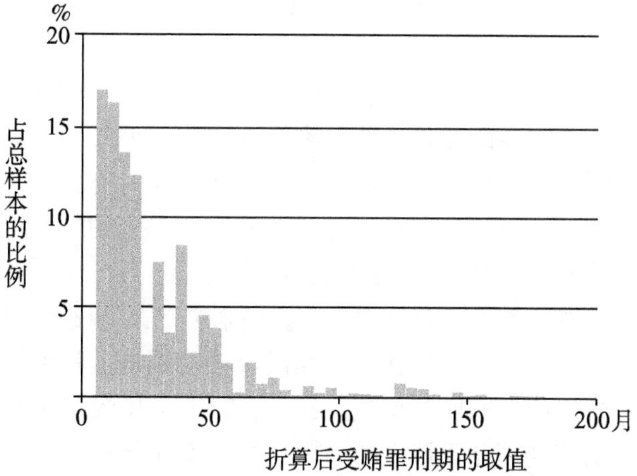

图 2－3 《刑法修正案(九)》后刑期分布

表 2－3 监禁刑各档案件数量按判决年份的分布

项目	各审判年份的该档样本数								
	2007年	2011年	2012年	2013年	2014年	2015年	2016年	2017年	2018年
受贿罪刑罚(1档)	0	29	59	198	681	510	614	578	100
受贿罪刑罚(2档)	1	64	116	301	1317	797	2817	1924	359
受贿罪刑罚(3档)	0	39	88	287	1144	585	1371	824	168
受贿罪刑罚(4档)	0	19	54	163	710	394	92	67	10
当年总样本数/个	1	151	317	949	3852	2286	4894	3393	637
1档占当年总样本数的比例	0	0. 19	0. 19	0. 21	0. 18	0. 22	0. 13	0. 17	0. 16
2档占当年总样本数的比例	1. 00	0. 42	0. 37	0. 32	0. 34	0. 35	0. 58	0. 57	0. 56
3档占当年总样本数的比例	0	0. 26	0. 28	0. 30	0. 30	0. 26	0. 28	0. 24	0. 26
4档占当年总样本数的比例	0	0. 13	0. 17	0. 17	0. 18	0. 17	0. 02	0. 02	0. 02

2. 减轻、加重情节的适用极不均衡

《刑法修正案(九)》新增了可以免除、减轻刑罚的情节种类,并允许所有监禁刑档都可以适用这些情节从轻处罚。《贪污贿赂解释》也新增了八个适用于受贿罪的加重情节。本节分别用一个二元变量表示这些情节。通过观察立法修改前后免除、减轻、加重刑罚情况在监禁刑不同档分布的变化,发现在立法修改后,司法实践中进一步扩大了免除、减轻情节的适用,减轻加重情节的适用极不均衡。

由于受贿罪的量刑主要是由受贿金额来决定,所以减轻刑罚的适用结果一般表现为根据判决中认定的受贿金额得到的监禁刑档要高于判决中实际宣告刑所在的监禁刑档。据此,表 2－4 中统计了在监禁刑各档中认定的受贿金额低于该档的下限金额或高于该档的上限金额的案件数量占该档所有案件的比重,以此来衡量监禁刑各档中适用了减轻加重刑罚规定的案件数量占比。表 2－4 显示,《刑法修正案(九)》前,适用免除刑罚规定的案件中有 70.3% 的案件受贿金额在该档的上限以上,即通过减轻刑罚得以适用免除刑罚;而《贪污贿赂解释》后该比重上升到 96.5%,即第一档中 96.5% 的案件受贿金额在 3 万元以上,是通过减轻降档得以免除刑罚。而且第二档中减轻案件的比重也有 33.4%。相比之下,适用加重刑罚的案件在立法修改前后都保持在非常少的数量,第二、三档中的占比都不足 5%。无论立法修改前后,各监禁刑档中适用免除、减轻刑罚规定的案件数量远远超过适用加重刑罚规定的案件。立法修改前,减轻案件占比在 58.8% ~98.6%,加重案件占比在 0.8% ~3.1%。立法修改后,减轻案件占比在 33.4% ~96.5%,加重案件占比在 1.7% ~4.3%。减轻案件平均高出加重案件 70% 多。可见在受贿罪案件中,减轻情节的适用远高于加重情节,减轻、加重情节的适用极不均衡。

表 2－4　立法修改前后各监禁刑档减轻、加重案件的比重

时间	第一档上限金额以上占比①		第二档上限金额以上占比	第三档上限金额以上占比	第二档下限以下占比	第三档下限以下占比	第四档下限以下占比
	免除刑罚	1 年以下					
《刑法修正案(九)》前	0.703	0.986	0.588	0.771	0.008	0.019	0.031

续表

时间	第一档上限金额以上占比	第二档上限金额以上占比	第三档上限金额以上占比	第二档下限以下占比	第三档下限以下占比	第四档下限以下占比
《贪污贿赂解释》后	0.965	0.334	0.053	0.017	0.043	0.193

①“第一档上限金额以上占比”指判处第一档监禁刑的案件中认定的受贿金额高于该档对应的受贿金额上限的案件数量占比。其他列同理计算得到。

减轻、加重情节的适用极不均衡也是10年以上监禁刑档虚设问题的原因之一。从轻、减轻情节的宽泛适用使严重的受贿罪案件得以在对应档以下的监禁刑档判处,使本来就少的10年以上档受贿罪降至第二、三档进行处罚,使10年以上档进一步虚设。而从重、加重情节的极少适用,使极少第二、三档的受贿案件能够升至10年以上档进行处罚,无法抵消从轻、减轻情节适用的影响。

另外,对比立法修改前后第二、三档减轻案件的比重发现,这两档中,立法修改后通过减轻降档适用该档的情况有明显下降,第二档从58.8%降到33.4%,而第三档竟然从77.1%降到5.3%。虽然第三档的跨度较《刑法修正案(九)》前增加了两年,但是减轻案件占比如此大的降幅显然主要是因为第三档上限金额高达300万元,使能适用第四档的案件本就很少了,从第四档降档适用第三档的就更少了。这也印证了第四档虚设的问题。

3. 罚金幅度过于集中,罚金数额增长速度过慢

除了新增情节外,《刑法修正案(九)》还增加了罚金刑,作为各档监禁刑必须同时判处的附加刑,以解决监禁刑对受贿金额不断增大后的惩罚瓶颈问题。对于第三、四档,《刑法修正案(九)》还规定了可以选择适用罚金刑或没收刑。《贪污贿赂解释》明确了各监禁刑档对应的罚金刑的上下限罚金金额,构成了不同档的罚金刑。[1] 监禁刑对受贿罪的区分处罚的功能是有限的,当受贿金额达到一定程度后都会出现边际效应递减的情况,无法进一步匹配新增长的金额。当监禁刑都集中在一个相对小的范围内,而对应的受贿金额的跨度又非常巨大时,《刑法修正案(九)》提供了一个新的区分处罚的方法,即可以适用更多的罚金刑。所

〔1〕《贪污贿赂解释》第19条。

以如果罚金刑可以针对严重的受贿罪案件处以相应严重的罚金处罚,那么即使这些严重的受贿罪案件与不太严重的案件受到类似的监禁刑处罚,罪刑不均衡的问题也能一定程度地缓解。由于罚金刑属于财产刑的一种,而立法修改前,受贿罪的财产刑是没收刑,所以本节对立法修改前后的财产刑适用情况进行研究。但是下文研究表明,虽然立法修改后,司法机关明显地增加了表现为罚金刑的财产刑的适用,但是,罚金幅度太低且过于集中,没有随着受贿罪行的严重程度发生相应的变化,未能发挥对严重受贿罪案件的区分处罚功能。

下文用变量“罚金”表示判决中罚金的金额,用变量“没收”表示判决中没收的金额,用“财产”表示罚金或没收的金额,如果两者都有,则为罚金与没收金额之和。这些变量都是以万元为单位。样本中同时判处罚金和没收的判决仅有 3 个,均在 2017 年,可见罚金刑和没收刑基本上是互斥的。样本中有 17 个没收全部财产的判决,均在《刑法修正案(九)》以前。另外,根据已有文献,2016 ~ 2017 年,法院判决的省部级以上贪污受贿高官案件中有 18 个适用了没收全部财产。没收全部财产的“财产”变量在研究中取值 100000 万元,以示区分。本节在下述分析中均做了包括和排除没收全部财产判决的分析,以进行稳健性检验。由于免除刑罚的案件中均没有判处罚金刑,所以下述表中的样本都是非免除刑罚的样本。

随着《刑法修正案(九)》将财产刑作为各监禁刑档并处的附加刑,司法机关几乎在所有受贿罪案件中都适用了财产刑。表 2 – 5 显示,《刑法修正案(九)》前后,财产刑的适用从 33.480% 提升到 99.147%,即《刑法修正案(九)》后几乎所有案件都适用了财产刑,财产刑的幅度也增加,中间值从 5 万元提升至 16 万元。而且,在增设了罚金刑后,罚金刑代替没收刑成为《刑法修正案(九)》后的主要财产刑方式。《刑法修正案(九)》前后,罚金刑的适用在所有非免刑罚案件中占比从 0.24% 提升至 98.28%,在所有适用了财产刑的案件中占比从 0.71% 提升至 99.13%。相比之下,没收刑的适用则分别从 33.24% 降到 0.90%,从 99.295% 降到 0.911%。另外,随着监禁刑刑期的增加,财产刑金额也呈现一定程度的上升趋势。

表 2－5　立法修改前后没收、罚金、财产刑的描述
（非免除刑罚且不带没收全部财产样本）

时间	变量	总案件数/件	平均值/万元	标准差	最小值/万元	最大值/万元	非零案件数/件
《刑法修正案（九）》前	罚金	6359	0.034	1.007	0	50	15
	没收	6359	3.550	19.275	0	1000	2114
	财产	6359	3.583	19.295	0	1000	2129
《刑法修正案（九）》后	罚金	7858	21.059	28.950	0	1000	7723
	没收	7858	0.538	8.805	0	400	71
	财产	7858	21.597	29.888	0	1000	7791

尽管如此，罚金刑的惩罚幅度却十分有限，没有匹配不同案件中受贿金额的巨大差额，未能很好地发挥罚金刑在数额型犯罪中的区分处罚功能。虽然《刑法修正案（九）》后，罚金刑在几乎所有案件中都适用，但是就分布而言，立法修改后，75% 的罚金刑金额都在 22 万元以下，95% 的都在 50 万元以下。罚金刑金额没有匹配受贿金额的增加幅度。即使对受贿在 600 万元以上的，罚金刑也是基本均匀地分散在 0 ~ 200 万元。虽然随着受贿金额的增加，罚金刑数额会增加，但是增长得非常缓慢，罚金刑对受贿金额差距很大的案件的刑罚区分度太小。表 2－6 更为具体地反映出，《贪污贿赂解释》后罚金刑适用时其金额增长过于缓慢，比《刑法修正案（九）》前的增长还要缓慢。虽然较《刑法修正案（九）》前的没收金额相比，罚金刑的均值增加了，但是随着受贿金额的增加，罚金刑金额的增速愈发缓慢，面对巨大金额的受贿行为，罚金刑金额的增速比《刑法修正案（九）》前的没收刑增长还要慢，以至于最后几档中，《刑法修正案（九）》前和《贪污贿赂解释》后的财产刑金额均值几乎一样，而且这是在没有包括《刑法修正案（九）》前的 17 个没收全部财产判决的情况下。《贪污贿赂解释》后，罚金刑均值与受贿金额均值的增速相比，从一开始的罚金刑高于受贿金额 3.25 倍，到最后的受贿金额高于罚金刑的 6.44 倍。罚金刑幅度过于集中、罚金数额增长过慢使严重的受贿罪案件不仅受到与不太严重的案件类似的监禁刑处罚，还在罚金处罚方面与不太严重的案件也没有区分。

表2-6 《刑法修正案(九)》前后非没收全部、非无期、死缓样本中受贿金额、刑期与财产刑的对应关系

受贿金额区间/万元	0~3	3~10	10~20	20~50	50~150	150~300	300~1000	1000~3000
《贪污贿赂解释》后受贿金额区间的均值/万元	1.837	5.930	13.857	30.168	81.128	207.629	429.375	1346.447
《刑法修正案(九)》前受贿金额均值/万元	1.669	5.874	13.398	30.786	83.965	204.980	456.302	1943
《贪污贿赂解释》后对应的刑期均值/月	7.631	5.805	13.857	27.116	39.878	60.884	80.650	135.515
《刑法修正案(九)》前对应刑期均值/月	7.180	28.293	76.617	88.404	100.527	116.396	138.531	137
《贪污贿赂解释》后对应财产刑均值/万元	7.790	6.741	12.018	20.061	28.467	43.300	58.709	181.591
《贪污贿赂解释》后对应财产刑区间/万元	0~30	0~100	0~50	0~300	0~200	0~600	10.0~500	12.5~1000
《刑法修正案(九)》前对应财产刑均值/万元	0.033	0.615	2.223	3.426	6.815	17.394	50.911	70
《刑法修正案(九)》前对应财产刑/万元	0~6	0~210	0~60	0~50	0~100	0~200	0~1000	0~400
《贪污贿赂解释》后对应财产刑样本数/个	125	2612	1752	1912	1387	384	230	33
《刑法修正案(九)》前对应样本数/个	1308	2756	1080	1021	705	210	113	6

由下而上分析判决书发现的受贿罪量刑的前述问题，在省部级以上官员的受贿罪判决中也存在。根据已有文献的统计得到 2013 年到 2017 年被判决的省部级以上官员受贿罪量刑和受贿金额的分布情况，如表 2－7 所示。[1] 首先，省部级以上高官受贿罪案件数仅百余份，不会对本节 16000 余份判决的整体量刑分布构成系统性的影响，所以不会影响前两点的研究发现。然后，表 2－7 显示，省部级以上官员的受贿罪量刑也存在轻缓化的问题。虽然与普通案件不同，高官受贿罪量刑集中在 10 年以上档，但那是因为不论立法修改前后，高官受贿金额都显著地超过 10 年以上档的下限。对比 2013～2015 年和 2016～2017 年的情况发现，立法修改后虽然高官受贿金额显著地增加，从两三千万元跃升至 5000 万元、7000 万元，但是 10 年以上刑罚占比却没有增加，反而有些许下降。已有文献研究高官受贿罪量刑时重点关注死刑、无期徒刑的适用占比，并且发现死刑、无期徒刑的适用率在立法修改后明显下降。[2] 另外，已有文献也发现，无论立法修改前后，高官受贿罪中从宽处罚情节的适用都十分宽泛，而加重情节的适用则几乎没有，这也使几乎所有高官都能得到从轻、减轻处罚。[3] 根据已有文献，在省部级以上高官的受贿罪中也存在财产刑处罚力度较小的问题。虽然立法修改后，罚金刑被普遍适用，但是截至 2017 年宣判的高官受贿罪案件中，最高罚金为 500 万元，不到被认定的受贿金额的 10％。[4]

---

〔1〕 由于资料有限和判决时间后延，虽然 2013 年到 2017 年检察机关立案查办的省部级以上高官案件数为 122 件，但是现有文献仅统计了 2013～2017 年的 100 份省部级以上高官的判决情况。本章据此整理得到表 2－7。张兆松：《贪贿高官量刑规范化研究——基于 2013 年—2017 年省部级以上高官刑事判决的分析》，载《法治研究》2019 年第 2 期。

〔2〕 张兆松：《贪贿高官量刑规范化研究——基于 2013 年—2017 年省部级以上高官刑事判决的分析》，载《法治研究》2019 年第 2 期。

〔3〕 张兆松：《贪贿高官量刑规范化研究——基于 2013 年—2017 年省部级以上高官刑事判决的分析》，载《法治研究》2019 年第 2 期。

〔4〕 张兆松：《贪贿高官量刑规范化研究——基于 2013 年—2017 年省部级以上高官刑事判决的分析》，载《法治研究》2019 年第 2 期。

表 2－7　2013 年到 2017 年省部级以上官员受贿罪判决情况

年份	判决人数/个	人均受贿金额/万元	10 年以上刑罚/人数	不满 5 年刑罚/人数	10 年以上档占比
2013	4	3021	4	0	1.00
2014	5	2972	4	1	0.80
2015	17	3017	16	1	0.94
2016	35	5083	32	3	0.91
2017	39	7525	36	3	0.92

三、由下而上部分的数据化之二：对初步分析发现的受贿罪量刑问题原因的分析

通过初步分析可以看到，《刑法修正案（九）》和《贪污贿赂解释》后受贿罪量刑呈现一些问题，主要为：10 年以上监禁刑档虚设，减轻加重情节适用极不均衡，以及罚金幅度过于集中。这使立法修改后受贿罪案件中有近 60% 的量刑在 3 年以下监禁刑档，仅 2% 的案件能判到 10 年以上，罚金金额集中在 10 万～22 万元，95% 在 50 万元以下。下文通过对法律法规修改前后和实际受贿罪判决构成的法律数据作进一步的整理，分析了这些问题出现的原因。

1. 原因之一：10 年以上监禁刑档的下限金额设置过高

10 年以上监禁刑档虚设问题的原因是受贿金额的增加没有立法修订时立法机关预计的那么巨大，新修订的 10 年以上档的下限金额设置过于高出一般严重的受贿案件中实际的受贿金额。此次立法修改后，《贪污贿赂解释》大幅度地提高了受贿罪各监禁刑档的下限金额，特别是 10 年以上档的下限金额从 10 万元提高至 300 万元，提高了 30 倍。但是本节样本显示严重的受贿罪案件受贿金额并没有普遍地增加 30 倍。虽然《刑法修正案（九）》前，2014 年、2015 年发生了相对较多的巨额受贿案件，但是从样本中观察，实际情况是，这些案件仍然是受贿案件中的极少数。虽然现有文献对省部级以上高官受贿案件的统计显示，这些高官受贿的金额人均达到了五六千万元，但是 2013～2017 年所有被检察机关立案的高官案件仅 122 件，此前的高官案件更是稀少。[1] 所

〔1〕 张兆松：《贪贿高官量刑规范化研究——基于 2013 年—2017 年省部级以上高官刑事判决的分析》，载《法治研究》2019 年第 2 期。

以即使加上省部级以上高官的案件数量,这些巨额受贿案件仍然是所有受贿案件中的极少数。换言之,立法修改后300万元以上的受贿案并没有占到全部受贿案的20%,而是仅占3%,与直觉相差巨大。即使加上这几年所有高官受贿案,300万元以上的受贿案也只占全部受贿案的4%。

另外,10年以上档虚设的问题不能由《刑法修正案(九)》监禁刑的重新分档来解释,因为《刑法修正案(九)》前第二档是1年到7年,而《刑法修正案(九)》后第二档是0~3年,跨度较《刑法修正案(九)》前是缩小的;而且《刑法修正案(九)》前后第四档都是10年以上,跨度没有变化。所以不是因为立法修改使10年以上档的跨度相对减小,对应的案件相对更少导致的。然后,10年以上档虚设也不是因为案件中的认定的受贿金额突然减少导致的。相反,图2-4显示,除了1000万元以上的较大额案件,大部分案件的受贿金额是逐年有所增加的。这也符合立法修改将监禁刑分档金额提高的原因和预判。为了便于观察,图2-4将受贿金额控制在3000万元以内,样本中3000万元以上受贿金额的案件为21件。表2-8详细地反映了受贿金额逐年的变化情况,平均值从2013年的23.6万元增加到2018年60.4万元,中间值、95%值和99%值都有明显的增加,不过受贿金额在2015年有最大幅度的增加,而且由于2015年与2014年的中间值没有明显变化,所以大幅的增加主要来自巨额受贿案件的增加。再者,10年以上档虚设不是因为司法实践偏离立法规定,强行适用第二档而导致的。

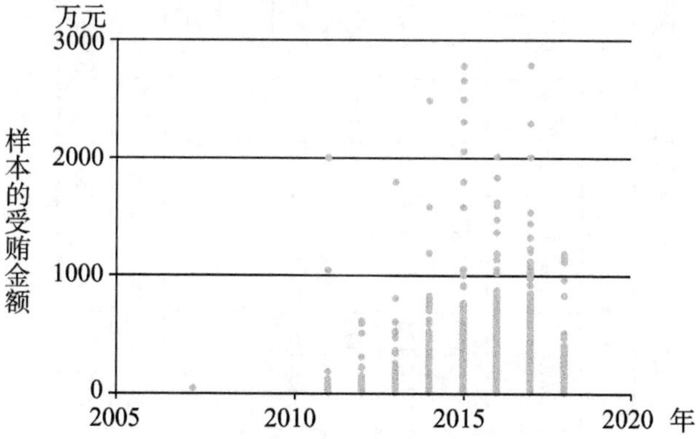

图2-4　受贿金额按照判决年份的分布

表 2－8　受贿金额各年的详细情况描述（受贿金额小于 3000 万元且刑期小于等于 180 个月的样本）

项目	2013 年		2014 年		2015 年		2016 年		2017 年		2018 年	
	金额/万元	刑期/月	金额/万元	刑期/月	金额/万元	刑期/月	金额/万元	刑期/月	金额/万元	刑期/月	金额/万元	刑期/月
均值	23.563	50.835	27.937	52.659	47.643	48.482	47.525	23.779	54.598	21.740	60.430	22.331
标准差	75.424	43.973	66.545	44.929	144.54	46.401	109.309	23.789	134.606	23.757	117.394	22.656
中间值	7.995	36	8.02	36	8	24.024	15.425	18	18	14	23	18.012
75% 值	19.63	75	22	84	30	78	42	36	49.6	36	58.32	36
80% 值	25		30		43		55		60		75	
95% 值	93.5	132	118	132	229	132	200	66	220	60	239.820	63
99% 值	200	144	320.900	144	560	156	509.540	126	540.84	126	463.350	120
样本量	930	930	3793	3793	2252	2252	4744	4744	3235	3235	606	606

通过表2－8中受贿金额与刑期的对比看到，虽然从平均值看，《刑法修正案(九)》前后司法都一定程度突破了根据立法规定应处的监禁刑分档下限，但是《刑法修正案(九)》后司法突破立法上下限规定的幅度明显更小。而且从中间值、95%值和99%值来看，《刑法修正案(九)》后司法都没有突破立法规定的相应档的上下限，而《刑法修正案(九)》前对中间值，司法仍然是在对应档的立法规定的下限以下判处的。这印证了《刑法修正案(九)》前受贿罪处罚立法规定过严的情况，反映了司法不惜突破立法规定以维护罚当其刑的努力。这一情况在《刑法修正案(九)》后得到极大改善，所以司法不用再突破下限来缓解过严的立法造成的罚过其刑的问题。同时也说明，《刑法修正案(九)》后司法实践没有大量地突破立法规定来适用第二档刑罚或避免适用10年以上的刑罚。

2. 原因之二：加重情节太少，太不常见

前文发现在受贿罪案件中，减轻情节的适用远高于加重情节。造成这种情况的原因主要是加重情节太少，太不常见，而不是司法审判中不愿意适用加重情节。虽然《贪污贿赂解释》新增了八个适用于受贿罪的加重情节，而且司法机关也显著更多地适用了新增的加重情节，但是加重情节出现的频率还是太低，对绝大部分受贿罪案件的量刑都不构成影响。

样本中显示，有拒不配合追缴情节的仅13个案件，占全部样本不到0.08%；有将违法所得用于非法活动情节的，全部样本中仅发现2个。其他六个更为常见的情节的基本情况列于表2－9中。所有新增加重情节的出现频率全部叠加起来仅0.051，也就是说，在立法修改后的全部近1万件受贿罪案件样本中，出现了新增加重情节的案件累计数量不到500件，除去有不少案件可能同时有多个新增加重情节所导致的重复计数，此类案件的实际数量会更少。另外，表2－9显示，这六个加重情节在《贪污贿赂解释》后的适用确实增加了很多，平均增比为331.83%。表2－10为立法修改前后均有情节(下文称固有情节)的情况。表2－10显示，这些情节的出现频率几乎没有变化，所有情节变化的平均值仅为－6.07%。可见，《贪污贿赂解释》后，司法机关的确按照新法规定显著更多地适用了新增的加重情节。而且，对比立法修改前后加重案件的占比发现，立法修改后加重案件的占比明显上升，第二档的上升了1.13

倍，第三档的上升了0.74倍，第四档的上升了5.23倍。说明立法修改后，司法机关加大了对加重情节的适用。这与第二、三档中减轻案件占比下降的变化恰好相反。这说明面对立法修改后第四档虚设、加重减轻情节适用不均衡的问题，司法机关呈现通过加大加重情节适用的努力，而不是不愿意适用加重情节。尽管如此，由于《贪污贿赂解释》新增的加重情节在实际的受贿案件中非常少见，不具有普遍性和代表性，所以即使司法机关适用加重情节，也无法对绝大部分受贿案件的量刑构成影响。

表2-9　新增加重情节的出现频率

新增加重情节	表示变量	《刑法修正案(九)》前出现占比	《贪污贿赂解释》后①出现占比	增比
有恶劣影响的	badeffect	0.0070	0.0130	0.8571
导致国家公共利益等损失的	loss	0.0008	0.0050	5.25
受过纪律处罚的	discipunish	0.0004	0.0020	4
受过刑事处罚的	crimpunish	0.0100	0.0130	0.3
多次索贿的	maskbribe	0.0050	0.0150	3
谋求职务升迁的	seekpromot	0.0004	0.0030	6.5

①由于在《贪污贿赂解释》出台前，《刑法修正案(九)》中的新增加重情节不明确，所以表2-9中统计《贪污贿赂解释》后案件中的情况。

表2-10　固有情节的出现频率

固有情节	表示变量	《刑法修正案(九)》前出现占比	《刑法修正案(九)》后出现占比	增比
有索贿的	askbribe	0.0400	0.0600	0.5
有自首的	surrender	0.5820	0.4980	-0.1443
有坦白、供述的	confess	0.8730	0.8860	0.0148
有退赃的	return	0.6110	0.6290	0.0295
有立功的	contribute	0.2420	0.1830	-0.2438
累犯的	recidivism	0.0003	0.0001	-0.6667

与之相比，表 2 - 10 显示，减轻情节的出现频率平均高达 57.7%。像坦白、供述、退赃等减轻情节几乎覆盖所有受贿案件。所以立法规定的从轻、减轻情节在受贿罪案件中普遍存在，大量出现。而立法规定的加重情节在受贿罪案件中极少出现。在关于省部级以上高官受贿罪案件的研究文献中也发现了类似的情况，即从轻、减轻情节几乎在所有高官案件中存在，但是加重情节则几乎没有。[1] 比如，第十二届全国政协原副主席苏荣在其受贿案中被认为"身为党的高级领导干部，无视党的政治规矩，严重违反组织纪律，大肆卖官鬻爵……支持、纵容亲属利用其特殊身份擅权干政……严重破坏了党内政治生活，损害了当地政治生态……"[2]，但是这些情节都不是法律规定的加重情节。法院最终还是以法定的从轻、减轻情节，比如"苏荣到案后如实供述自己的罪行，主动交代办案机关尚未掌握的部分受贿犯罪事实；认罪悔罪，赃款赃物已全部追缴"等，对其进行了从轻处罚。[3] 由此可见，由于立法规定的加重情节仍然太少，覆盖面太窄，在受贿罪案件中不具有代表性，所以司法机关无法改变加重情节适用率过低、实践中应当加重的案件没有加重、减轻加重情节适用极不均衡的情况。

3. 原因之三：罚金刑各档上下限额设置不合理

下文分析显示，罚金刑集中于 50 万元以下、没有很好地区分不同严重程度的受贿罪是司法机关遵循《贪污贿赂解释》适用罚金刑的结果，而不是不遵循《贪污贿赂解释》。

虽然 95% 的非免刑案件财产刑在 50 万元以下，但是统计发现，不符合《贪污贿赂解释》要求的财产刑案件，即未并处财产刑或突破了立法规定的罚金刑上下限要求的案件仅 57 件，占《贪污贿赂解释》后非免刑罚案件的 0.7%。表 2 - 11 显示，绝大多数案件中，法官都是严格以该档对应的财产刑的下限作为判处的罚金刑金额，适用的上限则控制在

---

〔1〕 张兆松：《贪贿高官量刑规范化研究——基于 2013 年—2017 年省部级以上高官刑事判决的分析》，载《法治研究》2019 年第 2 期；参见胡冬阳：《贿赂犯罪"数额 + 情节"模式运行实证研究——以 J 省 2016—2017 年的判决书为研究样本》，载《湖北社会科学》2017 年第 10 期。

〔2〕 参见《全国政协原副主席苏荣严重违纪违法被开除党籍和公职》，载《检察日报》2015 年 2 月 17 日。

〔3〕 参见《全国政协原副主席苏荣受贿、滥用职权、巨额财产来源不明案一审宣判》，载《人民日报》2017 年 1 月 24 日。

更严重的一档的下限之下,即3年以下的在20万元以下,3年到10年的在50万元以下,而10年以上的上限则控制在第三档下限的4倍左右,而不是以犯罪金额的2倍作为上限标准。可见,司法机关大多是严格遵循《贪污贿赂解释》来适用罚金刑的。

表2-11 《贪污贿赂解释》后非免除刑罚案件中罚金刑金额的分布

财产刑金额	3年以下财产刑金额/万元	3年到10年财产刑金额/万元	10年以上财产刑金额/万元
5%值	10	20	50
90%值	20	50	200
均值	14.046	32.109	118.019
标准差	7.327	24.274	133.875

司法机关对《贪污贿赂解释》的遵循还有下述体现。首先,《贪污贿赂解释》中,财产刑从选科变成并科,对所有档都增设了罚金刑,对后两档保留没收刑的选项。这是采纳了学界提出的关于加强对罚金刑的重视和减少司法在选择是否适用财产刑时自由裁量的建议。[1] 相应地,司法机关在适用财产刑时表现为几乎99%以上的非免刑受贿罪都适用了财产刑。其次,受到学界对没收刑的反对影响,司法上也体现出对没收刑的排斥,所以用罚金刑代替,这也符合学界支持的罚金刑与没收刑的合并。[2] 由于《贪污贿赂解释》后99%以上的财产刑都是罚金刑,所以司法机关主要受到《贪污贿赂解释》中有关罚金刑及其分档规定的调整。

正是由于《贪污贿赂解释》中设置的罚金刑各档上下限额不合理,司法机关在遵循《贪污贿赂解释》适用罚金刑后才出现了罚金过于集中、增速过缓的问题。

首先,《贪污贿赂解释》中设置的罚金刑各档之间有很大的重叠部

〔1〕 苏永生:《变动中的刑罚结构——由〈刑法修正案(九)〉引发的思考》,载《法学论坛》2015年第5期;王飞跃:《我国财产刑与刑法基本原则的背离及其完善》,载《华东政法学院学报》2003年第5期。

〔2〕 张兆松:《贪贿高官量刑规范化研究——基于2013年—2017年省部级以上高官刑事判决的分析》,载《法治研究》2019年第2期;王志祥、敦宁:《刑罚配置结构调整论纲》,载《法商研究》2011年第1期。

分。在确定罚金刑的范围时，立法体现了运用犯罪金额来设定罚金刑的思路，即以犯罪金额的2倍作为后两档罚金刑的上限，说明立法肯定了罚金刑与犯罪损害的关联。这一思路也符合学界关于罚金刑的正当性基础来自赎罪，即承担全部或部分刑事责任的讨论。[1] 不过，由于罚金刑和监禁刑是并科，罚金刑仍然是监禁刑的附加刑，所以二者是加在一起，共同代表罪犯应当承担的全部刑事责任，所以立法没有直接以犯罪金额来确定罚金刑，没有将罚金刑的分档与受贿罪刑罚的分档金额直接对应，而是采用刑法分则中较常见的罚金刑分档金额。对于第四档对应的罚金刑的下限，立法设定为50万元，而不是300万元，更说明立法是考虑到大部分刑事责任已经通过第四档对应的监禁刑体现，所以只需50万元的罚金刑来体现小部分刑事责任即可。在这种思路指导下，立法设定的不同档罚金刑之间有很大的重叠部分。以对应的监禁刑分档金额上限作为该档可能的犯罪金额上限，代入罚金刑，可以看到，第二档监禁刑对应的罚金刑是10万～50万元，第三档对应的罚金刑是20万～600万元，第四档对应的罚金刑是50万～6000万元（以受贿金额3000万元代入[2]）。

其次，由于《贪污贿赂解释》中设置的罚金刑各档之间有很大的重叠部分，如果司法机关正常地按照立法设定的范围使得罚金刑金额线性地随着该档受贿金额的增加而增加，就会出现较轻监禁刑的第二档的罚金刑重于较重的第三档的，而较轻监禁刑的第三档的重于较重的第四档的。根据已有文献，这个矛盾除非肯定罚金刑与监禁刑的易科制度否则无法化解，即因为处以了更重的监禁刑，所以即使罚金更少，但罚金刑加上监禁刑的总刑罚要高于较轻监禁刑档的有更重的罚金刑的案件。[3]

---

〔1〕 高留志：《财产刑的正当根据及其限制》，载《郑州大学学报（哲学社会科学版）》2013年第5期；阮齐林：《再论财产刑的正当理由及其改革》，载《法学家》2006年第1期；张兆松：《贪贿高官量刑规范化研究——基于2013年—2017年省部级以上高官刑事判决的分析》，载《法治研究》2019年第2期。

〔2〕 观察样本发现，判处180个月刑期的案件仅2个，对应的受贿金额均值为3113万元，而1000万元受贿金额对应的刑期则为144个月，所以可以大概取3000万元作为180个月对应的分档金额。对于无期徒刑和死缓，与有期徒刑难以相比，具有特殊性，应另设一档，而且实践中时常会适用没收全部财产，所以不在本节研究范围。

〔3〕 李海良、张瑞红：《论贪污罪、受贿罪没收财产刑的废除及其出路》，载《浙江师范大学学报（社会科学版）》2017年第2期。

但是罚金刑与监禁刑的易科制度仍未建立，罚金刑是附加刑的性质尚未有变，所以为了避免前述矛盾，司法中就将第二档监禁刑对应的罚金刑演变为10万～20万元，第三档的则变为20万～50万元，第四档的则为50万～200万元。如此，司法机关在适用罚金刑时就无法让罚金金额随着受贿金额的增长而增长，而只能随着第四档（10年以上监禁刑档）的虚设，而将罚金刑也集中于第二、三档，即10万～50万元。

四、由上而下部分的解构：罪刑均衡原则在受贿罪中具体实现的理论解构

本书本章第一节介绍了对抽象法学问题通过运用已有法学研究方法及理论不断解构以启发数据寻找和处理的方法。本节中由上而下部分的解构也是运用本章第一节介绍的方法。有所不同的是由于已经进行了由下而上部分对具体现实数据的归纳总结，发现了一些与法律原则具体实现有关的问题，所以在解构法律原则及其具体实现的方向和程度上，往往是以与由下而上的发现问题相连接为目的和指引。这种连接一般体现为为所发现问题的解决找到理论依据和标准，或者为所发现问题的存在找到理论解释和原因。本节根据对罪刑均衡原则的大概理解，对具体的受贿罪判决数据进行初步分析，发现了一些可能与罪刑均衡原则在具体判决中要求相违的问题。所以由上而下部分的解构方向就是为所发现问题的解决提供理论依据和标准。

所发现的受贿罪量刑问题如下：由于10年以上监禁刑档下限金额设置过高，量刑集中在第二、三档，而第四档形同虚设。同时，加重减轻情节的适用显得极不均衡。由于罚金刑各档限额设置的不合理，罚金幅度也集中在较轻档，难以匹配严重受贿罪中巨大的受贿金额。面对这些问题，司法实践呈现相应的努力，加大了加重情节的适用及影响幅度，增加10年以上档的适用。但是由于实际受贿罪案件中受贿金额达到10年以上监禁刑档下限金额的案件数量非常少，固有加重情节对量刑分档的立法限制，新增加重情节出现的频率太低，所以尽管司法机关作出了一定的努力，也无法有效缓解前述受贿罪量刑的问题。所以解决这些问题的直接方法是，调整10年以上档的下限金额，增设更为常见的加重情节，完善罚金刑各档的限额设置。但问题是应当如何调整？虽然实证分

析发现受贿罪量刑有过于集中、重刑罚档虚设的问题，但是这些问题是否就违反了罪刑均衡原则的要求？怎样的受贿罪配刑、量刑分布才符合罪刑均衡原则？虽然已有文献指出受贿罪监禁刑分档的合理性应当建立在犯罪的正态分布上，即各档案件数量的分布应当符合正态分布[1]，但是缺少系统性理论论述，没有与现有的罪刑均衡原则理论相联系，对罚金刑的配置没有帮助。所以这些问题的回答为本节由上而下的解构提出了方向。下文就运用现有罪刑均衡原则理论，讨论在受贿罪中具体实现和测量罪刑均衡时的理论要求，既为构建符合罪刑均衡原则的受贿罪配刑和量刑分布提供理论依据，又为现有罪刑均衡理论的深化和丰富提供个罪样本，还启发了主刑、附加刑的关系的理论研究。

1. 解构一(初步解构)：从罪刑均衡中分离出相对、绝对均衡的要求

现有刑法理论一般认为刑法基本原则可以分为两大类，一类是具有宪法性基础地位的原则，另一类则是不具有宪法性意义的仅限于刑法内部的原则。[2] 罪刑法定原则和比例原则都被认为是第一类原则。[3] 而罪刑均衡原则被认为是狭义的比例原则在刑法中的践行[4]，也是罪刑法定原则的实质侧面中处罚的适正性原则的体现。[5] 所以罪刑均衡原则既是第一类刑法基本原则，是刑法量刑的基本原理，又与罪刑法定原则相联系，具有刑法的解释机能。据此归纳出现有刑法理论中罪刑均衡原则丰富的基本内涵。总的来说，罪刑均衡原则是指重罪重罚，轻罪轻罚，无罪不罚，罚当其罪；[6] 在存在多个符合罪刑法定原则的刑法解

---

〔1〕 陈兴良：《贪污贿赂犯罪司法解释：刑法教义学的阐释》，载《法学》2016 年第 5 期。

〔2〕 劳东燕：《风险社会中的刑法：社会转型与刑法理论的变迁》，北京大学出版社 2015 年版，第 77 ~ 78 页。

〔3〕 田宏杰：《比例原则在刑法中的功能、定位与适用范围》，载《中国人民大学学报》2019 年第 4 期。

〔4〕 田宏杰：《比例原则在刑法中的功能、定位与适用范围》，载《中国人民大学学报》2019 年第 4 期。

〔5〕 付立庆：《以刑制罪观念的展开、补充与回应——兼与叶良芳教授等否定论者商榷》，载《东南大学学报(哲学社会科学版)》2018 年第 4 期；贾银生：《"以刑制罪"之否定：兼议罪刑均衡原则的刑法解释机能》，载《甘肃政法学院学报》2017 年第 6 期。

〔6〕 田宏杰：《比例原则在刑法中的功能、定位与适用范围》，载《中国人民大学学报》2019 年第 4 期。

释时,根据重刑重罪、轻刑轻罪、不罚无罪来选择解释。[1] 在判断重罪还是轻罪时,以报应论、预防论和综合论为代表的一元罪刑均衡论与还考虑了立法主体对罪轻重的把握的二元罪刑均衡论分别提供了判断的理论基础。[2] 在具体实现和测量罪刑均衡时,这些理论被进一步表示为可操作、可测量的若干因素,比如被侵害的法益性质及程度;实施犯罪的主体的一般性质;犯罪行为的不法及危险程度;再犯的可能;该犯罪主体的人身危险性;立法机关对该罪的认识、动机、社会危害评估等。[3] 这些因素帮助测量刑法各罪罪量的轻重,以确定立法机关为各罪配置的刑量是否与罪量相符,从而判断立法上是否罪刑均衡。量刑原理中的"点"和"幅"的理论则为这些因素在司法机关确定具体个案中罪量轻重时的影响步骤、权重和相互关系提供了理论依据。[4] 具体而言,司法机关先根据立法中确定的决定罪责大小的要素确定基准量刑,再根据预防刑的因素进行一定幅度的调整,最后得到宣告刑,从而实现在司法中的罪刑均衡。相应地,学界中有以刑事立法文本为研究对象以检测立法是否罪刑均衡的研究[5],也有以司法判决为研究对象以检测实际判决中是否罪刑均衡的研究。[6]

根据前述理论和方法,受贿罪量刑要实现罪刑均衡,就要分两步走。第一步考虑立法配刑均衡,即应先根据可操作的因素确定罪量,再与其他罪相比较配置与受贿罪罪量相称的刑量。第二步考虑司法中的罪刑均衡,即应先根据量刑原理理论确定哪些因素可以调整与受贿罪量相称的刑量,再确定这些因素调整的幅度。已有文献根据第一步中的方法对受贿罪立法配刑是否均衡进行了分析。不过由于所选择的理论依据及其被表示的可操作因素不同,已有文献对受贿罪立法配刑是否均衡得出

---

〔1〕 田宏杰:《比例原则在刑法中的功能、定位与适用范围》,载《中国人民大学学报》2019 年第 4 期。

〔2〕 白建军:《再论罪刑均衡》,载《新疆师范大学学报(哲学社会科学版)》2020 年第 1 期。

〔3〕 参见白建军:《罪刑均衡实证研究》,法律出版社 2002 年版,第 143 ~ 240 页;杨海强:《刑法修正案罪刑均衡实证研究》,载《当代法学》2014 年第 4 期。

〔4〕 李冠煜、顾家龙:《量刑原理中的罪刑均衡与犯罪预防关系再论》,载《中南大学学报(社会科学版)》2018 年第 3 期。

〔5〕 杨海强:《刑法修正案罪刑均衡实证研究》,载《当代法学》2014 年第 4 期;文姬:《单位犯罪中罚金刑罪刑均衡立法实证研究》,载《中国刑事法杂志》2018 年第 1 期。

〔6〕 宋建军:《走私普通货物、物品罪罪刑均衡实证研究》,载《犯罪研究》2015 年第1 期。

了相反的结论。[1] 正如白建军教授指出的，自上而下的概念在可操作化的过程中不可避免存在主观性，不同研究者因其对应然概念的不同理解而产生多个应然，从而可能得到不同的测量结果。[2] 尽管如此，已有文献在测量受贿罪是否罪刑均衡时还是有一些基本共识。一是在测量受贿罪配刑是否均衡时，要将受贿罪放在全部刑法罪名中比较地把握，看不同罪之间、类似罪之间、个罪之中的配刑是否相对均衡，即受贿罪的配刑是否较比受贿罪严重的罪的配刑更轻，较比受贿罪轻的罪的配刑更重。本节称为相对的罪刑均衡。二是要根据受贿罪保护法益的性质、罪行的特点和危险等独立地评价受贿罪的罪量与所配刑量是否均衡，即实质性地判断受贿罪是否应当被配以严重的刑罚甚至死刑，本节称为绝对的罪刑均衡。计算法学方法既强调广泛吸收各种不同的有关理论以充分、丰富地解构，也重视发现不同理论中存在的一些共识，以备之后分析时可能需要的对数据的区别对待。

建立在已有文献的基础上，本节认为，在受贿罪中具体实现罪刑均衡，一方面应当坚持基本共识，即从绝对均衡和相对均衡的实现出发；另一方面应当缩短自上而下的概念的可操作化过程，减少研究主体主观性的影响。正如储槐植教授提出的，我国刑法创造性地将定量因素作为犯罪概念的一个部分，所以运用数学方法构建数量刑法学对我国刑法学的现代化发展有重要意义。[3] 受贿罪正是典型的将定量因素纳入定罪概念的罪名，所以寻找到受贿罪罪量与刑量之间的数学关系，既是数量刑法学所提倡的在受贿罪中实现精确罪刑均衡的方法，又是数量刑法学进一步发展所需要的创造性研究。[4] 由于本节样本仅为受贿罪判决，所以本节仅研究受贿罪个罪之中的量刑均衡问题，而不进行与其他刑法罪名的比较分析。由于监禁刑是受贿罪的主刑，财产刑只是附加刑，而对受贿罪的罪量有显著直接影响的是受贿金额[5]，所以将前述理论分析具体展开可以得到，受贿罪量刑要实现罪刑均衡，首先应当分别从相对

---

〔1〕 白建军得到了受贿罪立法配刑过重的结论，而杨海强得到了受贿罪配刑过轻的结论。杨海强：《刑法修正案罪刑均衡实证研究》，载《当代法学》2014 年第 4 期。

〔2〕 白建军：《再论罪刑均衡》，载《新疆师范大学学报（哲学社会科学版）》2020 年第 1 期。

〔3〕 储槐植、何群：《论我国数量刑法学的构建》，载《中国法学》2019 年第 3 期。

〔4〕 储槐植、何群：《论我国数量刑法学的构建》，载《中国法学》2019 年第 3 期。

〔5〕 钱松：《计赃论罪：受贿罪社会危害性中的数额因素——从刑法学和犯罪学切入》，载《犯罪研究》2018 年第 1 期。

均衡和绝对均衡的实现出发，构建受贿罪监禁刑与受贿金额之间的数量关系，然后考虑财产刑、受贿罪其他情节的作用和影响，以及它们在数量关系中的表达。

2. 解构二：相对、绝对均衡的实现

在受贿罪个罪之中实现相对均衡，就是指某一严重程度的受贿罪应当受到比其更轻的受贿罪更重的刑罚和比其更重的受贿罪更轻的刑罚，而且处于更重区域的单位受贿金额应当对应比处于更轻区域的单位受贿金额对应的一样或者更重的监禁刑。所以，在不考虑财产刑和其他情节的情况下，受贿罪监禁刑应当随着受贿金额的增长而增长，并且增长速度保持不变或者不断增加。因而如果受贿罪监禁刑相对受贿金额存在边际递减效应，则不符合相对均衡的要求。边际递减效应会使严重受贿罪中的单位受贿金额受到比轻受贿罪中的显著更轻的刑罚，还使极为严重的受贿罪与较严重的受贿罪受到几乎一样的刑罚。考虑到我国最高仅25年的有期徒刑执行年限，让受贿罪监禁刑随着受贿金额线性增长是满足相对均衡要求的最符合实际的方法，即在不考虑财产刑和其他情节时，监禁刑 $L(M)$ = 受贿金额 $M \times$ 常数 A。本章样本中受贿金额在3000万元以上样本数为21个，大多是无期徒刑以上刑罚，而1000万元到3000万元的有39个，大多是有期徒刑。而根据表2-7，2013年以来省部级高官的受贿金额均值都在3000万元以上，大多对应无期徒刑以上刑罚。据此，可将与有期徒刑对应的受贿金额的最大值定为中间数2000万元。由于本节样本是非数罪的受贿罪，所以有期徒刑最大值为15年，即180个月。代入前述等式，计算得到常数 $A = 180/2000 = 0.09$（月/万元）。进而对应3年监禁刑的受贿金额应为 $36/0.09 = 400$（万元），对应10年监禁刑的受贿金额应为 $120/0.09 = 1333.3$（万元）。这意味着，抛开罚金刑，现行受贿罪立法的分档上下限应再显著提高，才能达到相对均衡的要求。

在受贿罪个罪之中实现绝对均衡，就是指某一受贿罪应当受到与其实质的严重程度相称的刑罚。虽然刑法学界关于受贿罪保护法益及其被侵害程度的测量存有争议，但是都不否认受贿金额对受贿罪严重程度的显著代表意义。[1] 所以在不考虑财产刑和其他受贿情节时，受贿金

---

〔1〕 钱松：《计赃论罪：受贿罪社会危害性中的数额因素——从刑法学和犯罪学切入》，载《犯罪研究》2018年第1期。

额巨大意味着受贿罪量巨大,应当对应严重的刑罚。在判断受贿金额是否巨大时,一般会有三种方法:一是从统计学角度看,是当地人均生产、收入或消费水平的多少倍;二是从司法实践角度看,是当地官员一般受贿金额的多少倍;三是从法社会学角度看,是当地普通群众设想的一般受贿金额的多少倍。在确定"当地"的范围时,可以综合参考全国、全省、全市的情况。

国家统计局数据显示,2018 年全国人均 GDP 是 6.6 万元,最高 14 万元(北京),最低 3.1 万元(甘肃);居民消费水平是 2.5 万元,最高 5.3 万元(北京),最低 1.1 万元(西藏);居民人均可支配收入是 2.8 万元,最高 6.4 万元(上海),最低 1.7 万元(西藏);全国城镇单位就业人员平均工资 8.2 万元,最高 14.5 万元(北京),最低 6.1 万元(黑龙江)。[1] 本节样本显示,虽然全部样本的受贿金额均值为 121 万元,但那是受到极少数的受贿金额几千万元以上案件的影响,表 2-8 显示 80% 的样本受贿金额都在 50 万元以下。虽然没有关于普通群众设想的一般受贿金额数值的问卷数据,但是人们多从自己的工资收入和消费水平来看。所以不论用上述哪种方法判断,受贿金额达到 300 万元以上都显然构成巨大,是超过 80% 的受贿案件中金额的 6 倍,是人均生产、收入或消费水平的至少 20 倍,甚至 300 倍,是城镇单位人员工资的 20 倍到 50 倍。但是按照前述相对均衡的等式,受贿金额 300 万元对应的监禁刑是 27 个月。更直观地说,2.25 年的监禁刑对应的是在北京正常工作 20 年或在黑龙江工作 50 年的工资收入。这相当于是,1 年监禁刑的痛苦可以对应近 9 年的北京城镇单位的正常工作,或黑龙江的 22 年的工作。1 年监禁刑如此巨大的经济价值使受贿罪刑罚的一般预防功能难以发挥,使受贿行为的诱惑过于巨大,不符合绝对均衡的要求。即使认为 1 年监禁刑的痛苦可以对应 2 年的最高城镇单位工资收入,那么受贿 300 万元也至少是 10 年,而按照最低居民可支配收入,则是 88 年。这个例子也直接地说明面对并非均匀分布且极值巨大的受贿金额,在受贿罪量刑中实现相对均衡和绝对均衡的要求存在矛盾。对于相同的受贿金额,相对均

---

〔1〕 参见国家统计局年度数据,载 http://data.stats.gov.cn/easyquery.htm?cn=C01,最后访问日期:2020 年 3 月 17 日;国家统计局分省年度数据,载 http://data.stats.gov.cn/easyquery.htm?cn=E0103,最后访问日期:2020 年 3 月 17 日。

衡和绝对均衡所要求的监禁刑相差巨大。为了解决这一矛盾,不能简单地让监禁刑与受贿金额线性增长,应当考虑受贿案件中受贿金额的不均匀分布和若干极值案件的显著影响,结合绝对均衡的要求,对受贿金额进行聚类,分为几类分别对应不同的刑罚档,比如分为受贿金额较大、巨大和特别巨大。如此,可以让受贿金额较大类对应的刑罚比巨大类的更轻,巨大类的刑罚比特别巨大类的更轻,从而符合相对均衡的要求;再让受贿金额各类对应与该类受贿金额相称的刑罚,从而符合绝对均衡的要求。这也揭示出我国立法对受贿罪分档配刑背后的理论原因,即调和相对均衡和绝对均衡的矛盾要求。然后在各档之中根据需要,采取进一步分类,或是让监禁刑与受贿金额线性增长,或是配置相应的罚金刑予以补充和调整,或是综合使用,以更好地实现档内和档间的相对、绝对均衡。

3. 解构三:配刑分档、罚金刑区分惩罚功能的具体实现

合理的分档应当根据受贿罪案件中受贿金额的分布情况对案件进行合理的分类,分出受贿金额较大、巨大和特别巨大的三段区间。在不同段之间和各段之内应当综合运用分子类、增减受贿情节、配置罚金刑等做进一步调整,以更好地实现罪刑均衡。在确定受贿金额较大、巨大和特别巨大的三段区间时,应当运用正态分布曲线来帮助完成。由于正态分布在现实生活中十分常见,反映了随机变量的分布规律,所以如果案件数量在受贿金额三段区间中的分布比较符合正态分布,则说明该分段区间更加符合受贿罪案件在生活中自然发生的分布规律。由于受贿金额显著决定了受贿罪的罪量和所受到的刑罚,所以受贿金额在三段区间中正态分布也就是受贿罪案件在相应的三档刑罚中是正态分布。这也印证了已有文献中有关受贿罪各档配刑的合理性在于各档案件数量符合正态分布这一直觉感受的正确性。[1]

另外,在运用分档配刑来同时满足相对、绝对均衡的要求后,10 年以上档就对应受贿金额特别巨大的案件,那么从本节样本看,特别巨大的区间包含了少数受贿金额极其巨大的案件,所以在这一区间内受贿金额的跨度非常大(300 万元到几十亿元,或者建议的 102 万元到几十亿元),在该区间内实现相对均衡就非常困难。根据相对均衡的讨论,应

---

〔1〕 陈兴良:《贪污贿赂犯罪司法解释:刑法教义学的阐释》,载《法学》2016 年第 5 期。

当结合罚金刑的配置，弥补监禁刑有限年限的不足，实现罪刑均衡。

增设罚金刑的立法逻辑是罚金刑加上监禁刑等于罪犯应当承担的全部受贿罪刑事责任。由此出发，虽然犯罪金额不是衡量受贿罪行轻重的唯一标准，还有很多影响量刑的情节，但是会影响量刑的情节和认定的犯罪金额（用 M 表示，单位万元）；可以综合考虑得到其对应的适当的刑罚，进而换算成一个也对应相同刑罚的但仅有犯罪金额影响量刑的虚拟案件，将该虚拟案件的犯罪金额，作为这一刑罚对应的所有案件危害程度的代表（受量刑情节的影响，M 可能大于、等于或小于某个判处该刑罚的实际案件中认定的犯罪金额）。

在理想的状态下，假定受贿罪只有监禁刑（用 L 表示，单位月），那么 M 与 L 应当呈线性关系，用 L(M)理想表示理想状态下，受贿 M 应受的刑期即 L(M)理想 = M × 常数 A。[1] 显然，在现实中，随着 M 的增大，L 无法无限增加，所以 L 会有边际递减。但是在 M 还比较小的时候，二者还是可以保持接近线性的关系。由于样本中是实际的判决，其量刑都受到情节的影响，无法通过统计实际判决的量刑与受贿金额的比值来估算 A。只能以《贪污贿赂解释》规定的第二档的量刑及金额，计算得到立法认可的 A 的值，$A = L1/M1 = 36$ 月/(20 − 3)万元 ≈ 2 月/万元。

之后随着受贿金额的增加，由于监禁刑边际递减，所以为了保持理想状态的刑罚不变，弥补这一递减导致的刑罚的不当减少，所以罚金刑应当适当增加。这也是为何学界支持和立法增设罚金刑的原因。[2] 假设对某一档的上限值 M，理想状态下应受的监禁刑期为 L(M)理想 = A × M（月），但该档的上限监禁刑期是实际判处的刑期，用 L(M)实际表示，

〔1〕 关于受贿罪保护的法益性质及危害的评价方法，学界有争议。详见张明楷：《受贿犯罪的保护法益》，载《法学研究》2018 年第 1 期。虽然如此，学界还是普遍认同，犯罪金额的大小反映了贪利型犯罪对所保护法益的损害程度，只是反对完全不考虑情节的唯数额论。而且学界仍然是支持对不同犯罪金额的贪利型犯罪适用不同严厉程度的刑罚，以更好地实现预防。同时也符合罚当其刑的要求。详见姜涛：《贪污受贿犯罪之量刑标准的再界定》，载《比较法研究》2017 年第 1 期；钱松：《计赃论罪：受贿罪社会危害性中的数额因素——从刑法学和犯罪学切入》，载《犯罪研究》2018 年第 1 期。因而本章仍然以犯罪金额来代表受贿罪保护法益的侵害程度，也即犯受贿罪应当承担的刑事责任。在理想状态下，监禁刑可以足够长，使相对均衡和绝对均衡的矛盾不存在，那么犯罪金额的大小与法益被侵害的程度呈线性递增关系，与犯受贿罪应当承担的刑事责任也呈线性递增关系。

〔2〕 王志祥、敦宁：《刑罚配置结构调整论纲》，载《法商研究》2011 年第 1 期。

那么实际判处的监禁刑期较理想状态的就少了 ΔL = L(M)理想 - L(M)实际(月)。借鉴学界建议的日额罚金制度换算,[1] ΔL 个月的监禁刑相当于这 ΔL 个月的正常收入 + 在监狱里劳动创造的价值,可以看作是正常收入的 2 倍。以国家统计局发布的该年度国有单位就业人员平均工资(用 S_0 表示,单位万元)代入,再将 A 约为 2 月/万元代入,则与 L(M)理想相比减少的监禁刑 ΔL(M)相当的罚金 F(ΔL) = 2 × ΔL(M) × S_0/12。综上,为了解决各档之内的相对均衡问题,从消除监禁刑相对受贿金额的边际递减效应、实现理想状态下的刑罚相对受贿行为严重程度增长的一致性出发,判处的罚金 F(ΔL)应满足 F(ΔL)(万元) = 2 × [L(M)理想(月) - L(M)实际(月)] × S_0/12(万元/月)[2],其中,L(M)理想(月) = 2(万元/月) × M(万元)。

综上,通过由上而下的理论解构,为本节由下而上所发现的量刑问题的解决找到了理论依据和标准,即监禁刑的量刑在各档的分布应当符合正态分布曲线,而罚金刑各档上下限的设置应当符合前段找到的监禁刑、罚金刑及受贿金额之间的数据关系式。

五、由下而上与由上而下两部分结合后问题的解决

由于在受贿罪中实现量刑均衡应当通过合理的分档配刑和罚金刑设置来进行,那么下文据此分析得到受贿罪 10 年以上档的合理限额、受贿情节的调整和罚金刑各档更为合理的限值,建议立法作相应的修改以直接解决本节由下而上部分发现的受贿罪量刑中的问题,实现受贿罪的罪刑均衡。

1. 对策一:降低 10 年以上档的下限金额,增加具有代表性的加重情节

10 年以上档对应的是受贿金额特别巨大的案件。根据正态分布曲线,该档应该占全部受贿案的 20% ~30% 的案件数。虽然存在极少数极其巨大的受贿案件,比如本样本中 3000 万元以上的案件仍有 21 件,

---

〔1〕 廖东明、朱华:《关于完善罚金刑的构想》,载《法学评论》1996 年第 3 期。

〔2〕 L(M)理想为能代表全部罪量的虚拟受贿金额 M 的案件理想状态下应获的监禁刑,L(M)实际为该案在现有立法规定下可能获得的实际监禁刑,S_0 为国家统计局发布的最近年度国有单位就业人员平均年工资。

以及省部级以上高官巨额受贿案件,但是这些案件因其出现频率极少,不应由整个10年以上档来对应。特别巨大的区间可以根据需要进一步分类。10年以上档可以细分为10~15年[1]、无期徒刑、死缓限制减刑、假释和死刑立即执行档。其中,10~15年档与其他有期徒刑档接近,应当对应一般的受贿金额特别巨大的案件,而后几档的严厉程度与有期徒刑档迥异,可以用以对应极少数的极其巨额的受贿案件。

根据表2-8可知,要使10年以上档的案件数能占20%左右的总受贿案件,那么该档的下限金额应约受贿金额分布的80%,即55万元至75万元。考虑到受贿金额逐年增加,如果《贪污贿赂解释》5年调整一次,那么可设为未来5年的80%值的平均值,以近5年的增速计算未来五年的均值。2019~2023年的80%均值估计为:(75-30)/5×3+75=102万元。将102万元对应10年监禁刑,则相当于10年的监禁刑对应在北京城镇单位工作7年或在黑龙江工作17年的工资收入。这使1年监禁刑的经济价值仅为城镇正常工资收入的0.5~1.5倍,比较合理,不会使受贿行为的经济诱惑过大,符合绝对均衡的要求。而且102万元以上的案件对应于受贿金额特别巨大的区间,受到比受贿金额更小的其他80%案件更重的刑罚,也符合相对均衡的要求。但是按照当前增速要过5×(300-75)/(75-30)=25年才能让80%值为300万元,鉴于罪刑过轻、10年以上档虚设问题还要持续25年才能自我解决,建议最高人民法院以司法解释的方法主动调低该档下限金额至102万元来解决问题。

此外,《刑法修正案(九)》后司法机关遵循了立法的变化,加大了对新增情节的适用,但是加重、减轻情节极不均衡的适用情况仍然存在,难以缓解,大部分案件仍然沿用以往的唯数额模式定罪量刑。其中的原因不是司法偏离立法,而是新增加重情节出现的频率太少,不具有代表性。学界已经达成了共识,认为唯数额论的量刑是不妥的。[2] 一是因为受贿金额只是受贿罪社会危害性表现的一个方面;二是情节显著不同而受贿金额相同的受贿罪如果因为受贿金额相同而受到相同的刑罚,则不符合罪刑相宜的要求;三是受贿罪保护的法益的损害程度不能仅以受贿金

---

〔1〕《刑法》第45条。

〔2〕刘宪权:《贪污贿赂犯罪最新定罪量刑标准体系化评析》,载《法学》2016年第5期。

额来衡量。所以《刑法修正案(九)》建立的数额+情节的二元定罪量刑模式被普遍认为是一个进步,应当坚持和完善。[1]

为了完善受贿罪中的二元量刑模式,面对加重情节出现频率过少的问题,应当扩大影响刑罚分档的加重情节的种类,将固有加重情节和更有代表性的加重情节包括进来,比如索贿、多次受贿、卖官鬻爵、损害当地政治生态、严重破坏党的纪律等。这样既可以改善10年以上档虚设、罪刑不均衡的问题,又满足司法中呈现的对加重情节的需要,与减轻情节的高出现率也更加匹配,也符合这些加重情节对受贿罪社会危害性的反映。关于具体应当增加的加重情节有哪些,还需要作进一步的研究,本节在此仅抛砖引玉。

2. 对策二:完善罚金刑各档限值的设置

由于罚金刑的适用存在罚金幅度过于集中、增速过缓的问题,并且这些问题是司法机关遵循现行司法解释适用罚金刑的结果。所以,在当前罚金刑仍为附加刑,易科制度难以建立的情况下,要提高司法在受贿罪中罚金刑的适用幅度,则应调整罚金刑各档限值的设置,特别是提高重刑档罚金刑的下限。

由于罪刑均衡原则的具体实现要求,罚金刑各档限值与监禁刑、受贿金额之间应当满足这样的数学关系,即判处的罚金 $F(\Delta L)$ 应满足 $F(\Delta L)$(万元) $=2\times[L(M)$理想(月) $-L(M)$实际(月)$]\times S_0/12$(万元/月)[2],其中,$L(M)$理想(月) $=2$(万元/月) $\times M$(万元)。那么当 $M=20$ 万元时,$L(20)$理想 $=A\times M=40$ 个月,但第二档的上限是36个月,所以相当于实际判处的监禁刑期较理想状态的少了4个月。以国家统计局发布的2018年国有单位就业人员平均工资 S_0(8.9474万元/年)代入[3],则与 $L(M)$理想相比减少的监禁刑 $\Delta L(M)$ 相当的罚金 $F(\Delta L)=2\times\Delta L(M)\times S_0/12$。所以与4个月监禁刑相当的罚金刑 $F(4)=2\times4\times8.9474/12\approx5.965$ 万元。所以如果3万元对应的全部刑事责任

[1] 刘宪权:《贪污贿赂犯罪最新定罪量刑标准体系化评析》,载《法学》2016年第5期。

[2] $L(M)$理想为能代表全部罪量的虚拟受贿金额 M 的案件理想状态下应获的监禁刑,$L(M)$实际为该案在现有立法规定下可能获得的实际监禁刑,S_0 为国家统计局发布的最近年度国有单位就业人员平均年工资。

[3] 国家统计局年度数据,就业人员和工资栏下的"按行业分国有单位就业人员平均工资",载 http://data.stats.gov.cn/easyquery.htm?cn=C01,最后访问日期:2020年3月17日。

是6个月+10万元罚金，那么20万元对应的全部刑事责任应为36个月+15.965万元罚金。所以第二档对应罚金刑的上限应设为16万元，也即第三档对应罚金刑的下限。

当M=300万元时，对应当前立法的第三档的刑期为120个月，但理想状态下L(300)理想应为600个月，所以减少的刑期ΔL(M)为480个月，经月罚金公式换算得到应增加的罚金为$2\times480\times8.9474/12\approx715.792$万元。所以如果3万元对应的全部刑事责任是6个月+10万元罚金，那么300万元对应的全部刑事责任应为120个月+725.792万元罚金。所以如果不调整10年以上档的下限金额，那么第三档对应罚金刑的上限应设为726万元，也即第四档对应罚金刑的下限。而如果将10年以上档的下限金额从300万元降低至对策一建议的102万元，那么代入前述等式计算可得，罚金应约为125万元，即第三档对应罚金刑的上限和第四档对应罚金刑的下限。

六、本节结语：法学问题数据化的第二种路径

本节以罪刑均衡原则在受贿罪中的具体实现为例，展示了适合法律原则具体实现类问题的第二种数据化方法，即先在法律原则的大概指引下由下而上分析数据，发现与法律原则具体实现有关的问题；后以找到解决或解释所发现问题的理论依据为方向，运用第一节中的方法对法律原则作层层解构；再以解构得到的法律原则具体实现的理论要求为依据，启发所发现问题的解决或解释，从而完成该法律原则在具体案件中的实现。

本节由下而上部分的研究发现，《刑法修正案（九）》后受贿金额虽有增长，但不是急剧的增长，而是较为稳定、缓慢的增长，符合腐败形势的变化。在这一背景下，可以认为，由于《刑法修正案（九）》调整了监禁刑分档的金额，导致了受贿罪司法量刑分布的变化。第二、三档的变化是可喜的，解决了《刑法修正案（九）》之前前两档中监禁刑随着金额的增加过快地增长的问题，为巨大腐败案件的区分处罚留出空间。但是10年以上档的下限金额设置过高，使该重刑档虚设。减轻、加重情节极不均衡的适用进一步加剧了这一问题。司法实践作出了加大加重情节的适用以达到重刑档的努力，但是这些努力的改善作用十分有限。罚金刑在适用时罚金过于集中、增速过缓，没有起到弥补监禁刑的作用。

本节由上而下部分的解构得到,遵循现有罪刑均衡原则的理论及学界基本共识,在受贿罪个罪之中实现罪刑均衡,应当既实现不同严重程度受贿罪之间的相对均衡,又符合绝对均衡,使得不同受贿罪各自的严重程度与其所受的刑罚分别相称。本节进而寻找相对、绝对均衡要求下,受贿罪罪量的显著代表因素(受贿金额)与受贿罪刑量的显著代表因素(监禁刑)之间的数学关系。相对均衡要求监禁刑随着受贿金额至少保持线性增长,而绝对均衡要求从当地发展水平来看巨大的受贿金额应当对应严重的刑罚。由于受贿金额跨度非常大、分布不均匀,所以线性增长下的监禁刑相对受贿金额增长的增速非常缓慢,使已经巨大的受贿金额对应的监禁刑期很短,不符合绝对均衡要求的严重的刑罚。所以相对均衡和绝对均衡的要求出现矛盾。将受贿金额据其分布情况和与当地发展水平的关系分为较大、巨大和特别巨大三段区间,对应不同严重程度的刑罚,可以有效地调和这一矛盾。在绝对均衡下,受贿金额的分段应符合正态分布曲线,由此得到受贿罪监禁刑分档限额与案件中受贿金额分布之间的数学关系。相对均衡下,较大、巨大和特别巨大段对应的刑罚应当逐渐加重;各段区间内应适用罚金刑以弥补监禁刑相对受贿金额增长的边际效应递减问题。由此得到罚金刑与监禁刑、受贿金额之间的数学关系。这些理论解构为由下而上研究发现问题的解决找到了理论依据。

将两部分相结合,本节提出了受贿罪实现罪刑均衡问题的初步对策,即下调10年以上档的下限受贿金额,增加具有代表性的加重情节,改善罚金刑各档限值的设置。应当避免不同档罚金刑之间的重叠,至少使得较轻档罚金刑的上限等于或小于相邻较重档罚金刑的下限,以避免出现较重档受到较轻罚金处罚而较轻档受到较重罚金处罚的矛盾。否则,司法实践中只会将较重档的下限作为相邻较轻档的上限。应当根据研究所得的罚金与受贿金额、监禁刑期之间的数学关系计算罚金刑各档的限值。随着受贿金额的增加,实际判处刑期增加得越来越慢,相应的较理想刑期的差距就增加得越来越快,所以为了弥补这一差距而判处的罚金刑就应增加得越来越快。

本节以受贿罪为例展示了罪刑均衡原则具体要求确定问题的一种数据化方法。在现有理论基础上提炼出绝对均衡和相对均衡的两个共识,分别予以数据化表示,绝对均衡表示为以刑期为输出、以当地经济发展情况和人民收入水平及罪行恶劣程度为输入的函数，相对均衡表示为以刑期为输出、以犯罪金额为输入的函数。通过计算，在数值型犯罪中发现了两个均衡具体要求之间的冲突。继而引入分档监禁刑处罚的方法加以解决。采用正态分布，结合实际案件中统计得到的犯罪金额和刑期分布，得到各个分档监禁刑对应的犯罪金额和刑期上下限制。在每个分档内，以罚金刑弥补刑期相对犯罪金额的增长不足，并由此得到罚金刑、犯罪金额、刑期之间的关系模型。该数据化方法还可以用在其他数值型犯罪中罪刑均衡原则具体要求的确定问题中。首先，类似地检验一下是否存在两个均衡之间的冲突。如果存在，则结合判决书中的犯罪金额和刑期的分布，以正态分布为准计算得到对应的分档上下限。其次，再以本节中的罚金刑、犯罪金额和刑期之间的模型关系，代入相应的数值，计算得到各档罚金刑上下限。在这一数据化方法中，可以运用计算机自动处理相关判决书，得到犯罪金额、刑期、罚金刑等数据；也可以尝试正态分布之外的其他数据分布，得到不同的分档。我们通过计算机在从数值型犯罪判决书中提取信息得到的数据集中运行这些模型，检验现有的分档立法效果，帮助提出完善监禁刑和罚金刑分档的建议，同时不断优化这些模型。

第三节　法律条文解释的数据化

本章前两节针对原则型法律规范的冲突价值平衡类和含义界定及具体实现类问题，提出了两种不同的法学问题数据化的路径。一是由上而下的路径，即充分运用已有法学研究方法及理论，对法学问题作不断地解构，以启发有关现实数据及演算规则的寻找和确定。二是先由下而上、再由上而下相结合的路径，即先在法律原则的大概含义指引下对有关现实数据进行归纳总结，发现与法律原则具体实现有关的问题；后以为所发现问题找到解决或解释的理论依据为方向，充分运用已有法学研究方法及理论对法律原则作层层解构，直至与所发现问题相连，进而帮助所发现问题的解决或解释。本节将以另一大类法律规范的问题为研究对象，探讨和阐释适合的将有关法学问题数据化的方法路径，即规则型法律规范的含义解释类问题。

与原则型法律规范强调平衡、选择、最佳适用不同,规则型法律规范具有明确的适用范围、条件和结果,强调以涵摄来适用。[1] 一般而言,除非受到效力优先的法律规范的影响,如果某一法律关系明确处于某一法律规则的涵摄内,那么该法律关系的调整就应当遵循该法律规则的要求。所以规则型法律规范含义的解释是法解释学研究的重点。通常,法解释学会运用文本解释、目的(意图)解释、体系解释和历史解释等方法来规范法律规则含义的解释路径,明确法律规则的含义,使法律规则能够适用的具体案件情形、适用的结果处于较为明确的状态,从而具有稳定性、可预见性和正当性。不过由于不同的解释方法可能导向不同的解释,或者某一解释方法内部允许多种解释,抑或新出现的具体情形超出了解释方法的解决能力等一些原因,法律规则含义的解释可能会出现两类问题:第一类问题是存在多种合理但相差较远的含义解释;第二类问题是存在的含义的合理解释与案件的合理解决所需要的含义相差较远。

第一类问题与本章第一节讨论的冲突价值平衡类问题有类似的特点。二者都需要对多个合理选项进行选择和平衡。所以该类问题可以类似地运用第一节中的方法数据化,即由上而下层层解构,充分运用多个有关的法解释学方法对法律规则进行解释,将含义不断地具体化,启发有关数据及其演算规则的寻找和确定。第二类问题与本章第二节讨论的法律原则具体实现类问题也有类似的特点。二者都与具体的现实数据直接相关,需要结合现实数据来把握和解决。所以该类问题可以类似地运用第二节中的方法数据化,即部分由下而上、部分由上而下来完成。不过与法律原则具体实现类问题不同的是,该类问题是先对法律规则运用法解释学方法进行解释,找出存在的合理解释,而后将这些合理解释运用于具体案件时发现存在问题。之后为了解决所发现的问题,再对具体案件作归纳总结和理论抽象,来启发和寻找现有理论难以发现的法律规则的解释。所以该类问题的数据化路径是先由上而下,层层解释直至与具体案件相连,以发现问题;后由下而上,层层抽象直到启发法律规则的潜在解释。虽然具体的实现路径与第二节的不同,但是二者都综合运用了由上而下、由下而上的路径,与问题有

[1] 雷磊:《法理论:历史形成、学科属性及其中国化》,载《法学研究》2020 年第 2 期。

关的数据范围都较为明显清晰,都在计算法学方法的第一步中融合了第二步的部分内容,在寻找数据、发现问题的过程中包含了部分分析数据、解决问题的过程。

本节接下来以当前备受关注、饱有争议的网络犯罪帮助行为有关的刑法罪名规则的含义解释问题为例,讨论和展示法律规则含义解释的第二类问题数据化的方法和路径。具体而言,本节先以已有的有关刑法罪名的解释及方法对有关罪名作层层解释,以帮助有关罪名项下判决书数据的提取和分析,进而发现这些已有解释在适用于判决书中情形时存在的问题,并评价问题的不合理程度。然后,本节以解决这些问题为目的,对有关罪名项下判决书数据作再提取和分析,经过类特征提取和层层抽象,以发现有关罪名规则可能存在的其他合理解释,帮助问题的解决。在这两步中,虽然与罪名有关的判决书范围较为清晰,但是如何提取和处理判决书以获得与罪名含义解释有关的数据则并不清楚,需要在有关罪名规则含义解释的启发下来完成。而当寻找到有关罪名规则的某一种含义解释可以较好地提取、分析、解释该罪名项下判决书中的有关数据时,其实也就说明这种含义解释可以较好地将该罪名规则的抽象表述与具体的司法实践连接起来,进而说明了这种含义解释相对其他可能解释的一个重要优势。下文作具体的讨论。

一、网络帮助行为分类与有关罪名解释问题的提出与初步分析

2015 年 8 月 29 日全国人大常委会通过《刑法修正案(九)》,针对帮助他人实施信息网络犯罪活动的行为多发的情况,在刑法分则中专门设立了帮助信息网络犯罪活动罪(以下简称帮助罪)。该条款可以看作是在 2009 年《刑法修正案(七)》增设提供侵入、非法控制计算机信息系统的程序、工具罪(以下简称提供工具罪)的尝试后,立法对于网络犯罪帮助行为的整体性回应。在此期间,司法领域也出台了系列解释,使特定领域的网络犯罪帮助行为[1]在定罪分析时适当突破传统共犯理论。

针对这些立法和司法实践,理论界存在不同的解读。对于在刑法分则中对网络犯罪帮助行为设置独立法定刑,学界存在网络帮助犯的相对

〔1〕 本章中网络犯罪帮助行为与网络帮助行为具有同样的含义。

正犯化[1]、网络帮助犯独立性说[2]和网络帮助犯的量刑规则[3]三种解读。从已有文献可以看到,三种解读在以下两点上存在争议:第一,下游犯罪应否查实及应查实的程度;第二,网络帮助者对下游犯罪的主观状态,是否要求共同故意,还是片面明知等。虽然三种观点均认为网络帮助行为因其特殊的危害性和独立性,而不同于非网络帮助行为,但是在如何准确评价不同网络帮助行为的可能不同的危害性和独立性,并与其入罪分析相联系等方面缺少进一步的研究。

现有研究中有一些讨论了网络帮助行为的分类。主要有以下几种分类方法。第一种分类是分为中立或非中立的网络帮助行为。[4] 这类研究是中立帮助行为理论在网络时代的延伸。第二种分类分为网络内容提供者帮助行为、网络接入服务商帮助行为、网络平台商帮助行为、网络存储服务者帮助行为、网络缓存服务者帮助行为等。这一类的分类实际是对网络行为分类的应用,从三分法[5]到四分法[6]、五分法[7],甚至六分法[8]等。第三种分类就是直接针对某类具有代表性的网络技术或服务进行研究,比如 P2P 软件[9],深度链接行为[10],网络搜索引擎[11]等。还有分为作为与不作为的网络帮助行为。[12]

这些分类对于研究网络帮助行为都有重要的价值。不过面对多种

---

〔1〕 张明楷:《论帮助信息网络犯罪活动罪》,载《政治与法律》2016 年第 2 期;蔡桂生:《论帮助犯的要件及其归属》,载《北大法律评论》2015 年第 2 期。

〔2〕 张明楷:《论帮助信息网络犯罪活动罪》,载《政治与法律》2016 年第 2 期。

〔3〕 张明楷:《论帮助信息网络犯罪活动罪》,载《政治与法律》2016 年第 2 期。

〔4〕 参见陈洪兵:《中立的帮助行为论》,载《中外法学》2008 年第 6 期;孙万怀、郑梦凌:《中立的帮助行为》,载《法学》2016 年第 1 期。

〔5〕 欧阳本祺、王倩:《〈刑法修正案(九)〉新增网络犯罪的法律适用》,载《江苏行政学院学报》2016 年第 4 期。

〔6〕 王华伟:《网络服务提供者刑事责任的认定路径——兼评快播案的相关争议》,载《国家检察官学院学报》2017 年第 5 期。

〔7〕 王莹:《网络信息犯罪归责模式研究》,载《中外法学》2018 年第 5 期。

〔8〕 陈洪兵:《论中立帮助行为的处罚边界》,载《中国法学》2017 年第 1 期。

〔9〕 杨彩霞:《P2P 软件和服务提供商著作权侵害刑事责任探究——以 P2P 技术架构为切入点》,载《政治与法律》2016 年第 3 期。

〔10〕 欧阳本祺:《论网络环境下著作权侵权的刑事归责——以网络服务提供者的刑事责任为中心》,载《法学家》2018 年第 3 期。

〔11〕 梁根林:《传统犯罪网络化:归责障碍、刑法应对与教义限缩》,载《法学》2017 年第 2 期。

〔12〕 王莹:《网络信息犯罪归责模式研究》,载《中外法学》2018 年第 5 期。

多样的网络帮助行为,这些分类要么过于笼统,不能将不同危害性的网络帮助行为区分开来;要么与网络帮助行为的危害和独立性关联不够,可能出现同一类行为包括多个罪名客观方面的情况,或者同一个罪名包括多类行为,所以未能良好地发挥分类的功能。本节先从已有的解释和分类出发,分析实际的判决,发现已有分类或解释无法良好地解释司法实务中的做法;而后对实际判决再作分析,研究实务中对上述争议的把握,提取类特征并予以抽象,从理论层面提出了一种新分类方法。即以对下游犯罪实行行为的完成程度为准,将网络帮助行为分为三大类,分别是帮助完成绝大部分下游犯罪实行行为类、帮助完成部分下游犯罪实行行为类和帮助下游犯罪前后期类,分别对应于不同程度的危害和独立性。第一类对应提供专门用于侵入、非法控制计算机信息系统程序工具罪(以下简称提供专门工具罪),第二类对应明知他人实施侵入、非法控制计算机信息系统行为为其提供程序工具罪(以下简称明知提供工具罪),第三类对应帮助罪。本节用这种分类规范了对罪名的解释,使对网络帮助相关罪名的理解更为统一、更有层次、更简单清晰。

二、根据已有解释的争议,提取、分析案例中的数据,发现问题

由于立法上对网络帮助行为的回应主要体现在提供工具罪和帮助罪,所以本节从威科先行上下载这两个罪名下的截至 2018 年 9 月 17 日所有的判决书,共 104 份,其中提供工具罪 83 份,帮助罪 21 份。所有公开判决书均是一审判决,没有出现二审判决。针对前一点梳理得到的学界的主要争议点,本节在研究判决书时考虑:(1)法院在认定网络帮助行为是否入罪时是否要求下游犯罪成立或查实,是如何理解犯罪的概念?(2)法院是否要求网络帮助提供者明知被提供者会用于实施犯罪,对明知的要求是如何把握的?以这些问题为引观察判决书,本节有如下发现:

1. 以学界已有的罪名解释为标准观察判决书,发现下游犯罪的乱象

帮助罪中,下游犯罪以诈骗类为主;提供工具罪中,下游犯罪以侵入、控制计算机信息系统罪为主,帮助行为主要表现为提供木马、病毒类程序、游戏外挂软件、身份证识别免刷软件。所有案件中,下游犯罪罪犯明确的(包括:已定罪、已到案、另案处理)共 27 件;未提及或不明

确的有77件。大多数案件中,法院并没有对下游犯罪行为进行入罪的性质分析,只是具体说明帮助行为如何支持某类不法行为。(见表2-12)

表2-12 可能的下游犯罪出现次数与占比

可能的下游犯罪	侵入、控制、破坏计算机信息系统程序类罪(包括翻墙、免刷软件)	侵犯公民个人信息罪	盗窃罪	诈骗类罪
出现次数/件	63	26	17	27
占比/%	60.6	25.0	16.3	26.0

在下游犯罪可能为诈骗类罪的27个案件中,有具体诈骗人的15件,有具体受骗人的17件(其中有不少是仅部分受骗人明确),有具体受骗/损害金额的13件,其余均是这些方面不明确或未提及的。帮助犯的获利范围在0至30万元不等,获利形式可分为销售付费、租赁、提成利润、工资或劳务付费等。这些不同形式、程度的获利并没有在定罪量刑中有较准确的反映,量刑集中在缓刑和一年有期徒刑上。帮助行为与受骗事实发生之间的因果关系大部分明确,但也有案件并不明确。[1]对诈骗罪实施的网络帮助行为表现形态有:制作用于诈骗的网站、广告推广、支付结算、服务器托管、网络接入、域名解析、呼叫转移、提供突破安防措施的程序、隐匿身份。

在下游犯罪可能为侵入计算机系统类罪的63个案件中,帮助犯提供了实施侵入等的工具,但判决书未提及下游犯罪的实施情况的有14件,占侵入类犯罪的22.2%。这说明这些判决书认为无论下游犯罪是否真的运用所提供的程序实施了侵入等行为,只要帮助犯在知道这些程序的功能的情况下提供了这些程序就满足了帮助犯入罪的标准。下游实施了侵入行为的有49件,占侵入类犯罪的77.8%;下游实施的犯罪行为能够锁定到人的有31件,其中仅有1件写明另案处理,其他案件均没有说明下游行为人的去向;下游实施了侵入等行为的,其行为是否获利,判决书均没有体现。影响侵入行为严重性的因素,比如侵入次数、侵

[1] 详见查正中、王卫海帮助信息网络犯案,福建省上杭县人民法院(2017)闽0823刑初157号。

入造成的损害,侵入的价值等都没有在判决书中体现。帮助的表现形态即为提供的工具形态。这些工具按其功能可以分为:是否能够获取计算机系统数据;是直接还是间接突破安防措施;是突破部分还是全部安防措施等。有2个案件中帮助犯是免费的,大部分是获利的,获利的形式也包括工资或劳务、销售付费、出租、提成等。同样的,这些区别也没有体现在定罪量刑中。

由这两种最常见的下游犯罪的分析可以看到,在网络帮助行为的定罪中,如果以学界已有的罪名解释为准,那么下游犯罪的认定是非常混乱的。如果按照四要件论,有不少案件中下游犯罪的正犯是不明确的,甚至是不存在的,即使有具体正犯也鲜有到案的,更别提是定罪的。即使是按阶层论,有不少案件中下游犯罪的行为是不明确的,甚至不存在的(是否实施了诈骗或侵入);对于存在行为的,对行为的刑事严重性的把握是不明确的,判断的标准五花八门,把握的尺度也松紧不一,相去甚远。对于下游犯罪侵犯的法益,在不少案件中也是不明确的,甚至是不存在的,比如诈骗罪中有不少案件未提及受骗人,或受骗人不明确,有些甚至不存在受骗人;即使在明确的案件中,把握的尺度相差也很大,比如诈骗罪中诈骗金额为30万元的量刑和诈骗金额为几百元的量刑是相同的。下游犯罪与帮助行为之间的因果关系在很多案件中都没有提及,也没有讨论,而在有些案件中是明显难以建立的。

2. 以学界已有的罪名解释为标准观察判决书,发现明知的混乱

理论上关于网络帮助行为人"明知"的要求存在很多争议。[1] 即使对确定含义的"明知",其证明也往往是难点,有多种证明方法,包括直接证明、推定和证明责任倒置。在本节样本中,所有案件都有帮助犯的供述,但是供述的内容都没有给出;所有案件都没有写明其所认为的"明知"是什么含义,也没有关于"明知"为何成立的证明和解释。这使了解法官是如何把握"明知"的含义十分困难。由于缺少直接的途径,本节只能运用间接的方法来推测法官对"明知"的把握。

如果"明知"是要求双向意思联络,那么被帮助犯应当是具体的,且与帮助犯之间有过联系,据此观察判决书,发现没有具体被帮助犯或者虽有被帮助犯但没有其与帮助犯之间的联系或聊天记录的案件有47

〔1〕 吴扬传:《论中立帮助行为的司法认定》,载《法律适用(司法案例)》2017年第12期。

件，占 45.2%；有被帮助犯且与帮助犯之间有关于帮助行为内容及付费等的具体约定的有 41 件，占 39.4%；明确或能够推定帮助犯知道被帮助犯将提供的帮助用于实施犯罪活动的有 16 件，占 15.4%。（见表 2-13）由此可知，有些案件认为“明知”应是双向联络，而有些案件则认为不需要双向意思联络。进一步观察，要求双向联络的案件涉及的下游犯罪有诈骗类罪，侵入、控制、破坏计算机信息系统类罪，盗窃罪，侵犯公民个人信息罪等。不要求双向的涉及的下游犯罪也有这些罪。可见，对“明知”把握的不同并不是以下游犯罪来区分的。而且在同样是要求双向联络的案件中，有些要求明确知道被帮助人会将其用于具体的犯罪活动，而有些只要求大概知道被帮助人可能会将其用于实施犯罪即可。比如有些案件中法官意见部分明确写道：帮助犯“明知可能”被用于实施犯罪活动。[1] 在仅要求大概知道的案件中，有些案件则讨论了这种大概知道的程度比较高，比如有鉴定意见或以证人身份出庭的专家证言来说明所提供的帮助程序用于犯罪的专门性程度；而有些案件则没有讨论，即使在这些案件中提供的帮助是比较中立的，也没有发现判决中运用了大多数用于实施犯罪的标准。[2]

表 2-13 “明知”的认定情况

序号	涉及罪名	双向的意思联络/件		帮助人单向的明知/件	
		有被帮助犯，且与被帮助犯之间有帮助行为内容及付费等具体约定	明确或能够推定帮助犯知道被帮助犯将提供的帮助用于实施犯罪活动	没有具体被帮助犯	虽有被帮助犯，但没有其与帮助犯之间的聊天记录
1	帮助罪	10	8	2	1
2	提供工具罪	31	8	11	33
共计		41	16	13	34
占比/%		39.4	15.4	12.5	32.7

对于“明知”的认定，帮助犯是否牟利、牟利的多少、牟利与提供的

〔1〕 详见冷景高帮助信息网络犯案，浙江绍兴上虞区人民法院（2016）浙 0604 刑初 1032 号判决书。

〔2〕 有关大多数用于实施犯罪的标准，参见陈洪兵：《论中立帮助行为的处罚边界》，载《中国法学》2017 年第 1 期。

帮助以及所实施的下游犯罪之间的关系等也是关键要素。据此观察判决书,发现有些案件中帮助犯是否牟利是不清楚的,有些甚至是免费的[1],有些案件没有关注牟利是否过于高额而不正常,有些则强调所得利益过高。在存在牟利的案件中,被认定为构成“明知”的牟利形式多种多样,包括基于职务或雇佣关系实施帮助获得的工资或佣金,以销售、出租帮助技术获得的费用,对被帮助人基于帮助行为所获利益的提成等。理论上讲,工资与提成应该反映了不同程度的主观故意,前者是被动服从,后者是积极促成,所以应有所区分。但是在案件中,仅有较少的案件在涉及工资形式的牟利中讨论了帮助人基于职务被动提供帮助与参与下游犯罪分赃所体现的不同程度的主观故意;大部分案件都没有对不同形式的牟利予以区分,而是只要帮助犯从其提供的帮助中获得了利益,则构成牟利。在前述讨论的“下游犯罪乱象”中,那些下游犯罪没有查实,甚至不存在的案件中,“明知”都被认为是成立的,判决没有给出特别的解释。有些案件中,帮助犯所获利益即使与所实施的下游犯罪联系不明确甚至不存在也会被认为构成牟利,进而认定是明知。

通过上述分析可以看到,如果以学界已有的罪名解释为准,那么实务中在网络帮助行为定罪的问题上,对于“明知”的把握也是比较混乱的。有些认为“明知”应当要求双向意思联络,有些则认为只要单向明知就行;有些认为应当知道具体要实施的犯罪活动;有些则认为大概知道要实施的是犯罪活动即可;有些认为大概知道应当达到专门性的程度,有些认为只要知道有可能会用于实施犯罪即可;有些认为“明知”要求有牟利,有些要求牟利明显不正常,有些认为不牟利也可构成“明知”;有些要求有积极促成的故意,有些认为被动服从或放任也可以;有些认为“明知”应与下游犯罪有具体、直接的联系,有些认为这种联系只要大概存在即可(分别证明下游犯罪存在和对下游犯罪存在的整体知

---

〔1〕 虽然这类案件往往是为了增加其网站的点击率,所以仍然可以算是有利的,但是判决书中并没有对这种利益的存在予以讨论,也没有解释这种利益有多大或者多严重。而且有些案件中仅在内部论坛或QQ群里或向其朋友传播可供实施犯罪的程序,此时如果仍要认定是有利的,则未免过于牵强。详见杜王柱提供侵入、非法控制计算机信息系统程序、工具一审案,浙江省景宁畲族自治县人民法院;王某某提供侵入、非法控制计算机信息系统程序、工具一审案,四川省冕宁县人民法院。

道即可),有些认为没有下游犯罪也可以。

三、对判决再作分析,发现类特征的线索:同类网络帮助行为的入罪标准较为一致

法院的这些不同的做法无法用理论上关于网络帮助行为定罪的争议来解释。一个判决中法院的意见是几种观点糅合在一起,比如部分可以看作是遵循帮助犯正犯化理论,部分又不符合正犯化而是在支持帮助犯独立性说;两个判决之间的异同也难以用某两种观点之间的异同来解释。虽然帮助犯正犯化、帮助犯独立性说、量刑规则说在很多方面的具体观点是一致的,但仍然存在一些差异。

比如,帮助犯正犯化强调帮助犯的危害性突出足以被提升为正犯,所以被正犯化后帮助犯具有独立的四要件,不以下游犯罪的成立为前提,不需要查实下游犯罪的主体,不需要下游实行人单独构罪,有独立的主观要件,在认定明知时不要求帮助犯与下游犯罪的主体之间有双向意思联络,甚至不要求有片面共犯理论中的单向明知他人用以实施犯罪。据此观察判决书,在那些下游犯罪主体和具体行为不明确或未提及的案件中,有不少案件在认定明知时又强调帮助犯与被帮助人之间有意思联络〔1〕,有些则强调帮助犯单向明知被帮助人的实行行为。〔2〕虽然帮助犯正犯化后,帮助犯还可以成立对其进行帮助的帮助犯,但是在这些不关注下游犯罪的案件中,虽然事实上有发现对帮助犯进行帮助的人,但是没有一个案例对这些帮助帮助犯的人采取任何刑事措施,也没有提及任何惩罚,更没有对其提起公诉。〔3〕而在强调下游犯罪人和行为查实的案件中,有些在认定明知时却又不要求存在双向意思联络,仅单向明知或大概知道帮助行为的整体危害性即可。〔4〕

---

〔1〕详见李某某帮助信息网络犯案,福建厦门同安区人民法院(2018)闽0212刑初204号判决书。

〔2〕详见杜王柱提供侵入、非法控制计算机信息系统程序、工具一审案,浙江省景宁畲族自治县人民法院(2018)浙1127刑初21号判决书。

〔3〕许多案例中帮助犯获得的之后用以帮助的程序或技术都不是其自己制作的,而是从他人那里获得或下载的。比如,邓杰威提供侵入、非法控制计算机信息系统程序、工具一审案,广东省东莞市第一人民法院(2017)粤1971刑初250号判决书。

〔4〕详见冷景高帮助信息网络犯案,浙江绍兴上虞区人民法院(2016)浙0604刑初1032号判决书。

本节在发现上述难以用学界已有的罪名解释处理的混乱后，进一步尝试理解实践的逻辑，立足于司法判决，从中发现类特征。从判决中发现区分不同罪名项下判决的类特征，需要不断地往返于不同罪名项下的不同判决，发现同一罪名项下不同判决的相同点，并且这种相同点是其他罪名项下判决通常不具有的，再将这些相同点进行数量上的比较，淘汰同一罪名项下较少判决具有的相同点或其他罪名项下较多判决也具有的相同点，不断更新，最终发现同一罪名项下判决通常具有的但其他罪名项下判决通常不具有的相同点，以此作为能够较好地将该罪名项下判决与其他罪名项下判决区分开来的类特征。

经过研究，本节认为提供的帮助行为本身是理解和解释实践中不同做法的关键。虽然样本反映出的网络帮助行为表现形态丰富多样，但是基本可以分为：①提供以木马、病毒性程序、游戏外挂、免刷软件、钓鱼网站等为代表的会在未授权的情况下侵入，进而修改或控制计算机的程序及对其进行维护；②提供以秒拨〔1〕、验证码自动识别、租用微信等支付账号、呼叫转移等隐匿身份、间接突破安防措施的程序或帮助及维护；③提供广告推广、支付结算、服务器托管、网络接入、域名解析等帮助及维护。该分类可以较好地解释上文发现的实践做法。第一类案件大多被认定为提供工具罪，第三类案件大多被认定为帮助罪。第二类虽然两种罪名皆有，但是所占比例很小。法院对下游犯罪和明知等的认定标准以这些帮助行为的分类来划分则变得更加整齐。涉及木马、病毒程序、游戏外挂、免刷软件、钓鱼网站的案件大多没有关注下游犯罪是否实施；其他类的帮助行为案件则更多地关注了下游犯罪的具体实施情况和具体甚至双向的明知。

这种类特征还需要进行理论的抛光和论证以确定是否具有稳定的区分作用，而不是偶然的发现，才能具有说服力。比如，本节对木马病毒多被定为提供专门工具罪、司法实践对帮助行为本身较为关注等的发现进行理论抽象，发现了帮助行为对下游犯罪实行行为的完成程度这一类特征，并论述了该特征与帮助行为的独立危害性直接相关，以该特征为依据对判决区别定罪符合现有相关刑法理论的要求，所以可以作为刑法

〔1〕 关于秒拨的技术原理、犯罪路径、性质分析等，详见《中国检察官》2018 年第 3 期，以“提供‘秒拨’动态 IP 服务的行为定性”为主题的系列论文。

理论上的类特征。

四、类特征线索的理论提炼：应当关注网络帮助行为本身的危害和独立性

在实证研究发现的分类启发下，本节进一步分析，认为网络帮助行为定罪应当关注提供的帮助行为本身，也就是网络帮助行为本身的危害和独立性。这一关注不是偶然的，而是具有理论基础的。理由如下：

第一，面对多种多样，性质差别很大的网络帮助行为，难以脱离帮助行为本身来讨论其下游犯罪和明知的程度。不同的网络帮助行为会具有不同的危害性和独立性，不可一概而论。而正是因为其特别的危害性和独立性，才使得网络帮助行为在入罪时可以突破传统共犯理论，所以不同网络帮助行为在危害性和独立性上的不同会影响到其对传统理论能否突破及程度，进而影响其不同的入罪标准，不应当被忽略。

第二，当前，网络帮助行为概念的范围要大于传统帮助行为的概念，包括了可能本应按正犯对待而不是由帮助行为转化为正犯的行为，所以需要对网络帮助行为本身的危害性进行分析，不能一概肯定或否定正犯化。由于网络技术的快速更新使网络空间迅速拓展、网络秩序难以稳定，很多方面的网络利益分配机制尚未确定、具体权利义务尚不明确，所以网络帮助行为直接侵犯的利益时常缺少立法上的明确确认，可能只是违犯了原则性的规定。比如以自动切换 IP 地址、自动识别验证码、自动发现网络安全漏洞等为代表的具有突破或躲避网络安防措施功能的技术，其直接侵犯的诸如 IP 资源、安防程序代码或算法规则等并不是法律明确规定的公共权益或私人权利〔1〕，而且这些种类的网络资源因其本身的特性也难以被认定为属于某私人或公共或中间组织主体。

但是这类技术可以突破或绕开全部或部分的网络安防措施，并且容易传播，便于用户使用和接续开发更多的功能。〔2〕这类技术的危害性借由网络的迅速放大而变得迫切需要刑法的限制，因而出现了被诟病和

〔1〕 程序代码或设计可能会受到知识产权的保护，但是这种保护是针对复制、抄袭等行为的，而不是针对攻击、突破行为的。

〔2〕 门美子：《提供动态 IP 服务的行为定性》，载《中国检察官》2018 年第 3 期；邓矜婷：《“秒拨”动态 IP 切换技术的性质评析》，载《中国检察官》2018 年第 3 期。

引发担忧的“刑法先行”现象[1]，也导致了“打早打小”的网络犯罪刑事打击政策。[2] 在这种情况下，这类网络行为通过其直接侵犯的利益被认定为刑法保护的法益，进而通过非帮助罪的刑法分则罪名独立地讨论其刑事可罚性就十分困难。所以通过其间接可能侵犯的刑法已经明确保护的法益以帮助罪来评价这类网络行为就成为目前相对折中、安全的方法。如此，网络帮助行为的范围实际上就扩大了。

第三，网络帮助行为决定了其下游犯罪、明知、因果关系需要查实的程度。样本研究已经表明，不同类的网络帮助行为在入罪的主客观方面的具体把握标准不一样，而相同类的则基本一致。本节认为这一现象不是偶然的，而是具有必然性的。网络帮助行为可能实现的不同功能对于下游犯罪实施的促进作用不同，使客观上推定这些主客观要件成立的难度不同。木马、病毒、免刷软件、钓鱼网站等程序具有使计算机或有刑法保护意义的程序的主要功能无法实现的破坏作用，进而完成几乎全部的下游犯罪的实行行为。所以这些类程序的提供者必然知道这些程序会用来干什么，从而容易推定明知的存在。同理，获得者在耗费精力获得这些程序后必然会将其用来实施犯罪，而且往往在安装这些程序后它们会自动开始运行，所以很容易证明下游犯罪的存在；根据程序提供的数量和时长能够推出下游犯罪至少达到的严重程度。如果还是付费提供，就更加充分了。相比之下，提供服务器托管、网络接入、域名解析、呼叫转移、微信等支付账户、广告推广等则不像前些类程序那样仅能用来使刑法保护对象丧失主要功能，所以不能仅凭提供了这些类程序的行为来推定提供者的明知和下游犯罪的实施及严重程度。

第四，网络帮助行为的刑事立法、司法活动及演变也体现了对网络帮助行为的区分类别的关注。立法上，网络帮助行为不是作为一个整体来入罪的，而是迫于不同类涉网犯罪形势被逐步、分类纳入刑法处罚范围中。在司法上，一方面，为了顺应立法的变化，让立法目的更好地实现，立法意思更准确地被理解，司法机关出台了一系列针对立法变化的

---

〔1〕 比如在个人信息保护领域。详见石亚淙：《网络时代的刑法面孔——“网络犯罪的刑事立法与刑事司法前沿问题”学术研讨会综述》，载《人民检察》2016 年第 15 期。

〔2〕 喻海松：《网络犯罪二十讲》，法律出版社 2018 年版，第 9 页。

具体解释和规范性文件。[1] 另一方面,对于特定领域的几类关键网络帮助行为,司法机关出台了针对性的文件,通过引入片面共犯、将共犯正犯化等方法将其入罪。[2] 可见,刑事立法、司法活动对网络帮助行为都没有采取"一揽子"的处理方式,而是根据网络犯罪的发展形势,应急式的"因技而变"的采取独立入罪、降低入罪门槛等不同方法对不同类的网络帮助行为区别对待。[3]

第五,对网络帮助行为按照该行为的危害、独立性进行分类,可以更好地将其区分,与其有责性相匹配,防止刑罚圈过分扩大。目前几种观点希望通过下游犯罪、明知或者是否中立等来划分网络帮助行为,但是判决书研究及前述分析显示,这几种方法不足以良好地区分。而在加强对网络帮助行为本身的关注后,判决中的混乱情况得到了显著的改善。由于网络技术的快速更迭,立法、司法都出现了应接不暇的状态;而法律的稳定性、刑法的谦抑性也具有重要的法治价值,所以二者出现了冲突,引发了广泛的担忧,既担忧治理不及时,又害怕治理不当、处罚过度。法律要与技术保持距离,但又不能脱离技术,所以需要一个中间概念帮助缓解这种冲突。中立性因其与技术距离过远,且相对丰富多样的技术过于单薄而不足以成为这个中间概念。但是技术的危害独立性既能充分反映技术本身的特性,能够随着技术的发展变化而变化,又不会因技术的某些微小变化而变化,具有一定的稳定性,同时又与刑法的关注点之一即社会危害性直接相连,也与刑罚的有责性相匹配。所以以此来划分网络帮助行为,可以帮助从快速更迭的技术到需要缓慢变化的法律之间

---

〔1〕 参见《最高人民法院关于审理破坏公用电信设施刑事案件具体应用法律若干问题的解释》,2004年12月30日颁布;《最高人民法院、最高人民检察院关于办理危害计算机信息系统安全刑事案件应用法律若干问题的解释》,2011年8月1日颁布;《最高人民法院、最高人民检察院关于办理侵犯公民个人信息刑事案件适用法律若干问题的解释》,2017年6月1日实施;《最高人民法院、最高人民检察院关于办理扰乱无线电通讯管理秩序等刑事案件适用法律若干问题的解释》,2017年7月1日实施;《最高人民法院、最高人民检察院、公安部、国家安全部关于依法办理非法生产销售使用"伪基站"设备案件的意见》,2014年4月3日颁布。

〔2〕 参见《最高人民法院、最高人民检察院关于办理利用互联网、移动通讯终端、声讯台制作、复制、出版、贩卖、传播淫秽电子信息刑事案件具体应用法律若干问题的解释(二)》,2010年2月2日颁布;《最高人民法院、最高人民检察院、公安部关于办理网络赌博犯罪案件适用法律若干问题的意见》,2010年9月15日颁布;《最高人民法院、最高人民检察院、公安部关于办理电信网络诈骗等刑事案件适用法律若干问题的意见》,2016年12月19日颁布。

〔3〕 喻海松:《网络犯罪二十讲》,法律出版社2018年版,第8~12页。

的过渡,使法律更好地适应、调整技术的发展。

五、类特征的提炼及以之为准的分类：网络帮助行为的新分类

前文讨论了对网络帮助行为的分类应当与其本身的危害和独立性直接关联。受案例中发现的启发,本节进而提炼出满足这些要求的判决书中找到的类特征,即帮助行为对下游犯罪实行行为的完成程度。这一特征与帮助行为的独立危害性直接相关。据此可以得到如下网络帮助行为的新分类:

1. 应当以其全部功能而不是部分功能来划分网络帮助行为

无论是以程序、工具还是以行为形式提供的网络帮助都可以具有多项功能。这些在提供时就具有的功能一并作为网络帮助行为的全部功能来评价该行为的刑法意义。在全部功能之外的经过升级或加工后具有的功能不应算在帮助行为危害性的评价中。因为之外的功能不是由帮助人提供的,算在其中会影响帮助人的定罪量刑,有失公正。但是通过对所提供程序软件稍加修改就能实现的功能是算在全部功能里的,因为程序软件的功能往往都需要修改环境参数、设定路径等调试后才能在新的计算机中实现。比如,有些木马程序需要经过一些路径、环境参数等的设定、修改才能用以攻击具体的计算机,不会因此认为这些木马程序不具有攻击功能;但如果这些木马程序本来不会获取数据,但通过修改后变成能够获取数据,此时则不能认为木马程序具有获取数据的功能。

在全部功能之内,也不应以下游使用了的功能为限进行评价,或者以可能用于实施犯罪的功能为限。一是如果以下游使用为限,则相当于要求查实下游犯罪。这使得对帮助行为危害性的评价又陷入之前的状态中,而不是真正着眼于帮助行为本身。二是如果以下游犯罪为限,会导致对同样的帮助行为做出不同的危害性评价,既有失公正,又使得评价陷入不稳定状态,难以依之进行分类,破坏了危害独立性作为技术与法律之间的过渡概念的价值。三是与下游使用的联系可以在危害独立性与主客观要件标准的联系中体现。四是危害独立性包括但并不等于用于实施犯罪的可能性,还有所实施犯罪性质的恶劣程度等,所以以可能用于实施犯罪功能为限过于片面。不能用于实施犯罪的功能也可能间接促成或宣传犯罪,不一定是无害的。而如果对“可能”作扩大解释,那么这个限制就变得没有意义,徒增混乱和误解。

2. 在确定了以全部功能为对象后，具体分类如下

(1)网络帮助行为中全部或部分有用于完成绝大部分的下游犯罪实行行为的功能(以下简称第一类功能)

由于网络帮助行为本质上仍是帮助行为，其危害性主要是源于其帮助的犯罪行为的危害性，而被帮助的犯罪行为的危害性集中在该犯罪的实行行为上，所以以帮助行为对下游犯罪实行行为的完成程度为标准划分网络帮助行为，可以与网络帮助行为的危害性直接关联。虽然网络帮助行为因其一对多、迅速传播等特点与传统帮助行为相区别，但是由于网络帮助行为都具有这些特点，所以无法以这些特点为依据进行区分。并且，网络帮助行为的危害、独立性的估算都是以其单次帮助的危害性乘以帮助的量来进行，而单次帮助的危害性主要在于对下游犯罪实行行为的完成程度，所以对下游犯罪实行行为的完成程度会显著地影响网络帮助行为的危害性，使不同危害性的网络帮助行为相互区分开来。

本类指能够完成绝大部分的下游犯罪实行行为的一类网络帮助行为。这里，“下游犯罪”是刑法分则规定的独立罪名，可以随着刑法的变化而变化。能够完成绝大部分的下游犯罪实行行为是指在获得这类帮助后，下游犯罪的实施只差很简单、很少的部分，就像只差随意地按一下键、安装一下软件等，就能实现犯罪目的。以量来估计，可以认为完成了80%以上的下游犯罪实行行为。获得了这些类的帮助后，下游犯罪实行人只需要安装或让这些程序、网站运行就可以完成犯罪的实施。这类帮助实际上包括了前文所述的网络帮助行为扩大化吸收的暂时无法单独入罪的行为。由于同样的工具程序可以被不同的被帮助者用以完成不同程度的实行行为，所以这里应以当前社会网络情况下的客观的一般人、机器、网络标准来判断该工具程序能否完成某类或某几类下游犯罪的绝大部分实行行为。本类网络帮助行为不仅在网络空间存在较强的威力，还通过其对下游犯罪实行行为的绝大部分完成而对物理空间构成了直接的危害，这一危害因为网络巨大的量而加倍增加，所以其入罪对主观方面和下游犯罪查实的要求应当相对最低。由于此类行为使下游犯罪的实施完成非常简单，所以只要通过此类行为就可以知晓下游犯罪会造成的危害，进而得到此类行为的危害，所以不需要查实下游犯罪即可独立评价此类行为的危害性。另外，由于此类行为可以完成绝大部分的某类或某几类犯罪实行行为，所以帮助者只要知道此类行为会具有怎

样的功能，就肯定知晓该行为会完成绝大部分的下游犯罪实行行为，所以不需要双方意思联络。综上，本类行为入罪仅需独立评价本类行为，即主观上，帮助人知道所提供的帮助具有能够完成绝大部分的下游犯罪实行行为的功能；客观上，使该帮助为他人所能获得；程度上，考虑帮助的下游犯罪的严重程度、帮助的人数或次数、帮助获得的利益等因素即可。

(2)帮助行为中全部或部分有用于完成部分下游犯罪实行行为的功能，但不具有第一类的功能(以下简称第二类功能)

本类是在第一类分出去后对余下网络帮助行为进行再分类。这里的“下游犯罪”作与第一类中相同的理解。能够完成部分实行行为是指帮助行为只完成下游犯罪的部分实施，还余下主要的部分需要实行人另行完成。以量来估计，可以认为完成了30% ~80%的下游犯罪实行行为，但是实行人还需要完成很多其他行为才能完成犯罪的实施。典型的是以自动切换IP地址、自动识别验证码为代表的突破部分或全部网络安防措施的帮助行为。[1] 它们是在直接侵入以获取计算机数据变得十分困难、刑事处罚风险加大的情况下出现的不经侵入间接获得数据的方法，是网络犯罪产业链化的一个体现。此类行为因为不能直接完成侵入等犯罪活动而应被视为小于第一类的危害性，所以对主观方面和下游犯罪查实的要求应高于第一类。

这类帮助在实践中和理论上都存在很多争议。以自动切换IP地址为例。相关的文章也对此持有各种不同的观点。[2] 在把握本节的这一分类时，应当尤为注意。首先，是以帮助的全部、整体功能为对象，在确定不具有第一类功能后再来考虑本类。比如有的案件，不只提供切换IP的帮助，还打包了其他软件，或进行了撞库，所以同时完成了侵入或获取数据的行为，最后提供的是公民个人信息等。[3] 像这样的帮助就应当放入第一类。其次，由于本类行为只能帮助完成部分的下游犯罪实行行为，所以在本类行为提供后，被帮助人不一定就实施了犯罪行为，不一定能达到犯罪目的，也可能利用该帮助完成了其他无害的行为，所以

〔1〕 门美子：《提供动态IP服务的行为定性》，载《中国检察官》2018年第3期。

〔2〕 参见《中国检察官》2018年第3期，以“提供‘秒拨’动态IP服务的行为定性”为主题的系列论文。

〔3〕 门美子：《提供动态IP服务的行为定性》，载《中国检察官》2018年第3期。

不能认定帮助者在提供帮助时就明知被帮助者是要实施犯罪行为，也不能只根据提供的帮助行为就认定帮助了多少犯罪行为的实施，造成了多少社会危害。因而对本类行为危害性的评价不能只看本类行为，而需要考虑其与下游犯罪的联系和下游犯罪的实施情况。具体而言，主观上，帮助者应明知被帮助者要利用提供的帮助实施犯罪行为；客观上，应查实被帮助者是否利用提供的帮助来实施犯罪行为；程度上，应考虑被帮助者用以实施的犯罪的严重程度、帮助被帮助者实施犯罪的次数或人数、从这些帮助中的获利等因素。

(3)帮助行为中全部或部分有帮助下游犯罪前后期的功能，但不具有第一、二类的功能(以下简称第三类功能)

本类行为与前两类行为的唯一不同是阶段不同。前两类帮助的都是下游犯罪的实行行为的完成，而本类是出现在下游犯罪实行的前期和后期，对其实行行为的帮助是很小或没有的。由于犯罪实施前后期与实行行为的开始结束的界限往往不明确，所以以量来估计，可以认为包括了完成少于30%的下游犯罪实行行为。犯罪的前期一般认为是犯罪宣传、推广、网络接入等阶段，而后期一般认为是支付结算、转移赃款等阶段。不过，犯罪前后期是相对实行行为而言，不要认为这些具体的阶段就永远是前后期，也不要认为这些阶段涉及的技术就永远不会构成第一、二类。比如像虚假广告罪、洗钱罪等就将这些阶段的行为独立入罪，使这些阶段在这些罪名中成为实行阶段，而非前后期。由于本类行为是对下游犯罪的前后期进行的帮助，对下游犯罪的实行帮助甚少，相比第二类，本类行为距离下游犯罪的完成更远，更有可能用于开展正当的行为，所以帮助者在提供帮助时更不一定知晓被帮助者会用以实施犯罪，帮助行为的危害性更依赖于被帮助犯罪的查实，因而本类行为的危害性也不能独立评价。具体而言，主观上，帮助者应明知被帮助者要利用提供的帮助实施犯罪行为。对于提供协助同时必然会明知的，容易证明；但对于提供协助时不明知的，则需要更多证据。客观上，应查实被帮助者是否利用提供的帮助来实施犯罪行为。程度上，应考虑被帮助者用以实施的犯罪的严重程度、帮助被帮助者实施犯罪的次数或人数、从这些帮助中的获利等因素。由于相比第二类行为，本类行为帮助的程度更轻，同样的下游犯罪中单次帮助的危害也更小，所以应当达到更大的帮助量才能入罪。

六、类特征的进一步抽象以启发罪名规则的解释：网络帮助行为的新分类与网络帮助罪名的对应关系

本节在具体案件特点的启发下经过理论提炼得到网络帮助行为对下游犯罪实行行为的完成程度这一类特征，并据此对网络帮助行为进行划分得到新分类。这一分类必须被涵摄进刑法规定的相应犯罪类型才能具有法律规范意义。在这一过程中，这一分类也启发了有关罪名规则的解释。具体即指，提供工具罪和帮助罪。下文就讨论这两项罪名与本节分类的对应关系。

1. 第一类对应于提供专门工具罪

此罪的“专门用于”应当解释为“完成绝大部分的下游犯罪(此罪中即指侵入、非法控制计算机信息系统罪)实行行为”，从而与第一类行为的界定相对应；此罪的主观要件不要求对帮助用以实施下游犯罪的明知，从而与第一类行为入罪的主观要求也一致。此罪客观方面的关键是“专门用于”。〔1〕 司法解释更是为确定是否“专门用于”给出了具体的界定和确定的程序。〔2〕 从字面上看，“专门用于”容易有两种解读：一是被提供的程序工具(以下简称工具)被专门用于侵入等；二是该工具具有专门的侵入等功能。

在第一种解读下，该工具可以具有多个功能，只是被下游犯罪人专门用于犯罪，如此则会减弱该工具的危害性，且使“专门用于”与帮助者行为无关，那么将“专门用于”的危害算在帮助者的责任上就不合理。在第二种解读下，该工具仅具有侵入等功能，不存在其他正当的功能。这种解读不符合实际情况。侵入等功能是在正常网络功能的基础上额外增加的，需要针对下游犯罪特别设计，在正常的网络功能基础上故意增加更为强大的能够实施犯罪的功能才能得到，所以具有侵入等功能的工具必然具有其他正常的网络功能，比如获取 IP 地址，封装和发送数据包，接收数据包，进行缓存、存储和运算等功能。所以将“专门用于”解释为具有侵入等功能的专门性是不妥的，会导致很多具有侵入等功能的危害性很大的工具无法入罪。如果解释为具有侵入等额外功能即可，则

---

〔1〕 喻海松：《网络犯罪二十讲》，法律出版社 2018 年版，第 41 页。

〔2〕《最高人民法院、最高人民检察院关于办理危害计算机信息系统安全刑事案件应用法律若干问题的解释》第 2 条、第 10 条，2011 年 9 月 1 日生效。

使“专门”没有意义,并与在明知情形下提供用以实施侵入等犯罪的工具行为难以区分。这样解读,还将像秒拨等具有能够帮助侵入等功能部分实现的程序包括进来,使它们按照具有病毒、木马程序那样危害性的程序进行评价。如此则与秒拨等程序的危害性不相当。由于难以从功能的专门性上来界定,所以司法解释也没有采用这一解读。〔1〕

其实“专门用于”还有一种更为常见的解读:不是指仅具有某项功能,而是指某项功能最为突出、明显,成为该工具的特点。换句话说,该工具使得某项犯罪的实行变得极为容易,几乎完成了全部的实行行为,那么该工具就以能帮助该犯罪的实行为最主要的特点,进而被认为是“专门用于”实施该犯罪的。目前司法解释给出的界定标准是“避开或者突破计算机信息系统安全保护措施”,〔2〕这实际上就是将“专门用于”解释为使侵入等犯罪的实行变得非常容易、简单,只要安装运行该程序即可。而且,由于避开或突破安保措施只是一种方法,此外还有通过网络抓包获得密码、通过扫漏软件发现没有安装某杀毒软件的系统进行攻击等方法,加之破坏网络安全的方法层出不穷,千变万化,所以司法解释特意设置了兜底条款。〔3〕

这种解释符合专门用于侵入等功能的工具具有的特别危害性,因为这种危害性并不在于其是否是专门用于侵入等的工具,而在于其能够完成绝大部分的侵入等犯罪的实行。也因此立法对该类工具的提供不要求明知。这也符合立法、司法机关一贯以来对网络帮助行为的处理。像帮助设立赌博和淫秽网站等行为,也是因其对下游犯罪的绝大部分完成而被司法解释特殊规定,降低入罪门槛。综上,此罪与第一类应当对应起来。基于同第一类行为危害性可以独立评价的相同的理由,此罪也同样地不要求明知帮助用以实施犯罪,也不要求查实下游犯罪,并且如此也不会扩大刑罚圈。同时,本节在具体案例中发现的类特征也启发了有关罪名规则中“专门”的解释,发现了已有解释中被忽略的更合理的解释。

值得注意的是,在目前的立法下,第一类与此罪的对应关系实为包

〔1〕 喻海松:《网络犯罪二十讲》,法律出版社 2018 年版,第 42 页。

〔2〕《关于办理危害计算机信息系统安全刑事案件应用法律若干问题的解释》第 2 条第 1 项、第 2 项。

〔3〕《关于办理危害计算机信息系统安全刑事案件应用法律若干问题的解释》第 2 条第 3 项。

含关系，即第一类包含了此罪。因为此罪是针对为实施侵入等犯罪提供帮助的行为，而网络空间化后，网络帮助行为可能帮助的实行行为多种多样，有些难以解释成是侵入、非法控制计算机信息系统，比如通过直接抓取传输中的数据包或信号获得公民个人敏感信息的软件，就不需要侵入计算机信息系统。所以，针对第一类行为，立法还有进一步修改、严密法网的需要。根据以往的经验，可以有两种路径处理。一是如果此类行为针对的是比计算机信息系统更为重要或具有不同特点的法益，立法、司法可以通过设立专门性的规定来评价此类行为。二是如果此类行为针对的是与计算机信息系统同类的对象、同等重要的法益，则可以通过扩大此罪的范围包括进来。此罪的范围本就在不断地扩大。当前网络的组成不仅包括作为信息产生方、信息目的方、信息发送方、信息接收方等各种角色的各类计算机信息系统，还有处于传输过程中的数据包、数字信号和负责传输的信道。对这些信号或数据包或信道的侵入或篡改或抓取也会导致与对计算机系统进行侵入等的类似的危害结果。所以应当将网络传输过程中的数据包、信号、信道也包括进来。另外，对这些对象的危害形式除了直接侵入，也应包括间接侵入，以及向网络发送数据包、影响信道传输等行为。此罪的关键是该工具能完成绝大部分的下游犯罪实行行为，所以无论是侵害的对象还是侵害的形式都应为不完全列举，以适应在网络空间化后可能出现的此类工具的多样性。

2. 第二类对应于明知提供工具罪

此罪的客观方面是提供工具以帮助实施侵入等犯罪行为，所以该工具应指具有能够帮助实施侵入等行为的程序，而不是一般的仅具有正常上网功能的程序。提供此类工具带来的帮助是对侵入等犯罪的实行有实质的帮助，而不是对这些犯罪的前后期的帮助。因为此罪与提供专门工具罪列在同一法条中，而没有“专门用于”的限定，所以两罪只有程度的不同，即此罪应同样地对应于侵入等犯罪的实行的完成，只是程度不同。因此，此罪应解释为对下游犯罪（侵入、非法控制计算机信息系统罪）实行行为的部分完成，从而与第二类的界定相对应。此罪的主观方面要求明知，客观方面不要求“专门用于”，说明此类行为的危害性低于提供专门工具的行为，这与第二类的危害性低于第一类也相对应。

由于只是部分完成下游犯罪的实行，所以距离下游犯罪的完成不像前罪那么近，无法从提供的帮助本身来确定所提供的帮助的危害。基于在讨论第二类入罪标准时同样的理由,此罪也不能脱离下游犯罪独立评价帮助行为。具体而言,主观上,帮助者应明知被帮助者要利用提供的工具实施侵入等犯罪;客观上,应查实被帮助者是否利用提供的工具来实施侵入等犯罪。同样的,此罪也是针对实施侵入等犯罪的,所以这里的对应关系实际也是包含关系,即第二类行为包含了此罪。前述建议同样适用于此罪。

3. 第三类对应于帮助罪

此罪引发了很大的争议。争论一方认为,此罪是将网络帮助行为正犯化,根据网络帮助行为具有的巨大的量,对其进行独立评价,积量构罪。[1] 争论另一方则认为,此罪仍然是建立在传统共犯理论的基础上对网络帮助行为进行评价,且其涵盖范围太广,把很多中立帮助行为包括进来,必须进行限缩解释。[2] 还有很多研究是处于两方之间的。[3] 本节认为,产生争议的关键点在于争论各方所针对的网络帮助行为是不同的。当争论一方认为应当将网络帮助行为正犯化时,考虑的是具有很高危害、独立性的网络帮助行为。而争论另一方认为应当在共犯理论中处理,进行限缩解释时,考虑的是正常普通的网络帮助行为。而由于此罪是针对利用网络进行犯罪的情形,所以将所有的网络行为都视为网络帮助行为,基于此,争论各方都能从该罪的字面解读中得到支持。要解决争议,还是要厘清此罪指的是怎样的网络帮助行为。

由于提供工具罪已经将帮助完成部分及全部实行行为的网络行为入罪了,所以从逻辑上讲,此罪是对应于帮助非实行行为的网络行为。此罪的主观方面要求明知自己提供的帮助是在帮助他人利用网络实施犯罪,明显地高于提供专门工具罪对主观方面的要求,也比明知提供工具罪要求的明知更为确切。此罪设定的量刑也低于提供工具罪。所以此罪应对应危害性低于前两类的帮助行为。此罪虽然涵盖范围广,但是所列举的像网络接入、服务器托管、支付结算等一般都认为是下游犯罪

---

〔1〕 皮勇:《论新型网络犯罪立法及其适用》,载《中国社会科学》2018 年第 10 期;刘仁文、杨学文:《帮助行为正犯化的网络语境——兼及对犯罪参与理论的省思》,载《法律科学》2017 年第 3 期。

〔2〕 张婷:《中德网络帮助犯规制体系之评价反思》,载《重庆邮电大学学报(社会科学版)》2017 年第 1 期。

〔3〕 阎二鹏:《法教义学视角下帮助行为正犯化的省思——以〈中华人民共和国刑法修正案(九)〉为视角》,载《社会科学辑刊》2016 年第 4 期。

的前后期阶段,而且此罪也写明是在他人利用网络实施犯罪的情形下为其犯罪提供这些帮助,所以是为其犯罪的实施提供前后期的协助,而不是完成其犯罪的实行行为。所以此罪针对的是非实行行为的前后期的帮助行为,从而对应第三类。这与第三类低于前两类的危害性设置也相当。

将此罪与第三类对应可以解决目前的争议。由于第三类具有更低的危害性,所以此罪应适用更高的入罪标准,即要求更确切的明知和下游犯罪的查实。这就解决了争论一方关于中立帮助行为入罪、刑罚圈过大的担心。由于将此罪限定在下游犯罪的前后期,所以能让具有更高危害、独立性的部分及全部完成下游犯罪实行行为的网络帮助行为通过提供工具罪定罪量刑。将此罪中对帮助形式的具体列举解释为对下游犯罪实行的前后期阶段的列举,既符合这些具体列举的共同的特点,又使以后对列举进行扩充时有依据和限定,不会无限扩充。而且,这也使所列举的具体帮助只在这些阶段是所实施犯罪的前后期时才适用此罪。正如第三类的讨论所述,网络接入、支付结算等并不会永远只是犯罪的前后期。它们也可能被刑法独立入罪。如果出现了专门帮助洗钱的网络技术,那么这种技术就应当按第一类的标准进行评价。

4. 无论是此罪还是明知提供工具罪,都还存在一个关于下游犯罪查实程度的问题

网络帮助行为中有这样一类行为,它们为多个下游违法行为提供帮助,但是这些下游违法行为都没有达到犯罪的严重程度,不是违法意义上的犯罪[1],但是这些网络帮助行为由于能够为很多的下游违法行为提供帮助,而被认为具有特别的社会危害性。对于这样一类帮助行为,是否应当入罪、应当如何入罪,学界存在较大的争议。有的观点认为不应当入罪。[2] 这就像在物理世界中帮助十个小偷偷自行车,每个小偷只偷了一辆不足千元的自行车,由于每个小偷的行为都不构罪,所以帮助者的行为自然无法入罪。[3] 有的观点则认为,应当入罪。因为在网络帮助行为情形下帮助的不是十个小偷,而是上万、上百万甚至上千万

[1] 付立庆:《违法意义上犯罪概念的实践展开》,载《清华法学》2017 年第 5 期。

[2] 刘艳红:《网络犯罪帮助行为正犯化之批判》,载《法商研究》2016 年第 3 期。

[3] 最高人民法院刑一至五庭主办:《刑事审判参考》第 104 集,法律出版社 2016 年版,第 91 页。

的小偷,所以虽然单次帮助行为的危害性较小,但是多次帮助行为的整体危害性由量变到质变,积量构罪。[1] 根据这一方法,即使下游被帮助行为都不构成犯罪,但是只要网络帮助行为帮助了足够多的违法行为,帮助的次数足够多,累积起来,对社会的危害就足够大,帮助行为就能够入罪。不过,针对这种观点,也可以反驳到,由于信息网络使所有的网络行为都具有一对多、迅速传播、量大的特点,所以如果只要量达到一定程度就可以入罪,那么所有网络行为都很容易构罪。

本节认为,这一类帮助行为,首先不会是第一类。因为此类行为不可能会完成绝大部分的下游犯罪行为,否则的话,此类行为在提供时就可以推定下游犯罪已经实际完成了,毕竟只差很少的部分。提供一次就完成一次,不会存在所帮助的违法行为不构罪的情形,也不会无法评价其量大的危害性,此类行为也不会无法入罪了。虽然不会是第一类,但是此类行为可以是第二、三类,所以不应仅以帮助罪加以评价。当帮助行为仅部分完成下游犯罪实行行为时,提供帮助后下游犯罪就有不可忽略的可能会没有实施,或者只实施部分从而不构成犯罪,如此就可能出现帮助了多个违法行为的帮助行为。这种帮助行为因其是部分完成实行行为而不是帮助前后期而应以第二类对应的罪名中相应的罪来评价。如果帮助的违法行为是侵入、非法控制计算机信息系统类的行为,那么应以明知提供工具罪来评价。

由于此类帮助行为的帮助量可以非常大,所以虽然单次帮助不会对刑法保护法益构成危害,但是乘以其帮助量,可能会对网络管理秩序构成危害,因而可能会需要刑法规范。[2] 事实上,学界对可能对网络管理秩序构成危害的此类帮助行为应当适应入罪不存在争议,普遍都认同对网络帮助行为的刑法评价应反映其一对多、迅速传播等特点。[3] 这就像在前面那个小偷的例子中,如果帮助者帮助的不是十个小偷偷自行车,而是帮助了上万、上百万甚至上千万人偷自行车,那么此时虽然对私有财产权的侵害不够严重,不需要刑法规范,但是对社会的公共安全、市

---

〔1〕 皮勇:《论新型网络犯罪立法及其适用》,载《中国社会科学》2018 年第 10 期。

〔2〕 皮勇:《论新型网络犯罪立法及其适用》,载《中国社会科学》2018 年第 10 期。

〔3〕 即使是批判正犯化处理网络帮助行为的文章,也是肯定网络帮助行为的社会危害性高于一般的帮助行为。刘艳红:《网络犯罪帮助行为正犯化之批判》,载《法商研究》2016 年第 3 期;张明楷:《论帮助信息网络犯罪活动罪》,载《政治与法律》2016 年第 2 期。

场秩序等构成了危害,侵害了刑法对这些法益的保护,因而应当受到刑法的规范。只不过,在物理世界中这种情形不可能出现,但在网络时代这种情形却很常见。只是,能够“积量构罪”不表示此类帮助行为就一定能够脱离下游犯罪独立评价。虽然此类帮助行为因其量的特点可以突破对单个量的质的要求,但是积量构罪的前提仍是要有足够多的单个非法“量”累积起来。没有被帮助的违法行为,就不会有帮助行为的社会危害性。

不过,既然肯定此类帮助行为因其巨大的帮助量,对网络管理秩序造成的危害大到应当处以刑罚,那么主要应当关注的是非法的量有多少,而与某次或某个帮助行为所帮助的违法行为的具体情况则无甚关联。所以只要确定某次或某个帮助行为帮助的是违法行为即可,进而将其计入不法的帮助量,最终确定帮助行为的整体危害性。而某次或某个被帮助行为的违法的具体情况相对于帮助行为的巨大量而言可以忽略。如此则既能使此类帮助行为在达到巨大不法量时能够入罪,又不会完全脱离被帮助行为,使没有帮助违法行为的帮助行为也入罪,导致刑罚圈过大。这也意味着,在设定积量构罪应达到的量的标准时,需要达到能够危害网络管理秩序的很高的量,而不只是单次违法行为累加起来达到下游犯罪构罪的量即可。就像前述的帮助小偷例子中,如果一个小偷偷了价值 X 的财物会构成盗窃罪,那么帮助了 N 个小偷偷了价值 Y 的财物的帮助者要以积量构罪来入罪的话,满足 N 乘以 Y 等于价值 X 或者等于 10 倍的价值 X 肯定都是不够的,必须达到对公共安全或市场秩序造成足够的危害的程度。所以也需要根据不同危害性质的违法行为及可能因巨大的违法量造成的公共利益确定相应的入罪所需的 N。

如果能够确定被帮助行为是违法有责的行为,则入罪所需的帮助次数会远低于积量构罪所需的量,因为在这两种情形下帮助行为侵犯的法益不同,比如私有财产权与网络管理秩序,所以严重与否的判断标准也不同。因此,帮助罪和明知提供工具罪中,情节严重的设定应当为积量构罪的情形设置单独的量的要求。

综上可得,在适用提供专门工具罪时,可以独立评价帮助行为,即成立帮助犯正犯化。在适用明知提供工具罪和帮助罪时,主观上要求对用于帮助下游犯罪的明知,但不要求共同故意,要求查实一定程度的下游犯罪,所以是对传统共犯理论的有限突破,但不是正犯化。这与片面共犯有相似之处。这会引出一个问题，即由于刑法学界有肯定片面共犯的主张，那么第二、三类行为可否通过刑法其他独立分则罪名的片面共犯入罪，而使这两款罪名变成量刑规则。[1] 本节认为片面共犯无法统一解决这两类行为的入罪评价。首先，因为第二、三类可以允许积量构罪，而片面共犯仅是对共犯理论在主观方面突破，而对下游犯罪仍然要求查实具体的情形。即使用三阶层论，也至少要查实犯罪意义上的违法，难以包括帮助大量低危害性行为的网络帮助行为。其次，片面共犯不能将这两类行为进行区分，而这两类行为具有显著不同的危害性，应当有所区分。第二类比第三类完成了更大部分的下游犯罪的实行，对下游犯罪造成的危害贡献更大，更有危害性，同时距离其完成更近，更容易查实下游犯罪。这些不同可以通过对这两个罪名的情节严重设定不同的量的要求来体现。但如果都用下游犯罪的片面共犯来评价，则难以区分。所以比较好的方法还是目前立法司法采取的两种路径。一是对需要特别保护的下游犯罪的网络帮助行为设定单独的条款特殊处理；二是对尚未用单独条款特殊处理的下游犯罪的网络帮助行为，则通过提供工具罪和帮助罪来处理。

综上，本节完成了这样一个由下而上层层抽象以启发罪名规则解释的过程，即：从具体案例中找到类特征的线索、论述线索的理论稳定性、提炼出类特征、根据类特征划分某些类似的犯罪行为、将新分类与罪名规则对应以启发罪名及不同罪名关系的解释。

七、罪名规则的新解释对之前发现问题的解决

本节先是以学界已有的罪名含义解释为指引，对该罪名项下判决书作分析，发现在这些已有解释的标准下，这些判决书存在很多难以解释的混乱。为了更好地理解司法实践中的做法，本节对判决书再作分析归纳，提炼出类特征，并启发了罪名规则的新解释。所以接下来，当然要验证一下在新解释的标准下，司法实践中是否仍然存在很多混乱，司法实践中的做法能否在新解释下得到理顺。所以下文通过对判决书再做统计，以验证新解释下案例实际认定的罪名与案例所属新分类之间的对应关系。

---

〔1〕 皮勇：《论新型网络犯罪立法及其适用》，载《中国社会科学》2018 年第 10 期。

1. 统计说明

验证案例中认定的罪名与该案例所属的分类的对应关系，有两个思路，一是看认定为某罪的案件中有多少是属于该罪对应的分类，有多少不属于。二是看属于某类的案件中，有多少是被认定为该类对应的罪名。由于本节提供的分类可以包括提供工具罪和帮助罪之外的罪名，所以第二种思路还需要增加其他罪名案件的情况才能知道整体上某类的对应情况。为了与第二点的案例发现对应，本节选择第一种思路，仅统计提供工具罪和帮助罪案件的情况，统计的案件也是截至 2018 年 9 月 17 日公布的两罪的判决书。

由于提供专门工具罪和明知提供工具罪规定在刑法分则的同条同款，不易区分，所以本节在确定案例的具体罪名时原则上看判决书的裁判部分是否写明“提供专门工具”或“明知……提供”，在语句不清楚的时候结合判决内容对明知和下游犯罪查实程度的要求来确定。在确定法院认定的罪名后，对于某一认定为提供专门工具罪的案件，如果被定罪的帮助行为属于第一类，则认为该案件的定罪符合分类；如果不属于第一类，则认为不符合。据此统计提供专门工具罪项下的所有案件中有多少符合，计算该罪对分类的符合率。同理统计明知提供工具罪和帮助罪的情况。统计的情况见表 2 – 14。

表 2 – 14 分类与罪名的对应情况

法院认定的罪名	总案件数/个	符合数/个	符合率/%
提供专门工具罪	74	71	95.9
明知提供工具罪	9	6	66.7
以上两种提供工具罪整体情况	83	77	92.8
帮助罪	21	16	76.2
提供工具罪、帮助罪整体情况	104	93	89.4

2. 统计数据的意义

(1) 总体上看，提供工具罪和帮助罪与本节提出的分类的对应关系很强。所有案件被认定的罪名与其被定罪的帮助行为所属的分类的相符率达到了 89.4%。也就是说，大部分案件中，被认定为提供专门工具罪的帮助行为都属于第一类，被认定为明知提供工具罪的帮助行为都属于第二类,而被认定为帮助罪的帮助行为都属于第三类。具体来看,提供专门工具罪与第一类的对应关系非常高。该罪中有 95.9% 的案件的帮助行为属于第一类。帮助罪次之,也有 76.2% 的案件的帮助行为属于第三类。虽然明知提供工具罪的案件相符率较低,为 66.7% ,但是明知提供工具罪的不符合数只有 3 个。而且提供工具罪整体上的相符率也达到 92.8% 。

(2)统计数据说明司法实践需要本节分类的指导。提供工具罪中不符的 6 个案件中有 3 个提供的是通过自动切换 IP 地址避开部分安保措施的帮助,简称秒拨类案件。提供专门工具罪中的 3 个不相符案件全是秒拨类案件。83 个案件中共有 7 个是秒拨类案件,其中 4 个被认定为明知提供工具罪,3 个被认定为提供专门工具罪。由此可见关于秒拨类案件的定罪在实践中的分歧很大。这一分歧印证了本节第五(1)点中的讨论,即将“专门”解读为仅具有侵入、非法控制功能,不具有其他正当功能,这种解读容易将提供秒拨这类只是部分帮助实现侵入、非法控制功能的行为按照提供木马等帮助实现绝大部分侵入功能的行为等同对待。实践中,一部分法官看到,秒拨类帮助具有绕开监管的功能,使得安保措施部分失效,而这些功能都不是正当的用途,所以会认为秒拨类帮助具有专门性,从而认定案件为提供专门工具罪。另一部分法官则看到,秒拨类帮助不像木马程序,不会入侵或控制某个计算机系统,所以会认为秒拨类帮助不是侵入、非法控制的工具。所以会出现分歧。

如果将“专门”按照本节第五(1)点进行解读,则可以较好地解决这一问题,将秒拨类帮助归为第二类。从对帮助的犯罪实行的完成程度看,秒拨类帮助只是部分实现了侵入、非法控制功能。一般而言,侵入、非法控制计算机系统需要避开安保措施,然后进入计算机系统,获取数据或控制该系统。秒拨类帮助只是实现了避开部分安保措施。所以在该部分安保措施、防火墙限制等未被作为某一刑法分则罪名的保护对象以前,秒拨类帮助没有完成任何刑法分则罪名实行行为的绝大部分,不能归入第一类。

(3)案例中体现了司法实践积量构罪的尝试。虽然 3 个案件中法官将秒拨类帮助定为提供专门工具罪,在定罪时既没有意思联络也没有查实下游犯罪,甚至没有确定被帮助人犯了罪,但是在这几个案件中,法官都考虑了,秒拨类帮助提供的人次非常多,涉及的案件金额也很大,而秒拨类帮助不具有其他正当的功能，所以据此认定帮助犯为大量躲避监管的不法行为提供了帮助，认定其构罪。这体现了实践中积量构罪的尝试，即当帮助的不法量较大时，秒拨类帮助可能构成对网络管理秩序的破坏。不过这种尝试还缺乏理论的指导，有些盲目和粗糙，存在不少问题。比如有一个案件中提供的是绕开淘宝某些安保措施、实现自动抢拍的软件。[1] 该案中的提供者被认定为提供专门工具罪，判决中给出的原因是提供给了很多的用户用以抢拍，扰乱淘宝秩序。但是这种秩序是否属于刑法要保护的网络管理秩序？又如有一个案件中提供的是可以绕开防火墙限制、浏览境外网站的软件。[2] 该案中的提供者被认定为提供专门工具罪，原因是这种帮助让很多人可以绕开防火墙，妨碍国家的网络监管。同样的，这种防火墙限制是否属于刑法保护的网络管理秩序？这都有待进一步研究和明确。

（4）案例中显示帮助罪有被宽泛解释的情形，应当根据第三类的标准明确该罪所指帮助的界限和帮助量的要求。查看帮助罪不相符的 5 个案件发现，其中 4 个的帮助行为是建设用于诈骗的虚假彩票、虚假经营网站或游戏。这些帮助行为应属第二类，不应定为与第三类相对应的帮助罪。仔细阅读判决书发现，这 4 个会在实践中被认定为帮助罪，而不是明知提供工具罪，很可能是因为这 4 个案件中提供的都不是帮助实现侵入、非法控制计算机系统的帮助，所以无法认定为明知提供工具罪。而帮助罪可以被解释得很宽泛，把第一、二类也包括进来，毕竟帮助实行行为也是对犯罪的帮助。长此以往，把本来应当归为第一、二类的独立危害性大于第三类的行为通过帮助罪来入罪，会将帮助罪对帮助量的要求降低，进而使那些属于第三类的只是为犯罪实行的前后期提供帮助、具有的独立危害性小于第一、二类的行为，按照与那些通过帮助罪入罪的第一、二类行为相同的帮助量的标准来入罪，不符合罪责刑相适应的要求。比如有一个案件中，提供帮助人仅提供 1 人次的微信支付帮助，仅获利 3400 元，但就被认定构成了帮助罪。这一发现再次说明急需明确帮助罪对帮助量的要求。另外，也应考虑这四类案件代表的向实施除

---

〔1〕 杜某、朱某甲提供侵入、非法控制计算机信息系统程序、工具一审案，河南省郑州市金水区人民法院（2017）豫 0105 刑初 1616 号判决书。

〔2〕 邓某威提供侵入、非法控制计算机信息系统程序、工具一审案，广东省东莞市第一人民法院（2017）粤 1971 刑初 250 号判决书。

了侵入、非法控制计算机系统以外的其他犯罪的实行人提供工具、程序的行为应当如何进行入罪评价。回答这一问题,需要进一步研究以确定是修改帮助罪、提供工具程序罪还是下游犯罪对应的刑法分则罪名来评价此类行为。不过,无论是哪种修改都应当反映第二类的入罪标准,以体现与该类行为独立危害性相对应的入罪评价标准。

八、本节结语:罪名规则解释争议问题的数据化路径

本节展示了一种新的将法学问题数据化的路径,构成了计算法学方法的一种新的研究路径,也形成了一种新的刑法学研究方法。本节从现有罪名规则解释的理论争议点出发(如对明知和下游犯罪查实程度的不同要求),将其解构为具体的表现(如是否有意思联络、被帮助犯是否到案等),根据这种差异总结、归纳司法判决,以判断司法实践的现实状况符合怎样的理论设想,进而验证已有解释的合理性。在现有理论无法解释总结的司法实践状况时,立足于司法判决,以不同罪名项下的判决具有的不同类特征来启发关于这些罪名之间联系和区别的理论讨论,并提出新的罪名规则的解释。

从判决中发现区分不同罪名项下判决的类特征,需要先运用归纳、总结、比较、筛选的方法发现类特征的线索,对这些线索逐一作理论稳定性的分析,去掉偶然的线索。在具有稳定区分作用的线索启发下,提炼出类特征,并据此对被研究的犯罪行为作类型化分析。之后应当将这种事实性的分类涵摄进刑法规定的相应犯罪类型,以启发和规范有关罪名规则的解释。这一涵摄过程主要是,考察这种分类与立法规定的罪名之间的对应关系,以及这种对应关系能否得到该罪名规则的文本解释、意图解释和体系解释等解释方法的支持。

该数据化方法还可以用来帮助解释和辨析其他类似罪名的刑法法条。根据更为抽象、基础的刑法学理论,可以将罪名的法条的要件作初步的解构,比如分为主观、客观行为、主体等方面的要件。在类似罪名中,这一层的解构还是不足以将它们区分开来,需要更多的有针对性的要件,比如本节发现的帮助行为对下游犯罪完成的帮助程度。这些更有针对性的要件不像主观、客观等要件能够适用所有罪名,需要结合具体罪名的特点予以确定,难以用某个理论来统一确定。所以会有很多和本节类似的刑法法条解释的问题。它们都可以尝试通过本节的数据化方

法，运用计算机方法处理相关判决书，提取案件特征，比对和分析后得到类特征，再据此得到更有针对性的要件，解释和区分相似法条。在解决这些问题的过程中，可以逐步建立起刑事案件特征数据库。类特征之间还可以进一步比对和分析。有助于更为抽象的刑法学理论的探讨。

本节的研究方法不同于以往刑法学界的相关研究。之前多数刑法学者是运用刑法学的相关理论、学说，通过理论说理论述和演绎逻辑推理，来研讨解决问题。本节则是在理论论述推理的方法不足以厘清纷争、难以解决情况多变的网络帮助行为入罪的情况下，采用对司法判决进行归纳、总结的方法，通过理论抛光和论述，反推、建立具有规范意义的理论分类。如此提出的分类方案既能较好地解释发现的现实状况，又能从理论层面论述其正当性和稳定性，还与相关罪名的规定相对应，从而实现司法实践和理论的对话和互动。这就是计算法学方法在网络时代刑法学问题中的一个典型运用。

在信息时代，面对日益更新的科技进步和急剧提升的实践中的创造力，本节展示的计算法学方法可以帮助补充相对局限的理论上的想象力，从丰富的实践中获得启发，提炼出有价值、有规律的理论发现，进而指导和规范司法实践活动，同时也汲取实践的成果推动刑法学理论在网络时代的发展。

第三章　制度改革问题数据化初探

本书第二章开头运用法理学的成果,将法学问题一般性地分为研究法的基本概念、命题、法律规范和法秩序几大类基本问题。在第二章中具体讨论了法律规范类问题中的冲突价值平衡、法律原则具体实现和法律规则含义解释等几类子问题的数据化方法和路径,以具体的问题为例归纳和展示了由上而下、由下而上、二者相结合等几种数据化法学问题的路径。本章将讨论法秩序这一大类法学问题下数据化的方法。法秩序的构造是指通过法律规范及其构成的体系的适用和作用,使人们或组织等主体按照一定的规范制定计划、采取行动、解决纠纷和承担结果,从而构造出某种法律秩序。所以法秩序的构造问题主要是从法学体系外部来观察法律的运行和法对社会秩序的构造,需要结合组织行为学、社会学、经济学、政治学等学科的原理和方法来共同解决。法秩序类问题种类繁多,涉及不同的学科。本章仅讨论该类问题中面向中国实践、具有现实意义的既有法制改革类问题的数据化路径和方法。首先,在引言中,提出了制度改革法学问题解构的一般路径;其次,在第一节中,讨论了一般的解构路径在制度改革存在不同方案时的比较评价问题中的具体展开和进一步的解构;最后,在第二节中,讨论了一般的解构路径在评价现有制度与改革方案优劣问题中的具体展开和解构。由此,本章提炼了一类面向中国实践、具有重要现实意义的法学问题,并综合运用已有的法学研究方法及理论对这类问题进行解构,在此基础上,运用第二章提出的数据化路径,对这类问题作进一步的解构,以启发有关数据及其演算规则的寻找和确定。在本章的讨论过程中,也对法学问题数据化的路径作了进一步的探索和丰富。

引言 制度改革法学问题解构的一种路径

党的十九大报告指出，新时代中国特色社会主义“全面推进依法治国总目标是建设中国特色社会主义法治体系、建设社会主义法治国家”。面对信息科技的迅速发展和我国社会的转型期中出现的众多问题，中国法学研究的对象往往是在既有的法律体系中对某个具体法律制度进行修改和完善的问题。在解决这类问题时，一种情形是，将建议的改革方案与现有的制度作比较，以确定改革方案是否较优，现有制度是否应当向改革方案作修改。另一种情形是，存在多种建议的改革方案，并且各个方案均有一定的理由支持。此时需要比较评价这些方案，以确定较优的改革方案，进而将现有制度向较优方案作修改。不论是哪种情形，制度改革法学问题在数据化时，所指向的数据并不清晰，需要通过一定程度的由上而下的解构，来丰富该问题的表达。由于两种情形下，制度改革问题都需要比较评价不同的制度方案，得出在既有法治体系下的较优方案，所以这些方案都需要在一个统一的标准下进行。受此启发，本章提出对制度改革法学问题初步解构的一个统一的标准化路径，以帮助这类问题的初步数据化。

不同的制度方案要进行比较，需要在统一的标准下才能进行。这一标准应当考虑这些方案的多个方面；将这些方案的多个方面放在可比较的维度中进行；该标准能满足更为根本、基础的理论在具体制度中的要求。具体而言，制度改革的法学问题是一种评价和比较在既存制度体系中对一项具体制度进行改革的方案的问题。运用制度主义的分析方法，比较的标准应当以该具体制度与其对应的机构及机构中工作的人的关系、该具体制度与其他制度之间的关系、该具体制度所调整的社会关系这三方面主体为核心来建立和逐步展开。运用法社会学、历史法学、法经济学的基本思想，应当考察这三方面主体在它们各自内在的运行规律或本质要求、历史叠加的现实状况、改革可能造成的变化的规律及现实这三个层面的情况来完成对具体制度改革方案的评价和比较。内在的规律既指制度本身的运行规律，也指其与人的互动规律，也指其涉及的权力责任或权利义务的本质要求。本质要求往往体现了更为根本的理论在具体制度中的要求，比如权力或权利的性质和法治的本质要求上，以及机构融合的运行规律。现实状况则是对具体制度的实证研究，通过定性或定量或历史的方法，对现实状况本身进行类型化、现象化，或者就现实状况与制度设计的关系进行研究，比如制度的异化，抑或对这些现象或类型进行如经济学或历史学等的解释，有时会集中体现为对现实问题的解决效果。具体制度的不同方案解决现实问题的效果，是指该方案的效率，一般可以放在成本收益风险的框架内进行定性或定量的比较。通过对成本收益风险变量进行调整来反映该现实问题中的历史性、边际成本等因素。但是对现实问题的解决效果只是考察具体制度的一个角度。除了本质要求和内在规律外，在既有制度体系中改革一个已经运行的具体制度还需要考虑该改革会带来的变化，包括上文所列的三方面主体在完成改革时需要的变化和改革后运行时发生的变化。这些变化经常具体地表现为该方案的改革与现有上位制度或同级协动制度及它们计划的改革的匹配程度、冲突的可调节度、改革对应或调整的人或机构的冲突程度及可调节度，以及该方案带来的变化范围及程度（即使没有利益冲突）。这些冲突和变化的评价可以从现实可能性和改革必要性两个角度进行。所谓现实可能性是指根据上述变化的深度和广度、冲突的程度及可调节度，结合目前改革的进路和节奏，考虑完成该方案所需要的变化能否实现，以及该方案在运行时所需要的协同变化是否可操作。所谓改革必要性是指即使方案可以操作，但是从保护社会和制度的稳定性、法治的可预见性、人们的合理期待的角度考虑方案带来的变化是否是必要的，是否是不得不为的、具有紧迫性和时效性的。这两个角度可以把很多无法成本风险化的因素放进去分析。

综上，提出的对制度改革法学问题初步解构的标准化路径，是一个非常丰富多维、灵活开放、面向理论和实践的框架，可以将与该类问题有关的理论或实践方法和成果放进去，一起来丰富该问题的解构，帮助寻找尽可能多的有关的数据。下文以具体的两类子问题为例，展示这一标准化路径在具体问题中的进一步展开。

第一节　制度改革问题中不同改革方案比较的数据化[1]

一、制度改革法学问题中不同改革方案的比较路径——以监察委办案规范的改革为例

本节以当前备受关注的监察委员会(以下简称监察委)办案规范的改革问题为例,具体讨论制度改革法学问题中不同改革方案类问题进一步解构和展开的路径。

《监察法》出台后,省级监察委内部与案件有关的部门目前分为案件监督管理部门(案管室)、案件审查部门(案件室)和案件审理部门。市、县级的监察委员会也是类似设置。目前监察委内部没有设立专门调查涉嫌职务犯罪的部门。转隶的原检察机关人员没有保持原来的组织,也没有统一归在某个专门负责违法调查的部门,而是全部打散,分别插入纪委的各部门当中。案件室是延续之前纪委的划分,即按照所管辖的片区划分为若干案件室。每个案件室负责其所管辖区域的违纪、违法案件的调查。案管室汇集所有的线索,之后也是按照管辖区域将需要进一步调查的线索分配给负责相关区域的案件室。[2]

在试点成立监察委决定出台之前,学界有许多关于反腐败力量多头分散、影响效率、缺乏监督的讨论。[3] 随着中央决定的落地、纪委前期的积累和《监察法》的出台,学界的讨论也随即着眼于如何法治化监察委的工作机制和完善《监察法实施细则》上。[4] 本节拟以转隶后纪委监

---

〔1〕 本节最终成稿于2021年3月,彼时《监察法实施条例》尚未出台,违纪、违法程序如何衔接,尚未有统一的法律规定,学界也尚未达成一致意见。本节内容未涉及《监察法实施条例》的规定。不过令人欣喜的是,文中两个主要结论都体现在《监察法实施条例》当中:第3条、第258条体现了违纪、违法程序应当合二为一的观点;第四章、第五章则体现了以法律规范为主统一违纪、违法程序的观点。

〔2〕 参见吴建雄:《监察委员会的职能定位与实现路径》,载《中国党政干部论坛》2017年第2期。

〔3〕 参见李晓明:《法治反腐:反腐败机构的整合与重构》,载《法治研究》2016年第6期。

〔4〕 参见魏晓娜:《依法治国语境下检察机关的性质与职权》,载《中国法学(文摘)》2018年第1期;姜明安:《国家监察法立法的几个重要问题》,载《中国法律评论》2017年第2期;秦前红:《监察体制改革的逻辑与方法》,载《环球法律评论》2017年第2期。

察委办案和原先检察机关侦查两套规范体系的合并问题的解决为例,讨论制度改革法学问题中不同改革方案的比较路径。虽然《监察法》给出了监察调查的一些规范,但是这些规范非常简略,对于很多具体的调查程序没有规定。在这些地方是按照《刑事诉讼法》及其司法解释的规定来办案还是按照纪委原先的办案规范,存在争议。要明确监察委的办案规则,其实就是要解决纪委监察办案规范和转隶前检察机关办案规范的合并或取舍问题。由于《监察法》是关于监察调查的规范,而《刑事诉讼法》是关于原检察机关职务犯罪侦查的规范,所以监察委和原检察机关办案规范的合并问题,也就是《监察法》和《刑事诉讼法》两法衔接的问题。由于纪委机关在与行政监察部门合署办公后,违纪案件的调查规范已经完成了以纪委办案规范为主的合并统一,所以本节就将纪委、监察部门的违纪案件办案规范简称为纪委办案规范。监察委成立之前,纪委机关根据纪委办案规范调查违纪案件,检察机关根据以 2012 年修订的《刑事诉讼法》为主的法律规范侦查职务违法犯罪案件,下文简称为法律办案规范。[1] 由于很多违纪案件也涉嫌职务违法犯罪,而两套办案规范体系有很多冲突的地方,监察委的办案规则也就是《监察法》的实施细则,应当如何在已有的办案规范基础上进行修改?本节在接下来的内容中,在制度改革问题初步解构的一般路径基础上,进一步展开,对比分析四个处理两套规范体系合并的可能方案,论述其中的方案二为较优方案。方案二的具体内容是:(1)两套规范体系在初查和立案阶段的要求均应当统一;(2)应以法律规范体系为主对纪委规范体系进行调整,以法律留白和设置例外来化解二者的冲突。《监察法》的实施细则也应以《刑事诉讼法》为主进行规定,以留白和例外处理二者之间明显冲突的地方。

二、四种可能的改革方案

解决制度改革中多种方案的比较评估问题,首先应当根据待改革制度的运行状况,在已有的与待改革制度有关的法学研究方法及成果的基础上,总结归纳出受到一定研究及理论支持的各种可能的改革方案。对于监察委办案规范的改革问题,根据目前的研究成果,存在四种可能的

---

[1] 《监察法》出台后《刑事诉讼法》又进行修订,删除关于检察机关侦查职务犯罪的内容,于 2019 年修订。里面关于侦查的内容对于《监察法》的实施仍有参照意义。

改革方案。下文予以具体解释。

证据法学界通说认为证据资格有三个要件:关联性、客观性和合法性。[1] 监察调查证据的问题主要是合法性。一是在转隶前检察机关办理职务犯罪案件时就存在的初查阶段收集的材料的证据资格问题。[2] 二是监察委以纪委机关的身份开展的违纪调查中收集的材料的证据资格问题。该问题的前身则是转隶前纪委办案收集的材料能否在案件移送检察机关立案后直接具有证据资格的问题。

在监察委体制下,解决上述两个问题有四种可能的方案。方案一是延续实践中已存在的证据转化做法,仅明确涉嫌职务犯罪的立案程序为监察调查,以此为切割点,将此前的初查和违纪调查作为转隶前的初查和纪委调查程序的延续,从而将转隶前的做法类似地套用到监察委的调查中,即对初查证据和纪委收集的证据进行转化、补正或重新提取。[3] 方案二是明确监察调查程序还包括初查阶段,沿用转隶前最高人民检察院颁布的针对检察机关侦查职务犯罪工作的初查规范,[4] 使初查证据不会因为所处阶段而不具备证据资格,同时以法律办案规范为主统一两套办案规范,对共同管辖内的案件不区分纪委、监察调查程序。如此,纪委调查同时也是监察调查,纪委调查收集的证据也即监察调查收集的证据,不需要再进行证据转化。方案三是延续《刑事诉讼法》之前对检察机关侦查职务犯罪案件的处理,仅统一监察调查和纪委调查立案后的办案规范,对初查阶段则不在法律上认可为监察调查的一个部分。方案四是将转隶前的纪委、检察机关分离的机制保留到监察委的调查中,即保留违纪、违法调查双轨制。在初查和立案阶段都对案件进行涉嫌违纪、违法的区分,设置对应于违纪、违法调查的不同程序。对于证据资格的认定沿用之前的做法,只有涉嫌职务犯罪的立案后调查收集的证据可以直接具有证据资格,涉嫌犯罪的初查证据需经转化后才能使用,而违纪

---

〔1〕 项谷、张震:《刑事证据资格的合法性研究——兼论我国刑事证据规则的完善》,载《政治与法律》2010 年第 3 期。

〔2〕 万毅:《证据"转化"规则批判》,载《政治与法律》2011 年第 1 期;柳忠卫、滕孝海:《论贪污贿赂犯罪初查证据的转化》,载《中国刑事法杂志》2009 年第 4 期。

〔3〕 陈光中:《关于我国监察体制改革的几点看法》,载《环球法律评论》2017 年第 2 期。

〔4〕 该规范规定在 2012 年修订颁布的《人民检察院刑事诉讼规则》第 8 章第 1 节。由于转隶后,检察机关不再侦查职务犯罪案件,所以不再有初查阶段,因而在 2019 年新修订的《人民检察院刑事诉讼规则》中删除了这一节。

调查的证据,不论是初查还是立案后,都参照之前对纪委查案收集材料的认定。这四个方案其实也是四个关于法律、纪委办案规范如何合并的方案。以材料能够具有刑事诉讼中证据资格的时间点来划分,按照初查、立案阶段是保留两套规范还是以某套规范为主统一,可以将这四个方案简要表述如图 3－1 所示:

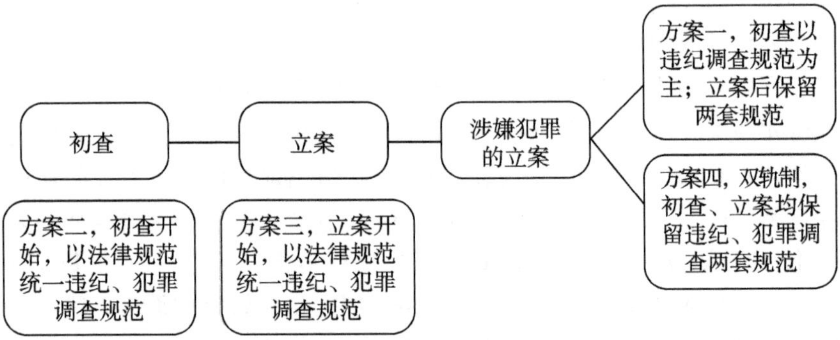

图 3－1　四方案简述

三、在制度改革问题标准化解构路径下要素一的进一步展开及论述

(一)从监察调查权的性质进一步解构和展开

制度改革问题标准化解构路径中的第一个比评要素就是具体制度运行所涉及的权力责任以及权利义务的本质要求。在监察委证据资格制度中则集中体现为监察委调查权的性质和法治的本质要求上。据此,可将第一个比评要素具体解构为监察委调查权的性质和法治的本质要求两方面,本点即从监察调查权来展开和论述。具体而言,应当通过对监察委调查权性质的讨论,来明确四种方案中哪一种更加符合监察委调查权性质的要求。

首先应当综述当前关于监察调查权性质的代表性观点。目前有以下几种:一是认为监察委的调查完全不同于侦查[1];二是认为监察委

〔1〕 魏昌东:《国家监察委员会改革方案之辨正:属性、职能与职责定位》,载《法学》2017 年第 3 期。

的调查应当一分为二来看，其中涉嫌职务犯罪的调查视为侦查，与涉嫌一般性违纪违规的调查相区分[1]；三是认为监察调查权具有组合性质，如具有司法性的行政权[2]，又如集立法司法行政于一体的权力[3]，所以监察调查也具有不可分的多面性。实务部门形象地将监察调查权比作“组合拳”，即在调查过程中可以根据需要选择纪委或监察委身份来获得不同的权力，得以采取所需要的调查措施，破除单一身份的局限性[4]。争议点集中在监察调查权是否可以分为一般违纪调查权和涉嫌违法犯罪调查权。

本节倾向于第三种观点，认为监察调查权具有不可分的组合性质。从权力来源看，监察调查权是来自《监察法》对监察委的授权，即监察委具有监察、调查和处置的权力；并不是因为调查权是监察权的题中之义，也不是因为检察机关的转隶。“监察”一词既可以指日常监察，以预防为目的，也可以指对某些案件进行调查。其权力的大小和内容具有政治性和动态性，不能够仅通过文字的解读来确定。检察机关的转隶更不是监察调查权的来源，而恰恰是结果。一方面因为监察委被授予调查权，可以完成检察机关转隶部门原有的职能，另一方面因为国家权力机关决定整合多个反腐败机关，认为整合可以更有效地实现相关的政治和法治目的，所以将检察机关的反腐败部门转隶到监察委。而《监察法》的授权并没有将监察委的调查权与作为纪委部门的调查权相区分，而是特意使用“调查”一词而不是“侦查”，使监察调查权可以与原先的侦查权相区分，化解与纪委的调查权的冲突，从而能够与之合并。另外，《监察法》明确要求监察委调查职务违法和职务犯罪行为。在这一区分后，违纪案件的调查与职务违法案件的调查在案件涉及的行为形态、性质、严重程度等方面都难以区分。由此可见，《监察法》并没有考虑要把监察调查权与纪委调查权区别对待。相反，考虑到中共中央关于试点国家监察体制改革的决定，《监察法》应当是有意为二者能够合并作铺垫，统一用“调查”一词，以呼应中共中央的有关监察委与纪委机关合署办公的

---

〔1〕 魏昌东：《国家监察委员会改革方案之辨正：属性、职能与职责定位》，载《法学》2017年第3期。

〔2〕 张建伟：《法律正当程序视野下的新监察制度》，载《环球法律评论》2017年第2期。

〔3〕 秦前红：《监察体制改革的逻辑与方法》，载《环球法律评论》2017年第2期。

〔4〕 参见欧阳林光等：《打好监督“组合拳”》，载《中国纪检监察报》2016年4月20日。

决定。虽然是“合署办公”,但是中央决定指明“建立党统一领导下的国家反腐败机构”,即国家监察委,将多方面反腐败机关整合到监察委中,即将纪委调查权合并到监察调查权中,从而实现“对所有行使公权力的公职人员的监督,实现国家监察全面覆盖”,“构建集中统一、权威高效的中国特色国家监察体制”。[1] 所以,监察调查权是将包括检察机关、纪委机关等多部门权力进行合并统一,因而从来源上看具有不可分的组合性质。退一步讲,即使认为监察调查权不包括党的纪委调查权,但是在合署办公后,监察委具有双重身份,可以以其纪委的身份具有纪委调查权,所以监察调查权在实际运行中也包括纪委监察调查权。

从权力运行看,如果一个权力可以被分为两种不同的分权力而不实质影响其运行,那么该权力具有可分性;反之则具有不可分性。两种不同的分权力可以由同一个主体行使,也可以指向同一个客体,所以合署办公并不能说明纪委监察调查权就不可分。假设纪委监察调查权具有可分性,即可分为违纪调查权、职务违法调查权和职务犯罪调查权,那么不同的分权力需要根据其不同性质所要求的不同程序、规范来行使,这也是权力不同种的题中之义。可是,由于党的廉洁纪律、工作纪律和法律对职务违法、犯罪的规定之间的高度重合,所以该三项分权力的调整范围高度重合,当一个涉嫌违纪违法的线索到监察委后,没有办法确定该线索应当由哪项权力去调查。所以如果要分解监察调查权,那么该线索的调查程序及规范的选择只能随机地或由相关权力人随意地或有意地决定,如此必将影响监察调查权的有效有序统一行使。

不过,权力的运行往往有阶段性,即不同的阶段之间虽有联系但是因为权力的主体、内容及范围等实质不同而相互区分。监察调查权就分为线索处置、初查、立案审查、审理等过程。有时一项权力可能在某个阶段不可分,但是在某个阶段又可分。也许在线索处置或初查时无法确定线索涉及的案件是违纪违法还是犯罪,但是随着调查的进行,可否在案件明确涉及犯罪时就将案件划为由职务犯罪调查权来继续进行,即此时纪委监察调查权变得可分?本节认为还是不行。因为即使此时案件明确涉及犯罪,但由于三项分权力的调整范围高度重合,这个案件往往也是涉及违纪的案件。如果将明确涉及犯罪的案件完全交由职务犯罪调

---

[1] 《监察法》第1条、第2条。

查权进行,那么违纪部分的调查就无法完成了,因此即使在明确后监察调查权仍然是不可分的。更何况,所谓“明确涉及犯罪”本身就难以在调查过程中确定。综上所述,方案二更加符合监察委调查权性质的要求。

（二）从法治中国的要求进一步解构和展开

第一个比评要素在监察委办案规范改革问题中的第二个方面是法治中国的要求。本点即从法治中国的要求来展开和论述。具体而言,应当通过对法治中国要求的分析和讨论,来明确四种方案中哪一种更加符合法治中国的要求。

法治中国的一个重要特点是在社会政治经济不断发展变化中的法治建设,表现为法治对自身体系的维护和对社会政治经济发展变化的调整。[1] 在法治国家处理这种法律的稳定性和发展变化之间关系的常见方法包括法律的有意留白和有限的例外。[2] 有意留白既指作为立法结果的法律文本对待某些社会政治经济可能不断变化的领域的特意空白处理,以及该文本被司法或执法机关进行有意限制解释,又指留白的形成过程遵循一定的规则,而不至于是随意留白。有意留白有两种常见的处理方法,一是完全不触及决定留白的领域,二是对其模糊处理或提供原则性的指导。有限的例外既指与现有法律文本直接冲突的例外情形在量和质上是有限存在,不会造成现有法律系统有瘫痪的风险,或者能够以有限的制度异化的方式化解冲突;也指例外的存在是遵循一定的原则的,可以勾勒边界,不会肆意出现或蔓延;还指例外的形成过程是可控的,能够保障例外的存在遵循一定的原则。

据此得到,改革中出现的具体问题是否需要法律有意留白应当在历史、价值、实践三个维度上考虑。[3] 具体而言,为了稳步推动法治的建设,历史上不留白的原则上不应产生新的留白,除非会产生非有限的例外,而历史上留白的并不应原则性地延续,而是要考量留白背后的社会政治经济领域需要的变化和留白部分的法治价值,尽可能地不断减少

---

〔1〕 王旭:《“法治中国”命题的理论逻辑及其展开》,载《中国法学》2016 年第 1 期。
〔2〕 D. Kairys, *Law and Politics*, 52 Geo. Wash. L. Rev. 243, 250 (1984).
〔3〕 王旭:《“法治中国”命题的理论逻辑及其展开》,载《中国法学》2016 年第 1 期。

留白。

那么像监察调查这样由历史上留白和不留白合并产生的领域到底应否留白呢？首先，受法治建设稳步发展的价值导向影响，不留白的惯性应当大于留白的惯性，因为趋势是法律留白不断减小，所以新领域中的法律留白比重原则上应小于合并前的留白比重，即监察调查应以不留白为主。虽然这样合并产生的新领域受到的历史约束较小，但是从实践的角度看，由于监察调查涉及的范围之广、程度之深，使该领域全部留白或者全部不留白都是难以接受的。而重新分离又不可能，所以从技术的角度看只能采取模糊留白的方式，以适应未来的灵活变化。模糊留白不会排斥法律对某一领域的调整，同时允许这种调整在必须留白的细节上以原则性、授权性调整为主，以便其他规范或政策等调整手段可以在法律原则的框架内进一步调整该细节的事项以实现这些手段背后的政治或公共政策的主要目的。有些刑事诉讼法学者也持有这种观点。[1] 由于合并后不留白的比重应当尽可能减小，所以在采取模糊留白的方式下，刑事诉讼法检察办案规范应首先相似地适用于监察调查的立案环节，然后再通过对必须留白的细节模糊地处理来引入党规或政策的调整。综上所述，方案二更加符合法治中国的要求。

四、在制度改革问题标准化解构路径下要素二的进一步展开及论述

（一）从方案的效率进一步解构和展开

制度改革问题标准化解构路径中的第二个比评维度就是具体制度改革方案的现实状况。即指对具体制度的实证研究，通过定性或定量或历史的方法，对现实状况本身进行类型化、现象化，或者就现实状况与制度设计的关系进行研究，如制度的异化，抑或对这些现象或类型进行如经济学或历史学等的解释，有时会集中体现为对现实问题的解决效果。在监察委办案规范中则集中体现为方案对解决监察办案中问题的效率。所以可以在方案的效率这点上进一步解构和展开。

---

〔1〕 孙煜华：《构建与监察改革相适应的职务犯罪侦查法治模式》，载《法学》2017年第7期。

关于一个制度的效率的讨论往往在成本、收益和风险上展开。[1]监察调查制度的效率集中体现在办案的效率,即办案的数量和质量。为了便于比较,下文的讨论将其他可能影响因素设定为理想值,以讨论这四个方案的不同所带来的效率影响。虽然四个方案与其他因素的实际状态的契合度也可能影响这些方案的办案效率,但是这种契合度的讨论会在现实可能性一节中分析,所以在此不予考虑。从效率的角度看办案的数量,是指在相同的时间、理想的状态下,哪个方案下监察调查办理的案件数量最多。这个办案总数要从轻、重案,简单或疑难案件,单人或团伙案等多个角度乘以相应的不同系数后相加得到。而办案质量是指在相同的时间、理想的状态下,哪个方案下监察调查办理案件的准确率和社会效果最佳。准确率既包括初查后被立案的概率、立案后被起诉的概率、起诉后被定罪的概率,也包括出现错案的风险的定性把握。社会效果是指通过办理案件所树立起的监察委的反腐形象、对潜在线索持有人的鼓励作用,以及所起到的打击、遏制腐败违纪违法案件的辐射效果。由此得到对改革方案效率的进一步解构路径。下文从四个方案的不同点对办案数量和质量的影响论述了方案二的效率优越性。

四个方案的关键不同点有两个:一是纪委违纪调查和监察违法犯罪调查是否要遵循两套不同的办案规范;二是是否以法律为主来统一规范初查阶段的调查。对于第一点,下文从办案数量和质量展开讨论。办案数量具体化为单位标准案件从初查到结案所需要的单位标准人的工作量在区分和不区分违纪、违法犯罪调查的程序中哪个更大。程序的细化、案件的分流并不必然导致办案效率的提高或降低,关键在于该细化或分流是否符合相关案件办理的规律。合理的分流和细化可以更为有效地配置资源,减少单位标准案件所耗费的单位标准人的平均工作量。但是违纪、违法犯罪调查的区分却不符合规律。第一,纪委、监察委调查的案件很多时候难以区分,案件的性质往往相同,作案的手法、对象、主体等也重叠。第二,违纪、违法犯罪案件的纪委、监察调查并不具有迥异的特点,而是都要遵循侦破案件的规律,所运用的手段也极为类似,所需要的证据材料和认定的标准也是类似的。第三,二者所需要的工作量也

---

〔1〕 Ugo Mattei, *Efficiency in Legal Transplants: An Essay in Comparative Law and Economics*, International Review of Law and Economics, Vol. 14:1, p. 3 – 19(1994).

没有显著不同。根据案件的复杂程度，二者都有可能需要或大或小的工作量。所以此类区分非但不能提高整体办案的效率，反而因为增加了不必要的区分导致整体的工作量增加，降低了办案效率。同时，由于二者对应的处罚结果是不一样的，违纪调查对应党纪处分，违法犯罪调查对应法律制裁，所以这些案件在经历了违纪或违法犯罪调查后还要再经历违法犯罪或违纪调查程序来确定是否要接受另一种处罚，而这两种调查又有很多相同的地方，所以导致了重复调查，增加了证据转化的步骤，降低了整体办案的效率，又使第二次经历的调查程序形式化。从办案的质量看，违纪、违法犯罪调查的区分也不能提高办案的准确率，还很有可能降低其办案的社会效果。一方面，由于监察调查的违纪、违法犯罪案件很多，难以区分，所以即使进行区分也无法有效地进行案件的筛选；另一方面，如果违纪调查的相关规范较违法犯罪调查的规范要求更低，则有可能出现违法犯罪调查初查、立案标准虚高和形式化，大量案件都以违纪调查的初查、立案程序来进行的现象。随着调查规范要求的系统性、隐性降低，调查出现问题的风险也就会升高。这些问题既包括案件选择的有效性和正当性，也包括办案过程的正当合理性，以及办案结果的正确性。

表面上看，如果用转隶前最高人民检察院的 2012 年版《人民检察院刑事诉讼规则》中关于初查的规定规范监察调查的初查阶段，那么初查阶段的要求很可能要提高，手续更多、更不灵活，单位案件的工作量会增加，办案效率就会降低，且降低的程度可能会大于证据转化或重新调查造成的影响。但是这种观点首先仅考虑了办案的数量，而没有考虑到，随着要求的升高，办案的质量会提高，办错案和错办案的风险会降低，办案本身的正当性和社会效果也会提升，从而整体上办案效率不一定会下降。其次，要求的升高并不必然增加办案的工作量。随着要求的升高，办案人员的素质和水平也会相应提高，工作的专业化和规范化程度会提高，从而减少案件所需要的单位标准办案人员的工作量，提高效率。所以关键在于所提高的要求是否符合实际中办案人员能够达到的水平。鉴于最高人民检察院已经于 2012 年通过《人民检察院刑事诉讼规则》对其初查阶段进行了司法解释性的调整，虽然 2012 年修订的《人民检察院刑事诉讼规则》随着 2019 年的修订而失效，里面的初查规范也因为转隶后检察机关不再侦查职务犯罪案件而被删除，但是该规则当时能通过并且实际运行了7年也说明实践中，检察机关办案人员能够达到这一规则中的相关要求，而转隶后这一批力量也进入监察委中，相关的配套设备、技术手段也一并转移，构成监察调查人员的核心力量，所以转隶后监察调查的初查也应该能够达到这一规则中的要求。所以将这些要求在有关监察调查的法律规范中确立下来并不会造成过高要求下的办案效率降低。最后，由于初查是监察调查中的必经环节，与之后的立案阶段一起构成监察调查的整体，二者具有整体中的部分性，相互流通、关联，所以如果法律仅规范立案，而不触及初查，那么初查阶段异化的情况极有可能再次出现，即初查阶段在监察调查中变得畸重，而立案阶段变得形式化。[1] 这种异化会导致法律对立案阶段的预设约束作用落空，立案阶段的调查演变成对初查阶段收集资料进行证据转化、对初查阶段的调查结果进行包装肯定的过程。如此，则会整体降低对监察调查的实际要求和监督，降低监察调查办案的质量，增加错案的风险。综上所述，方案二在办案的效率上相比其他方案更有优势。

（二）从方案的风险进一步解构和展开

关于一个制度的效率的讨论往往在成本、收益和风险上展开。[2] 以上讨论的是改革方案在办案的成本及收益上所体现出的效率。本点则从方案的风险角度，对被认为是较优的方案存在的风险作评估。

方案二所提出的以法律留白和有限例外来缓解两套规范之间的冲突在实践中存在滑向以纪委办案规范为主统一二者的危险。如此，方案二实施后，会演变成对原先被以《刑事诉讼法》为主的法律规范否定的办案做法的肯定，成为这些做法的“保护伞”。而在其他方案下，至少可以坚称纪委办案规范中的某些做法是不符合法律办案规范的。对于较优方案存在的危险作评估，应当先分析该危险存在的原因，进而考虑危险的大小及可能性，以及是否能够预防，从而与其他方案作综合比较的评价。

方案二的前述危险之所以存在，是因为对法律留白作形式化的理

---

〔1〕 卢乐云：《检察机关初查制度之价值评析及其实现——以法律监督权为视角》，载《中国法学》2010年第1期。

〔2〕 Ugo Mattei, *Efficiency in Legal Transplants: An Essay in Comparative Law and Economics*, International Review of Law and Economics, Vol. 14:1, p. 3 – 19 (1994).

解。以辩护人介入时间为例。如果将法律留白理解为法律规范是否对办理腐败案件的有关问题存在直接适用的条款,那么由于留置是新规定的一种监察调查的手段,法律办案规范没有规定,所以可以得到,对留置是空白的。那么根据方案二的原则,原先法律留白的可以继续留白,只要不扩大并且做出缩小的努力即可,从而法律可以继续不对留置予以规范,而是主要由纪委办案规范予以调整,即将这部分原先法律留白的领域继续保留给纪委,缓解二者的冲突,从而得到,留置期间辩护人不能介入,只有在案件转移到检察机关后,留置转换成逮捕后,辩护人才能介入。这种论述还可以进一步扩大为,监察调查是新规定的一种腐败案件办理程序,不同于普通刑事案件侦查程序,《刑事诉讼法》中没有规定,所以属于转隶前法律留白的领域,可以继续保留,主要由纪委办案规范予以调整。如此,虽然表面上是以法律规范为主来统一二者,但随着对法律留白作如此形式化的扩大理解,实际的结果是在转隶前纪委、法律办案规范存在冲突的地方,都可以被解读为法律留白,而由纪委办案规范进行填充。

正是出于对这种论述的担忧,很多刑事诉讼法学者都是将监察调查一分为二的来看,指出监察调查中涉及职务犯罪的调查在权力性质、内容、表现、强度、目的、手段等方面都与侦查几乎一致,所以《刑事诉讼法》对检察机关侦查职务犯罪的规定应当继续适用到涉及职务犯罪的监察调查中。[1] 学界进而提出将监察调查的案件分为一般违法和涉及职务犯罪的案件,将立案程序分为一般违法案件的立案和涉及职务犯罪案件的立案;《刑事诉讼法》仅规范后者中的办案。这种分类处理可以看成方案一、四的变体。

通过分析方案二的危险存在的原因可以得到,对方案二危险的担忧是站不住脚的。首先从逻辑上讲,如果说留置、监察调查是新规定的,之前法律规范是空白的,那么同理可得,纪委办案规范对之也是空白的。既然二者都是空白的,那么何来以纪委办案规范为主予以规范呢?然

---

〔1〕 参见陈越峰:《监察措施的合法性研究》,载《环球法律评论》2017 年第 2 期;卞建林:《监察机关办案程序初探》,载《法律科学》2017 年第 6 期;龙宗智:《监察与司法协调衔接的法规范分析》,载《政治与法律》2018 年第 1 期;汪海燕:《监察制度与〈刑诉法〉的衔接》,载《政法论坛》2017 年第 6 期;陈卫东:《职务犯罪监察调查程序若干问题研究》,载《政治与法律》2018 年第 1 期。

后，对于法律留白的理解显然不能仅以概念为准，而应讨论新、旧概念对应的法律现象之间的实质相似或相异，否则任何时候只需要新造一个概念就可以规避法律的规范。涉及职务犯罪的监察调查与转隶前检察机关对职务犯罪案件的侦查在很多方面都一致，留置措施在对人身自由的限制程度等方面与侦查中的如逮捕等强制措施是类似的，从而被认为是同一法律现象的不同表现。据此，这部分监察调查不能认为是原先法律留白的领域。虽然在有多个法律同时规范某一法律现象时，一般会尽量通过法律解释化解这些冲突，但是也不能为了化解冲突而不加论证地有选择性地利用法律留白规避某一法律，对另一规范则运用实质比较予以延伸。其实在腐败案件办理中，转隶前法律规范真正留白的领域是由纪委机关先行办理的案件，而这一领域随着转隶的进行，纪委、检察机关案件办理的实质合并而不复存在。

为了预防方案二的前述危险，学者提出保留监察调查中的双轨制，即表现为对其他几种方案的支持。但是仅仅因为方案二的这一危险就支持其他几种方案则过于简单、偏颇。虽然表面上看对目前的理论和现实操作的改动较小，但是这些方案在监察调查权的性质、法治中国建设的要求、制度设计的效率、制度改革的必要性和现实可能性等方面都不如方案二。具体而言，存在以下问题。首先，由于严重违纪与职务犯罪案件大面积重合，如果将此类案件都定为职务犯罪案件，适用《刑事诉讼法》规定，那么相当于以法律规范完全吸收了纪委办案规范，显然不是对现状的较小改动，在现实可能性、必要性方面都存在疑问。而且，设置刑事监察调查立案程序的意义在于该立案对于之后可以使用的调查措施、所收集的材料的证据资格等都直接挂钩，所以像留置这种对人身自由有类似于逮捕的限制性措施自然会被认为只有在刑事监察调查立案后才能进行，由此留置应当受到法律规范对侦查强制措施类似要求的规范，包括讯问达到的要求、辩护人应当介入等，这其实就直接忽略了转隶前纪委拥有的“双规”的法外强制措施，以及“双规”与留置之间的关系。所以保留双轨制的方案表面上看对现状改动较小，但实际上是法律规范完全取代了纪委办案规范。其次，即使采纳了这种方案，但是基于现实反腐压力和纪委领导为主的监察机构特点的要求，这种刑事监察调查的立案很可能又会变得形式化，初查或一般违法调查变得畸重，其后的调查又会充斥重复调查、证据转化，以规避法律规范的调整。如此，这种一分为二的方案其实也沦为了达不到法律规范要求的办案做法的"保护伞"和其合法化的工具。同时由于"双规"已经取消,如果留置仅能在刑事立案后才能采取,那么可以想见这样的刑事立案建议面临巨大的阻力。而如果刑事立案不与留置挂钩,那么刑事立案设置的意义也就不复存在;而且如果刑事立案存在但不与留置挂钩,则会导致间接支持了留置不需要受法律规范的调整,使在留置的规范的问题上法律被纪委规范完全吸收了。而如果是以案件来划分,只有刑事立案调查的案件才适用法律规范,其中的留置才受到法律规定的要求,而非刑事立案调查的案件就不适用法律规范,其中的留置则不受法律规定,那么这种划分一方面会导致划分的随机性,主观任意性,另一方面也没有法理依据,缺少正当性,也会导致法律规范调整的案件数量畸少,法律规范调整的调查形式化,充斥着重复调查、证据转化。正是基于这些考虑,很多刑事诉讼法学者在论述时都体现了非常矛盾的心态,一方面强调对人身自由有强限制性的监察调查与转隶前检察机关的职务犯罪侦查是相同的,另一方面又指出在延续法律规范的同时应当考虑二者存在的不同。[1] 所以应当综合考虑,合理评估已经从多个维度被认为是较优的方案存在的危险。

事实上,经过对方案二危险存在的分析后,可以得到方案二危险预防的合理方法,而这种方法并不会要求采取其他方案。具体而言,在认识到严重违纪与职务犯罪案件无法分开,且难以用一套办案规范完全吸收另一套办案规范时,应当采取一种平衡折中的办法,在两套方案的相互冲突的坚持中找到新的平衡点。这个平衡点随着不同反腐力量的实质合并而不能再沿用以往的双轨制方法来建立,两套规范在关于辩护权、强制措施的要求等方面相互冲突的规定不可避免地会发生冲突。在发生冲突时,应当坚持《刑事诉讼法》对犯罪嫌疑人辩护权和基本人权保障的原则在所有监察调查的各阶段中的适用,同时也确认监察调查在我国当前阶段负有不同于普通刑事侦查的特殊任务和价值考量,包括要保持持续的高压有效反腐,党员干部的腐败问题具有重要的政治意义,

---

〔1〕 参见陈越峰:《监察措施的合法性研究》,载《环球法律评论》2017 年第 2 期;卞建林:《监察机关办案程序初探》,载《法律科学》2017 年第 6 期;龙宗智:《监察与司法协调衔接的法规范分析》,载《政治与法律》2018 年第 1 期;汪海燕:《监察制度与〈刑诉法〉的衔接》,载《政法论坛》2017 年第 6 期;陈卫东:《职务犯罪监察调查程序若干问题研究》,载《政治与法律》2018 年第 1 期。

腐败案件的无受害者、隐蔽性、难以查实等特点,以及冤错案件的发生规律天然排斥腐败案件等。[1] 如此,应当承认监察调查可以适用一些不同于普通刑事侦查的特别规定,但是这些规定需要通过国家层面的政治、立法机关的决断予以确认,体现为国家法律。因此,《监察法》出台后,对于《监察法》中有明确的对监察调查的特别的规定,应当尊重这些特别规定,但是对于没有明确规定的,或者没有明确表示排除《刑事诉讼法》规定适用的,应当比照适用《刑事诉讼法》,应当据此编写监察法实施细则。在比照适用时,应当首先坚持《刑事诉讼法》在这些方面的原则性规定;然后在具体的处理时,应当根据所针对的具体办案做法与监察调查的特殊性之间关系的紧密程度,以及这些做法可能导致的犯罪嫌疑人重要权利被侵犯的风险等,考虑是直接适用《刑事诉讼法》规定,还是暂时留白,留出一段过渡的时间,让监察机关在具体实践中去摸索和磨合,还是作出例外规定,留出一部分缓冲带。综上所述,方案二的危险就可以被合理地预防。

五、在制度改革问题标准化解构路径下要素三的进一步展开及论述

制度改革问题标准化解构路径中的第三个比评维度是改革方案的必要性考量。由于改革可能带来的各方面变化、冲突、不稳定,前述认为的较优方案二所包含和导致的变化还应当满足必要性的要求。论述某方案是必要的,在逻辑学上的意义是,该方案对于一个已经确定的必须实现的预设目的的实现是必要的,即虽然有该方案,预设目的不一定能实现,但是没有该方案,预设目的一定不能实现。由于社科领域的改革问题是面向未来的,具有不确定性和不可预测性,所以允许一定的变化,即可以存在多个满足必要性的方案。将必要性的逻辑要求运用到评价社科领域改革方案时,就要适当降低,转变为“在可以确定的因素构建的环境中,没有该方案,预设目的难以实现”的要求。这一要求包括正反两面的含义:反面是与该方案同类的其他变化显著更小的方案均难以实现预设目的;正面则是该方案的变化与预设目的的实现紧密相连,不会比其他可能实现预设目的的方案的变化显著得更多。由此得到对改

[1] 陈卫东:《职务犯罪监察调查程序若干问题研究》,载《政治与法律》2018 年第 1 期。

革方案必要性的进一步解构。

首先,要比较不同方案造成的变化,就要先确定测量变化的标准。一般而言,这个标准当然是这些方案所针对的改革对象在方案实施前的情况。监察委成立之前,党规、行政监察法规范纪委机关的调查程序,《刑事诉讼法》及相关法规规范检察机关的侦查立案程序。法律和党规均能有效地调整部分反腐败案件的调查或侦查程序。以此为标准,方案二造成的变化并不比其他方案多。因为方案二中通过法律有意留白,使法律和党规能够统一地调整监察调查的立案和初查,且由于不区分违纪、违法犯罪的调查,所以法律不易被规避,法律和党规均能有效地调整部分的监察调查程序,较之前的情况变化不大。相比之下,其他方案都会较大地减少法律能够有效规范的部分。在其他方案下,虽然表面上法律仍会调整部分监察调查程序,但是由于前段所说的违纪、违法犯罪调查难以区分和初查、立案调查的流动性,所以被法律完全留白的部分容易变得畸重,变成规避法律调整的避风港,使法律的调整变得形式化,无法有效地进行规范。所以以此为标准,方案二比其他方案更满足必要性的要求。

不过,当有多项改革同时进行时,更为基础、较先进行的改革对所研究方案的对象造成的先行变化也应当考虑在内。本节中的四个方案也是在国家监察体制改革的大方案下的稍后进行的改革,建立在大方案所造成的先行变化的基础上。这个先行变化就是检察机关向纪委部门的转隶,纪委机关与监察委的合署办公。这意味着监察委是建立在纪委机关既有的工作机制上,以原先纪委调查的规定和要求为基础,结合转隶后的一些特殊情况适当进行变化。如果以此为标准衡量四个方案的变化,那么那些使纪委规范调整空间越大的所造成的变化越小。方案一、四使法律仅调整涉嫌犯罪的监察调查,是四个方案中法律调整空间最小的,所以造成的变化也最小。但是这几个变化更小的方案无法实现预设目的。

这四个方案是有关监察调查的程序设置和规范的,属于监察调查的工作机制的一部分,也即整个监察体制改革的一部分,服务于这项宏大改革的终极目标。根据中央的决定,监察体制改革的目标可以分为两个,一是实现对腐败的有效打击和遏制,二是推动法治制度反腐的建设。[1] 在现有人财物等状况类似且不发生较大变化的条件下，方案二能够更好地服务于这两个目标，而其他方案则会使目标难以实现。首先，由于初查和立案构成了监察调查的有机组成部分，相互连接，监察调查活动具有连续性和流动性的特点，所以如果仅在立案阶段统一规范而在初查阶段法律完全留白，那么监察调查可能像之前的检察机关侦查那样，过多地流向初查阶段，规避法律的要求，再通过立案阶段的形式性的重新调查、收集来满足法律的规定。其次，由于违纪、违法犯罪的监察调查很多时候难以区分，并且很多案件是同时违反党纪和法律规定的，如果要实行双轨制的调查，那么监察调查可能会比纪委、检察机关分离时还更为向违纪调查倾斜，可能出现不合理的大量案件流向违纪监察调查的程序，规避法律的要求，对于已经预先确定要受到法律制裁的案件再通过涉嫌违法或犯罪的调查程序形式性的重新调查取证、出具说明来满足法律的规定。所以其他方案下重复调查和规避法律要求的现象仍然存在，会浪费反腐败资源，不利于法治反腐的建设。

六、在制度改革问题标准化解构路径下要素四的进一步展开及论述

制度改革问题标准化解构路径的第四个比评维度是改革方案是否具有现实可能性。现实可能性是指该方案得以实施且实现其预设目的的条件能否在现实的情况下得到满足。或者说，该方案带来的变化和运行时需要的协同变化在目前条件下能否实现。由于改革的不确定性，这里对于能否满足或实现的证明不要求达到百分之百的确定，而是与实际情况相符的较大的可能，或者相对其他方案更可能实现。在讨论现实可能性时，方案的变化和条件需要具体化为操作层面的要求，通过对这些可检验的要求进行考察来确定方案实施需要的条件能否得到满足。由此得到改革方案现实可能性的进一步解构路径。具体到本节的四个方案，由于是关于监察调查的程序性规范，所以方案的实施与监察调查案件本身的特点、党规法律相关规定之间的协调、办案人员的素质和激励、

---

〔1〕 参见《关于在北京市、山西省、浙江省开展国家监察体制改革试点方案》（2016 年 11 月 8 日颁布）；《全国人民代表大会常务委员会关于在北京市、山西省、浙江省开展国家监察体制改革试点工作的决定》（2016 年 12 月 26 日颁布）。

办案条件等相关,方案是否现实可能也具体化为这些相关方面能否实现方案需要的变化。建立在已经确定的监察体制改革大框架下,通过对这些方面的具体要求的分析可以看到,方案二比其他方案明显更可能实现。

在其他方案下,违纪调查和职务违法犯罪调查会在初查或立案或两个环节中遵循不同的标准、操作程序和规范。而根据调研,被转隶人员是分别插入纪委机关的不同部门而没有另外组成新的部门,监察委延续了纪委机关原先的组织结构,区分了案件监督管理部门、案件审查部门和案件审理部门,并没有作违纪、违法犯罪案件的区分。[1] 所以,随着监察委与纪委的合署办公,进行违纪调查和职务违法犯罪调查的人员实际上是同一班人马,不再有转隶前的违纪调查人员和职务违法犯罪调查人员的区分。又根据纪委办案规范,违纪调查立案是在有严重违纪事实、需要追究违纪责任时启动,而初查则是有可能存在严重违纪事实时启动。[2] 虽然纪律要求不仅包括廉政纪律,还有工作、生活、组织等其他方面的纪律,但是构成严重违纪的情况往往也同时涉嫌职务违法、犯罪。而根据《刑事诉讼法》的规定,有可能存在犯罪事实需要追究刑事责任是侦查立案的标准,所以有很多严重违纪的案件同时也满足违法犯罪调查立案的标准。综上所述,在其他方案下,会出现同一班人马在处理同样的案件时存在两套迥然相异的可适用的规范体系的怪异现象。这两套不同的规范体系因为调整同样的人的同样的工作而无法同时有效地存在,因为这些人在进行这些工作时会根据自身的利弊只能选择适用一套规范。如果这种利弊分析系统性地趋于一致,那么这些人的选择亦会趋于一致,从而淘汰其中一套规范,或者每套规范都只有部分实际有效地留下,并与另一套留存的部分融合为一套新的规范。所以转隶后随着人员的合并,支持两套规范体系并存的其他方案是不可能实现的。

再来看方案二,虽然它支持以统一的规范体系调整职务违纪和违法犯罪调查,但它并不支持消极等待这两套规范体系自发地随着人员的合并发生淘汰、融合,而是支持以保留法律规范体系为主,主动地将违纪调

---

〔1〕 参见澎湃新闻网:《中国试验田|国家监察体制改革试点9个月,监察官呼之欲出》,2017年7月14日。

〔2〕 《中国共产党纪律检查机关监督执纪工作规则(试行)》(2017年1月8日颁布)第21条;《行政监察法》(2010年6月25日修正)第31条。

查的规范体系向相应的法律规范靠拢，同时通过法律有意留白和设置例外的方法留出空间给违纪调查的规范体系，以适应现实的需要。鉴于监察委是与纪委合署办公，原检察机关等的人员是转隶到纪委各部门，接受纪委领导，那么纪委的办案规范自然是主导，如此，方案二的以法律规范体系为主的设计还有现实可能吗？显然，从推行一套规范所需要的力量的角度看，检察机关或刑事辩护律师这些原先是适用法律规范的实体的力量不足以让纪委部门遵循以法律规范体系为主的办案规范。但是通过分析新修订的纪委办案规范，可以看到纪委部门正在主动调整其办案规范，向法律规范靠拢，明显地缩短了两套规范体系的差距。

首先，两套规范中规定的初查、立案环节中的调查手段及其操作要求趋于一致。初查阶段，纪委调查和转隶前检察机关侦查所能采取的手段本就相差不大，都是以秘密的非强制性的手段为主，只是纪委调查可以经申请批准采取技术调查和限制出境自由的手段，不过这些手段仍是非强制性的。立案阶段，之前纪委调查因为能够采取"双规"的手段而与转隶前检察机关侦查显著不同，但是随着"双规"被留置代替〔1〕，这点显著不同就被化解了。同时，纪检工作规则的审查谈话对审查人和谈话程序设置了很多要求，在批准程序、谈话时限、地点、人员、录音录像等方面都作了严格规定〔2〕，与强调被审查人服从和交代的"双规"有很大不同。同时，监察委也被赋予留置权，这就使监察调查留出空间来对应纪委调查中的审查谈话。另外，纪检工作规则区分了谈话、审查谈话和调查谈话，对应于监察委对谈话、讯问和询问的区分；要求审查谈话在规定的配置监控设备的场所进行，并且全程录音录像〔3〕，这也对应于《刑事诉讼法》对讯问的规定；规定严禁使用违反国家法律的手段，严禁侮辱、打骂、虐待、体罚或者变相体罚被审查谈话人等〔4〕，对应于《刑事诉讼法》中的非法证据排除规则。

其次，两套规范中规定的初查、立案程序的启动标准也趋于一致。

---

〔1〕 参见丁谨之：《浙江各级监委全面履行监察职能，已对8起案件依法采取留置措施》，载浙江新闻客户端2017年6月22日，http://zj.zjol.com.cn/news/677693.html?ismobilephone=1&t=1498633417467。

〔2〕 《中国共产党纪律检查机关监督执纪工作规则（试行）》第27～36条。

〔3〕 《中国共产党纪律检查机关监督执纪工作规则（试行）》第35条。

〔4〕 《中国共产党纪律检查机关监督执纪工作规则（试行）》第30条。

二者都是在被调查人违纪或违法比较严重的情况下,即具体到行为的性质、次数、涉案金额、人数、社会影响等方面都比较严重的时候才启动。纪检规则明确指出要让严重违纪涉嫌违法立案审查的成为极少数[1],即将严重违纪与涉嫌违法等同看待,作为立案的启动标准,而与之对应的初查标准则是有可能存在严重违纪违法事实。而《刑事诉讼法》规定的侦查立案标准是有犯罪事实,此前的2012年《人民检察院刑事诉讼规则》中规定的初查则是可能存在犯罪事实,这里的标准也应当理解为涉嫌犯罪,应包括严重违法可能犯罪的情况。

七、本节结语:制度改革问题数据化路径的丰富及改革方案比评的启发

本节以监察委办案规范的进一步细化问题的多个可能方案的比较评价为例,具体讨论了制度改革法学问题标准化解构路径的进一步解构和展开,进而丰富了法学问题数据化的一般方法和路径。具体而言,对于制度改革问题中的多个方案比较评价类问题,在数据化时,应当首先综合已有的法学研究理论讨论,归纳总结可能存在的各种合理改革方案。然后根据各种方案的提出依据及特点,确定制度改革问题标准化解构一般路径的各要素的具体要求。比如,将具体制度运行所涉及的权力责任以及权利义务的本质要求,具体表达为监察委调查权的性质和法治的本质要求。将具体制度改革方案的现实状况,集中体现为改革方案解决现实问题的效果及危险。将改革必要性的要求具体化为"在可以确定的因素构建的环境中,没有该方案,预设目的难以实现"的要求。将现实可能性表达为:该方案得以实施且实现其预设目的的条件能否在现实的情况下得到满足。或者说,该方案带来的变化和运行时需要的协同变化在目前条件下能否实现。在各要素具体化后,再根据改革方案之间的主要不同点作进一步解构和分析,寻找有关数据和资料,比较评价改革方案在各要素上的优劣。

通过充分地解构,监察委办案规范的改革问题得到了多维度的充实,四种可能的改革方案获得了全面、综合的比较评价。在对问题解构的过程中,本节也对四种改革方案进行了比较和分析,结合有限的数据

[1] 《中国共产党纪律检查机关监督执纪工作规则(试行)》第4条。

初步论述了方案二为较优方案。更为重要的是，本节通过对监察委办案规范改革问题作数据化的解构后，充分地丰富了这一问题的研究维度，使各种角度、态度的与该问题有关的研究方法及理论成果都能得到一定的体现和考虑，使与该问题的解决有关的各种数据呈现出来，指引有关数据的寻找，为结合计算机协助这一问题的解决作铺垫。

经过分析可以看到，监察委办案规范的改革问题的关键在于寻找两套规范之间的平衡点。这也是方案二的核心。寻找平衡点启发了解决该问题所需数据的寻找，即应当正视存在的冲突，综合考虑冲突背后的价值考量、理论逻辑和现实情况等多方面的数据。监察调查是不同于普通刑事侦查的，所以在有明确立法决断的地方可以适用特别的法律规定，而后期的审查起诉、刑事审判也应适用这些特别的法律规定予以审查认定，定罪量刑，从而不会存在悖论。同时，监察调查也不是与普通刑事侦查毫无关联的，而是在对人身自由、财产的限制性和所体现的国家强制力方面与之非常相似，所以在没有明确的立法决断时应当比照适用《刑事诉讼法》关于普通刑事侦查的规定。所以应当寻找当前两套办案规范中有明确立法决断的特别规定和没有明确立法决断的存在差异的地方。同时，纪委办案规范对监察调查是有影响的，要理解“双规”被留置取代的意义，考虑现实的反腐败压力、我国的发展阶段、腐败案件查处的技术水平等多方面的数据〔1〕，在具体处理时采取暂时留白或例外规定的方法来建立平衡点，再不断地调整平衡点。通过收集和分析多方面的数据，在两套办案规范的基础上构造出监察委办案规范的细则，将方案二的思想和核心要求具体的实现。

第二节　制度改革问题中改革方案与既有制度比较的数据化

本章开头提出了制度改革问题中两大类情形。一是对存在的多种可能改革方案作比评，确定较优方案。二是对既有制度和建议的改革方

---

〔1〕 孙煜华：《构建与监察改革相适应的职务犯罪侦查法治模式》，载《法学》2017年第7期。

案作比评,确定较优方案。本节讨论第二类情形。以我国应急状态法律体系中预警制度改革问题为例,具体讨论制度改革法学问题的标准化路径在现有制度与改革方案比评类问题中进一步解构和展开的路径。

一、现有制度问题的提出:应急状态法律体系中预警制度的问题及初步分析

我国已经形成了“一案三制”的应急法律体系[1],但是现有的预警体制以滞后消极型为主,应当予以转变,建立适应国家现代化治理需要的,以及时充分型为主的预警体制。根据当前的应急体制,当可疑传染病出现后,需要由出现地政府经县、市、省逐级上报至中央,经国务院批准,国家卫健委公布,将该病纳入法定传染病体系,决定按某类传染病进行防控后,全面防控措施才正式启动。而传染病一旦传播开来就会对社会公众的健康、生命安全和正常的工作生活造成恶劣的影响,甚至出现失控的局面,极大地增加了后期防控的负担和风险。如果能在可疑传染病刚出现时,就采取有效的预警措施,及时提醒公众注意防护,那么就能有效地避免可疑传染病的蔓延,用较低的成本解决可疑传染病危机。

传染病只是应急状态中突发公共卫生事件中的一种。本节研究发现,应急状态法律体系针对不同类型的突发事件设有不同类型的预警制度,但是以滞后消极型预警为主,整体存在明显的制度性预警不足。学界近几十年来在我国非常法律体系、应急法律体制以及传染病防治方面已经有较为丰富的研究成果[2],主要体现在:政府信息公开制度[3]、应急反应期间出现的相关犯罪行为惩治、国家紧急权力与公民权利冲突[4]、社会参与制度[5]、突发事件后各部门法中有关原则规定的解读

---

[1] 钟开斌:《中国应急预案体系建设的四个基本问题》,载《政治学研究》2012 年第 6 期。

[2] 孟涛:《中国非常法律的形成、现状与未来》,载《中国社会科学》2011 年第 2 期。

[3] 沈福俊:《建立与政府信息公开制度相适应的保密制度》,载《法学》2009 年第 9 期。

[4] 孟涛:《紧急权力法及其理论的演变》,载《法学研究》2012 年第 1 期;陈海嵩:《雾霾应急的中国实践与环境法理》,载《法学研究》2016 年第 4 期;王超奕:《国家预防灾害的法社会学分析》,载《政法论坛》2015 年第 6 期;詹振远、张朝霞:《论传染病防治中人身自由即时强制制度之优化》,载《法学论坛》2019 年第 11 期。

[5] 詹承豫、刘星宇:《食品安全突发事件预警中的社会参与制度》,载《山东社会科学》2011 年第 5 期。

和适用[1]、突发事件的救助补偿[2]等问题，但是缺少对应急状态法律体系中的预警制度的研究。有少数针对应急法律体系的研究，也集中在应急预案的效力[3]、应急管理综合体制[4]等更为宏观、整体性的问题上，没有针对预警制度的专门、系统的研究。已有文献把预警作为预防中的一个部分，把预警看作一种用来监测、收集突发事件有关信息的技术手段和系统，而不是一种独立的法律制度，没有充分意识到预警具有不同于预防的紧迫性和关键性特点。[5] 这些不同的特点需要进一步的研究，以确定预警阶段应当适用怎样的法治原则，以及像比例原则、效率原则、授权原则等常见法治原则如果适用应当体现为怎样具体的要求和内容。本节通过对中国各类应急状态法律、条例、预案等进行梳理，对应急法律中的预警制度存在的问题进行研究。

二、现有制度方案的归纳及特点总结：应急状态法律体系及预警制度类型化分析

与多种可能改革方案比评问题不同的是，本节讨论的情形下是现有制度方案与建议的改革方案之间的比评。所以首先应当对现有制度方案作提炼和总结，通过运用与现有制度有关的研究理论及成果，对现有制度的基本框架、特点和类型作归纳，以便与后面建议的改革方案进行比较。本点就在已有文献的基础上，总结归纳应急状态法律体系及其预警制度的特点和类型作分析。对已有制度的基本特点和类型作归纳总结，既要充分运用已有的研究成果，在此基础上作必要的提炼或直接引用，又有可能在缺少已有研究成果时，对已有制度有关的法律法规及各类文件规定的数据资料作由下而上的数据分析和抽象提炼。

---

〔1〕 莫于川：《公共危机管理的行政法治现实课题》，载《法学家》2003 年第 4 期；戚建刚、余海洋：《"雾霾应急的环境法理"之反思》，载《法学论坛》2019 年第 5 期。

〔2〕 刘士国：《突发事件的损失救助、补偿和赔偿研究》，载《中国法学》2012 年第 2 期。

〔3〕 崔维、余廉、刘士竹：《中国应急预案效力研究——以青岛"11·22"东黄输油管道泄漏爆炸特别重大事故为例》，载《国家行政学院学报》2015 年第 4 期。

〔4〕 钟开斌、林炜炜：《中国救灾体制的调整与变化：基于典型案例的比较研究》，载《理论与改革》2018 年第 3 期。

〔5〕 孟涛：《传染病突发事件治理的法律原则》，载《中国社会科学报》2020 年 2 月 19 日，第 3 版。

1. 应急状态法律体系的现状及特点

我国非常法律体系由调整各种非常状态的法律组成。受到2003年"非典"疫情的影响,2004年的宪法修正案将"戒严"改为"紧急状态",成为与战争状态并列的另一种非常状态。2007年颁行的《突发事件应对法》第69条明确区分了紧急状态与应急状态。至此,中国非常状态可以分为战争状态、紧急状态和应急状态三种,分别对应不同的法律体系。[1] 其中,应急状态法律体系则由可能导致应急状态的突发事件相关法律及行政法规、以《国家突发公共事件总体应急预案》为代表的各类预案,以及相关的军事法规组成。[2] 《突发事件应对法》第3条将可能引发应急状态的突发事件分为四类,即自然灾害、事故灾难、公共卫生事件和社会安全事件。我国应急法律体系在《突发事件应对法》及《突发事件应急预案管理办法》等一般性应急法规的统摄下,按照这四类事件展开,不断丰富,形成了既有统一的原则和抽象的规范,又有专门性和操作性的具体规定的法律体系。

虽然分为四类,但是前三类都有一个主要的突发事件,其出现和发展会严重地危害人们的生命和财产安全,其出现和发展有一定的规律可循,所以应急反应是根据该事件的规律,围绕突发事件的预防、监测和应急救援来展开。而第四类,一方面其可以包括无法归入前三类事件的突发事件,另一方面这类事件往往是因为某些人的暴力行为,或者某一事件引发了社会秩序的混乱、人们之间的冲突,而导致社会安全的危害,所以应急反应是围绕稳定社会秩序、防止人群过度聚集和发生慌乱、分离发生冲突的人群来展开。由于第四类事件的原因和表现多种多样,难以预测,而且不是造成危害的主要原因,所以其应急主要体现为维护社会秩序和人民情绪的稳定。而应急法律体系中极少关于第四类事件的预防和预警,主要是关于前三类事件的。本节研究的也是前三类事件的应急法律中的预警制度。

具体而言,各类事件设有其一般性的应急法规,如《自然灾害救助条例》《生产安全事故应急条例》《突发公共卫生事件应急条例》等;针对更细分类突发事件的应急规定,如《气象灾害防御条例》《核电厂核事故

---

[1] 孟涛:《中国非常法律的形成、现状与未来》,载《中国社会科学》2011年第2期。

[2] 孟涛:《中国非常法律的形成、现状与未来》,载《中国社会科学》2011年第2期。

应急管理条例》等；针对危险源的预防性法规，比如《食品安全法》《核安全法》等；有关预案制定的规定，比如《国家自然灾害救助应急预案》《国家食品安全事故应急预案》等；有关突发事件性质、危害等级判断的标准类规定；以及有关部门制定或修订的各类具体应急预案550余万件。[1] 所以时至今日，我国应急状态法律体系已经有丰富的内容和层次性，能够涵盖突发事件应急法治的方方面面，是我国非常法律体系中最大的一部分内容。正如已有文献指出的，应急状态法律具有非常法律共有的临时性、授权性和预防性等特点。[2] 虽然体系庞杂，但是内容结构具有一致性，都包括预防准备、监测预警、应急处置与救援、事后恢复与重建，以及相关法律责任等。

2. 应急状态法律体系预警制度的类型化

虽然应急状态法律大都有监测预警部分，但是都没有明确定义什么是预警。不过，《突发事件应对法》将预警监测单独作为一章，置于预防章节之后和应急处置之前，说明预警对应的是突发事件发生之前，但不是遥远到突发事件完全没出现的预防准备阶段，而是突发事件即将发生或已经在酝酿。而应急处置与救援是指事件已经发生，可以初步确定事件的性质和危害级别，进而确定采取的应急反应措施。所以预警制度是指在突发事件可能即将发生或发生的早期，对社会的危害尚不明显或不明确，到突发事件的性质及危害可以被初步确定的阶段，有关部门根据规定对可能发生的事件的危害进行合理的预测，采取预先发出警报、提前做出反应等措施的制度。根据这一定义，分析应急状态法律体系中有关预警的各类法律法规，发现虽然各类突发事件的应急规定中都有预警的内容，但是设立的预警制度有明显不同。一是有权采取预警反应的主体及其权责存在明显不同。主体方面，有的预警制度要求事件发生的单位立即反应[3]；有的允许发生地县级政府或专门部门地方机构预警[4]；有的则由国家专门部门统一确定预警反应，甚至由国务院批准。[5] 权责方面，有的预警制度要求预警主体对可能突发的事件确定

[1] 《国家突发事件应急体系建设"十三五"规划》第1.1点。

[2] 孟涛：《中国非常法律的形成、现状与未来》，载《中国社会科学》2011年第2期。

[3] 《生产安全事故应急条例》第17条。

[4] 《气象灾害防御条例》第30条、第32条。

[5] 《防震减灾法》第29条。

性质和危害程度[1];有的要求预警主体向上级报告所有相关信息,等待上级确定突发事件的级别,并要求其在等待期间采取一定的控制可能危害的措施[2];有的则仅要求向上报告信息,没有要求采取及时预警措施。[3] 二是向公众发布预警的时间、主体、内容及方式存在明显不同。有的预警制度要求事件发生地或事件信息最初收集地的单位或部门或政府及时向公众发布详细信息,并要求广播、电视等媒体向社会播放[4];有的仅要求事件发生地有关部门或政府向公众发布信息,而没有要求发布的渠道[5];有的要求事件发生地有关部门向上级报告信息,在上级决定后才能发布信息。[6]

由于突发事件的不确定性、发生的突然性和可能迅速扩大的危害性,国家在应急反应时应当遵循的法治原则首先是效率原则。效率原则运用到预警制度中体现为两个主要方面的要求,一是预警信息能否及时发送给可能被事件影响、伤害的人们;二是预警的方式及信息内容是否能够充分引起这些人们的警惕,使其采取合理的预警防护,避免伤害或伤害的扩大。这两方面要求可以部分地体现为已有文献提出的法治原则中的授权原则和信息畅通原则[7],但是并不等价。一是不论是授权原则还是信息畅通原则,都需要进一步回答授权哪些主体发布预警或者信息应当如何畅通才能实现效率原则中及时性的要求,或者应当如何授权和发布信息才能实现充分的预警。二是不论是授权原则还是信息畅通原则,只是实现效率原则及时性和充分性的一种手段,仍然需要讨论授权或信息畅通的必要性、合理性和正当性。基于此,本节仍然以效率原则的及时性和充分性来划分预警制度的类型。根据前段所述两点不同,可以分为:充分及时的预警制度,如气象、地质灾害类事件的预警;及时但不充分的预警,如水污染、核事故的预警;滞后消极的预警,如可疑传染病、可疑食品安全问题的预警。这样分类是因为,当有权预警的主

[1] 《核电厂核事故应急管理条例》第19条、第20条。

[2] 《防震减灾法》第48条;《突发公共卫生事件应急条例》第22条。

[3] 《传染病防治法》第30条。

[4] 《气象灾害防御条例》第30条、第31条。

[5] 《水污染防治法》第79条。

[6] 《传染病防治法》第三章。

[7] 孟涛:《传染病突发事件治理的法律原则》,载《中国社会科学报》2020年2月19日,第3版。

体越接近突发事件发生地时，该主体就能越早地获得突发事件的信息，获得的信息就越丰富真实，该主体就能越及时地发布预警。预警主体在获得突发事件可疑信息后具有的预警反应权限越大，该主体就越能及时地采取必要的预警措施，控制危害。发布的预警信息越丰富、及时、醒目，发布的渠道能够接触越多的人，该预警信息就能越好地传播开来，产生越充分的预警。因此可以根据有权预警主体及其权限的不同和向公众预警充分性的不同，确定具有不同及时性和充分性的预警制度，大致分出三种类型，以便进行后文的分析。

3. 我国应急状态法律体系的预警制度以滞后消极型为主

上述类型化分析显示，《突发事件应对法》中按照突发事件的原因和性质所做的分类与按照及时性和充分性对预警制度所做的分类不是完全对应的，但也有一定的关联。虽然不是所有事故灾难的应急法律都具有及时不充分的预警制度，但是事故灾难类的突发事件都更强调事故发生地单位人员的预警责任和及时反应。同样地，虽然不是所有的自然灾害的应急法律都具有及时充分的预警制度，但是自然灾害类的突发事件都更强调灾害发生地政府及专门部门及时发布预警信息并尽可能充分地提醒公众的责任。相比之下，公共卫生事件的预警制度都更强调事件发生最初接触部门逐级向上层报的责任，更倾向由国务院或国家专门部门统一决定如何反应、统一公布信息的制度。这种不完全对应的关联反映了我国在建立不同类突发事件的具体预警制度的过程中实践先行、经验性探索的思路。一方面我们认识到，预警授权主体及其权责的不同和向公众发布预警具体措施的不同会影响预警制度的及时性和充分性。另一方面我们也发现，不同类突发事件所需要的最适宜的预警制度可能不同，会受到多方面因素的影响。这些因素可能包括科技的发展、监测系统的部署和应急准备的程度，突发事件所在地单位或政府对事件性质和危害判断正确的概率，突发事件危害的大小及危害扩大的速度，公众对突发事件预警信息过度反应的可能及危害等。即使如此，由于缺少深入系统的研究和抽象理论的指导，这种经验性探索式建立预警制度的立法方式具有内在的滞后性，对影响因素缺少全面统一科学的评价，总是落后于新出现的突发事件，建立在对已发生突发事件预警不足的教训上，造成了我国应急状态法律预警制度的整体不足。

除了气象、地质灾害的预警授予突发事件发生地或信息最初收集者及时通过电视、广播等多种媒体不断发出警报的权力，要求其迅速做出反应[1]，我国应急状态法律中的预警制度大多是滞后消极型的，即突发事件发生地部门或政府逐级向上报告、由国务院或国家专门部门统一决定和公布信息的制度。[2] 虽然事故灾难类的应急法律大多会要求事故发生的生产单位及时采取措施控制危险源、防止危害的扩大，但是这属于事故发生后的应急救援，而不是预警。不过这是因为事故灾难类的突发事件往往酝酿期很短，其发生到完成持续的时间很短，也没有酝酿期后危害指数级增长的爆发期，所以往往难以预警。但是对于少数可以预警的事故灾难类的突发事件，我国有关的应急法律仍然设计的是滞后消极型的预警，而不是及时充分型的。比如，核安全事故可能出现放射性物质释放、扩散到场区外的情况时，《核电厂核事故应急管理条例》设计的是事故发生的核电厂逐级上报、由国家或特殊情况下的省级政府决定反应和统一发布信息的制度。[3]

三、建议的改革方案的提炼：建立以及时充分型为主的应急预警体制

与多种可能改革方案比评问题相同的是，在提炼了已有制度方案的基本特点和类型后，针对已有制度方案存在的问题部分，应当提炼出建议的改革方案的内容和特点，以便之后对两个方案作比较评价。针对滞后消极型应急预警体制存在的问题，本节提出应当建立以及时充分型为主的应急预警体制。及时充分型预警制度较滞后消极型的不同主要体现在两个方面。一是及时性的改善。授予事件发生地政府发出警报和采取应急预警的权力和责任，要求地方政府及时、积极、主动地采取预警反应措施，以便及时预警。二是充分性的改善。全面充分地披露突发事件有关的信息，引导社会进行充分讨论，唤起公众的警觉意识，以便充分预警。改革方案的具体内容及特点如下文所述。

---

[1] 参见《国务院办公厅关于加强气象灾害监测预警及信息发布工作的意见》；《国务院关于加强地质灾害防治工作的决定》第3点。

[2] 参见《传染病防治法》《防震减灾法》《突发公共卫生事件应急条例》《水污染防治法》《国家食品安全事故应急预案》等。

[3] 《核电厂核事故应急管理条例》第19条、第20条。

1. 改善及时性的建议：赋予事件发生地政府预警期权责

依据《突发事件应对法》，我国的应急管理体制以属地管理为主[1]，由突发事件发生地的县级人民政府或共同的上级人民政府负责突发事件的应对工作。[2] 早期预警属于突发事件应对的重要组成部分，应当延续和发展这一规定，即明确由突发事件发生地的县级人民政府为预警期工作的权责主体。突发事件发生地，是指突发事件首次出现、被发现或报告的地方。在地震、洪灾等自然灾害中较为明确，但在传染病等事件中则可能存在争议，出现多个可能的突发事件发生地。由于突发事件发展迅速，预警需要迅速、果断采取，所以应当明确当有多个可能的突发事件首发地时，该多个地方的县级以上政府均有预警期权责，以便多地都能及时采取预警反应。对像地质灾害等有特别需要的事件，可以再向下沉一级，要求乡级、社区政府采取预警措施。宣布进入预警期后，居民委员会、村民委员会等基层自治组织，应当在预警期权责机关的统一指挥下，开展预警。

应当根据《突发事件应对法》，在各类事件应急法律的一般性法律法规中增加条款，明确预警权责主体在预警期的权力范围和边界，以及滥用权力的责任。同时，国家应当出台预警期预案管理办法，规范预警期预案的制定。将预案制度发展到预警期中，既可以满足预先授权的理论要求，有效地制约预警权力的滥用和过度反应，又能督促地方政府有效履行预警责任。一般而言，预警预案应当包括以下几个部分：预警期开始和结束的标准、预警反应措施的强制或建议的正反面清单、预警权责主体的法律责任。首先，预警预案应当设立发出警报时间的一般判断标准，要求有关部门提供信息和协助，以帮助地方政府及时做出判断。其次，提供预警反应措施的清单，一方面要规定强制性的应急反应措施，如及时、充分的信息公开。对于可能严重侵犯公民权利的措施，比如隔离、封城、封路等，应当设置特别规定，要求只有达到一定的紧迫性时才可以使用。最后，还需要健全突发事件信息的上报和备案制度。要求将何时宣布进入预警期、采取的预警反应措施及其依据和理由等事件信息，及时上报和备案，以便上级政府予以监督和及时纠正，也有利于防止

---

〔1〕《突发事件应对法》第4条。

〔2〕《突发事件应对法》第6条。

预警权力的滥用。

没有责任的追究,就没有落实的保障。因此,在授予地方政府预警权力的同时,应当健全相应的法律责任认定制度。预警主体在预警期间的责任主要由两个方面构成:一是预警主体怠于预警的责任。《突发事件应对法》第 63 条已经规定了突发事件应对中地方政府怠于预警的责任。其他专门事件应急法律的预警责任应当以该条文为基础,进一步明确预警责任主体在该类突发事件中怠于预警的责任。二是预警责任主体滥用预警权力的责任和造成损害时的救助补偿。这一方面在《突发事件应对法》中没有具体规定,应当通过修订增加对滥用权力责任的认定。另一方面由于地方政府有较强的动机保护地方经济和社会生产活动,怠于预警的风险明显更大。所以,在认定预警期的两种责任时,应当更谨慎地追究滥用的责任,更强调怠于预警的责任,以保护地方政府预警的积极性。在必要的时候,可以由国家帮助地方,对预警期造成的损害予以救助补偿。

2. 改善充分性的建议:加强信息披露,引导社会充分讨论

及时的信息披露不等于充分的预警。信息披露在预警制度中的作用是让公众了解突发事件的信息,认识到事件的紧迫性和危险性,进而产生警觉意识,积极主动地自我防护或者配合政府做好事件早期的防控工作。这就意味着,充分的信息披露应当满足两个基本要求:首先,事件信息应当被尽可能多的公众有效获知。一方面,在立法中明确要求应当通过多种媒体、渠道,连续地披露与突发事件有关的所有信息,并建议媒体的级别和信息披露的周期,以确保信息能够覆盖尽可能多的公众。另一方面,因地制宜地考虑不同地方能够接触到预警信息的渠道和时间,鼓励采用灵活的信息公开渠道。比如在偏远地区,除了电视、报纸、手机外,可能需要播放喇叭、到户宣传的方式传播。此外,还应当考虑到信息更迭快的特点,应当通过循环播报或专栏公开的方式,防止事件信息被其他信息覆盖。其次,披露的事件信息应当全面、明确,足以引起公众的普遍重视。在确定哪些信息应当公布时,应当采取尽可能宽松的标准,原则上只要与突发事件有关联的信息,就应当予以披露。在事件信息的准确性上,由于事件尚在酝酿期,所以不应要求信息能够准确地描述事件的性质和危害程度,而只需要求信息能较为准确地描述当前所掌握的事件有关的信息和发展情况即可。应当采用公众可以理解的简洁明了

的表述，不夸大或回避事件的危害性、紧迫性，也不采用过于专业的术语。同时，应当在披露的信息中明确地给出科学的自我防护指导意见，要求公众进行自我预防。

不过，由于突发事件的复杂性和紧迫性，在要求地方政府尽可能全面充分地披露相关信息的同时，应当允许地方政府适当保留特定信息，以便有效地动员公众配合采取及时预警措施。对于何种信息可以被地方政府保留，可以借鉴美国法律对言论自由保护的例外规定。在美国，目前，除非构成像国家秘密等有限的例外，政府原则上应公开所有与突发事件有关的信息。而且，公职人员揭露的哪怕不利于政府的信息也受到一般的言论自由保护和吹哨人制度的特别保护。即便如此，不是所有的政府信息都必须公开，也不是公职人员所有揭露政府的言论都会得到保护。法院在考虑是否予以保护时，时常要进行不同利益的平衡。其中一个著名的帮助判断利益平衡的测试，就是 Pickering 衡量测试。该测试虽然是针对公民揭露而非政府披露的信息，但是其中的利益衡量具有普遍的意义，即衡量所揭露的信息对公民实现言论自由的利益是否高于政府实现行政效率的利益。[1] 将这一平衡借鉴到突发事件预警期政府信息公开的问题中，即要求以有效预警为最终目的，在将信息全面充分公开作为原则的基础上，应当衡量地方政府保留该信息以更好地组织预警的利益是否高于公民获得与突发事件有关信息的利益。在这一衡量过程中，应当考虑以下因素：该信息对于人们认识突发事件的价值，该信息是否有一定的事实基础，该信息的稀缺性和震撼性，该信息将在何种程度上增加社会无谓的恐慌，这种恐慌可否通过其他信息的披露予以消除，以及该信息可能增加的组织有效预警的困难等。所以，政府决定保留信息时必须十分谨慎，应当将信息全面充分公布作为原则而将保留信息作为例外。

政府单方面的信息披露不一定引起人们足够的重视。面对突发事件，特别是新发事件，人们基于日常的思维惯性或是侥幸心理往往缺少警惕，反应迟钝，因此，引起公众对突发事件的兴趣和关注是效率原则充

---

〔1〕 Pickering v. Board of Education, 391 U. S. 563, 568 (1968). See Kozel, Randy J., Reconceptualizing Public Employee Speech, *Northwestern University Law Review*, Vol. 99, Issue 3 (2005), p. 1007 – 1051.

分性的重要要求,其中的关键在于引导社会进行充分的讨论。社会讨论的充分性源于对不同的声音,特别是质疑声音的合理保护,然而,尽管讨论是各抒己见的过程,但是这不意味着公众可以随意发出任何声音而完全不受限制。突发事件中社会讨论的保护范围和程度的问题也可以借鉴美国对言论自由保护及例外的规定。言论自由在美国受到宪法保护,但是也存在例外,比如某言论造成了"明确且现时的危险"[1],或者触发了国家秘密特权[2],例外情形还包括某言论构成诽谤[3]、粗鲁污秽或挑衅的话语等情形[4],不过这些例外有严格的适用条件和十分有限的适用范围。汲取这些经验,我国在引发社会充分良好地讨论预警期的信息、理解预警期的措施、配合地方政府有效实施自我防护和隔离的过程中,就应当原则上保护各种声音和讨论,不删除和压制质疑,只有当某言论明确构成例外时才予以限制。而且这种例外应当非常有限,需在实践的基础上逐渐形成。

四、在制度改革问题标准化解构路径下要素一的进一步展开及论述

在分别提炼了现有制度和建议的改革方案的基本特点和内容,并对二者进行了初步的问题及不同点分析后,应当运用制度改革问题标准化解构路径作进一步的展开。制度改革问题标准化解构路径中的第一个比评要素就是具体制度运行所涉及的权力责任以及权利义务的本质要求。结合前文分析的已有制度和建议方案的不同得到,该要素在本节问题中可以具体化为在应急预警制度中是采取滞后消极型还是及时充分型预警更符合预警制度运行所涉及的权力责任的本质要求的问题。运

---

〔1〕 Schenck v. United States,249 U. S. 47 (1919). See Kendrick Leslie, *On "Clear and Present Danger"*,The Notre Dame Law Review,Vol. 94:4,p. 1653(2019).

〔2〕 United States v. Reynolds,345 U. S. 1 (1953). See Liu, E C., *The State Secrets Privilege and Other Limits on Litigation Involving Classified Information*, Congressional Research Service,p. 24(2009).

〔3〕 N. Y. Times Co. v. Sullivan,376 U. S. 254,279 - 80 (1964). See Kendrick, Leslie, *Free Speech and Guilty Minds*, Columbia Law Review, Vol. 114:5, p. 1255 - 1296(2014).

〔4〕 Chaplinsky v. New Hampshire,315 U. S. 568,572 (1942). See Kleinbrodt, Julian W., *Pro-whistleblower Reform in the Post-Garcetti Era*, Michigan Law Review, Vol. 112:1, p. 111 - 138(2013).

用已有的相关法学研究理论，这一问题进一步集中体现为哪种类型的预警制度更符合我国法律体系化的要求和国家紧急权力与法治理论的要求。

1. 从法律体系化的要求进一步解构和展开

本部分即从我国法律体系化的要求来展开和论述。具体而言，应当通过对我国应急状态法律体系化要求的讨论，来明确哪种方案更加符合与应急预警制度有关的法律体系化的要求。

虽然我国对突发事件主要采取的是滞后消极型预警，但是对于气象、地质灾害，采取的是及时充分型预警。那么，为什么我国在应急法律体系中没有主要采取及时充分型预警？这显然是有原因的。我国在常年应对突发事件的经验上探索得到不同类的突发事件可能需要不同类预警制度的经验，所以采取了分类预警的体制。2007 年颁行的《突发事件应对法》将自然灾害、事故灾难和公共卫生事件分为可以预警和不可以预警两类，就体现了这种分类预警的思想。〔1〕通过对分类预警法律规定的进一步分析得到，建立以及时充分型为主的预警体制较滞后消极型的更加符合该立法思想的原意，更符合应急预警法律体系化的要求。

形成当前以滞后消极型为主的预警体制的一个可能原因是，《突发事件应对法》对于可以预警事件的预警制度的规定，在应急法律体系之后的发展中被视为特别规定，使之后的应急法律将可以预警的突发事件作为例外，进而原则上采取的都是不可以预警的滞后消极型预警。对于可以预警的突发事件，该法规定了具体的预警级别，授予县级以上政府发布警报、宣布进入预警期的权力。在预警期内针对不同的预警级别，县级以上政府可以采取如宣传避免危害的知识、对事件危害进行预测和定级、关闭有关公共场所等预警措施。〔2〕从预警的及时性和充分性来看，对于可以预警的这三类事件，该法采取的是及时充分型预警，而且规定得非常详细。由于该法指明对于可以预警的事件应当建立如此预警制度，而应急法律具有授权性〔3〕，那么可以合理地推理得到，对于不可以预警的突发事件，发生地部门及政府则不具有这些授权，只具有该法

〔1〕《突发事件应对法》第 42 条。

〔2〕《突发事件应对法》第 43～45 条。

〔3〕孟涛：《传染病突发事件治理的法律原则》，载《中国社会科学报》2020 年 2 月 19 日，第 3 版。

预警章节在分类之前规定的收集、监测和上报有关信息的责任,[1]即采取的是滞后消极型预警。由于该法没有提供判断某类突发事件是否可以预警的标准,也没有明确地列举哪些突发事件是可以预警的,所以在更具体专门的应急法律法规中默认突发事件的预警制度必须要求收集和上报有关信息,而仅在无疑是可以预警的事件中经过特别规定,可以授权事发地部门或政府积极预警的权责。因而,该法对可以预警的事件设置的详细规定,不仅没有在此后各类应急法律法规中得以延续和体现(即使在气象、地质灾害的应急规定中也没有像该法这样详细的预警分级和充分的预警期反应措施),还被解读为应当将及时充分型的预警制度作为例外。

显然,将《突发事件应对法》对可以预警事件规定的预警制度解读为要建立以滞后消极型为主、将及时充分型作为例外的预警体制不符合立法原意。首先,该法预警章节共 11 条,其中 6 条是关于可以预警事件的预警制度的,而且该法第 63 条还规定了未及时发布警报、采取预警期措施的法律责任。[2] 可见该法对建立及时充分型预警制度的重视。其次,预警章节第 37 ~ 41 条分别规定了地方政府收集、监测和上报有关信息的责任,在第 42 条时由“国家建立健全突发事件预警制度”总起,之后该章的内容均是关于及时充分型预警制度的具体内容。[3] 可见,该法是认为我国预警制度的主要内容是指这种及时充分型的预警,而非前述的仅有收集和上报等的滞后消极型预警。

另外,从逻辑上讲,作为我国应急状态法律体系的一般性法律,该法如此详细地规定这种预警制度,应当有更为充分的理由,所以可以推断出,这些更充分的理由是:突发事件中很多事件是可以预警的,否则就没有建立预警制度的必要;随着科技的发展和监测系统的部署,会有越来越多的突发事件可以预警;更重要的是,对收集、监测和上报信息责任强调的意义,最终都体现在对突发事件的有效预警上。所以该法其实默认突发事件中主要是可以预警的事件,而不可以预警的才是例外。

将突发事件默认为原则上是可以预警的,符合突发事件的实际情况

---

[1] 《突发事件应对法》第 37 ~41 条。

[2] 《突发事件应对法》第三章,第 63 条。

[3] 《突发事件应对法》第三章。

和应对突发事件的实际需要。第一,所有的突发事件必然有酝酿和即将发生的阶段,即使这一阶段可能非常短暂,以至现有技术和设备无法捕捉到有关信息。事实上,现代科技的发展使得像地震、台风等以往难以预测的发生很突然的自然灾害都可以一定程度上被预测出来,发出预警。第二,虽然由于突发事件是动态发展、变化多样的,所以无法用统计学的方法来证明已经发生或将要发生的突发事件中主要是可以预警的事件,但是随着科技的发展和监测系统的完善,确实有越来越多的突发事件可以在其即将发生或酝酿期被发觉,而且可以被日益准确地预警出来。第三,所谓可以预警,是包括不同可以程度的预警。只要不是完全不可以预警的就是可以预警的,而不是指必须要完全准确的预警才是可以预警。所以显然可以预警的才是主要形式,完全不可以预警的才是例外。第四,虽然不是所有突发事件都像传染病这样后期危害会指数级增长,但是随着突发事件的发展,危害必然会持续增大,而且由于现代社会较强的蝴蝶效应、密集的人口和丰富的社会活动,这种危害往往会加速扩大。这也是为何应急状态法律体系的基本原则就是效率原则和预防原则,即尽早发现、尽快反应。[1]

正是这一默认条款的存在,对抗了运用授权原则对可以预警事件的预警制度规定的限制性解读,使得将及时充分型预警的规定解读为特别授权规定不符合该法内在的自洽性和体系性。相反,应当认为该法原意是希望建立以及时充分型为主的预警体制。由于该法是我国应对突发事件的一般性法律,适用所有突发事件,在应急状态法律体系中具有统摄地位,所以该法显然也希望更专门、细致的应急法律法规能具体实现和发展这一及时充分型预警,而不是将它作为例外规定予以限制、忽略和排斥。

2. 从国家紧急权力与法治理论进一步解构和展开

从权力的本质要求来看,一个反对改革方案的可能原因是,及时充分型预警中对事件发生地部门或政府在预警期的授权不符合国家紧急权力与法治的理论。[2]

---

〔1〕《突发事件应对法》第1条、第5条;孟涛:《传染病突发事件治理的法律原则》,载《中国社会科学报》2020年2月19日,第3版。

〔2〕这里的"紧急权力"包括战争、紧急和应急三种状态。

现代国家,有关法律与紧急权力相处模式的理论主要有调适、例外法、惯常、政治动员和权威专政五种。[1] 中国现行紧急权力与法治的关系遵循政治动员、调适和例外法三种模式[2],既强调面对紧急事件,国家具有正常法律下没有的权力和公民正常权利的限制,又要求对紧急扩张的国家权力通过非正常法律予以规训,保障公民的基本权利,并通过政治动员的方式尽量缓解紧急权力与公民权利之间的冲突,为紧急权力争取正当性。及时充分型预警中,事件发生地部门或政府具有的预警期权力,属于正常法律下没有的权力,会与公民正常权利发生冲突。而预警期中,突发事件不明确,所以尚没有进入紧急状态,也不一定会有紧急事件,所以此时的国家权力扩张没有紧急状态事由的支持。在国家尚不具有预警期紧急权力的情况下,下级行政机构甚至非行政性的生产部门的预警期权力没有任何权力来源基础。

这一主张显然狭隘地理解了紧急权力与法治的有关理论。首先,不应静止、割裂地看待正常状态与非常状态。就像任何突发事件都会有即将发生和酝酿期一样,国家从正常状态进入非常状态必然是一个动态持续的过程,也会有一个非常状态即将发生的阶段。这个阶段既是国家权力扩张到非常状态,也是公民权利限缩到非常状态的过渡时期。这一过渡可以有效地避免权力扩张时与公民之间的冲突,帮助社会平稳过渡到非常状态。所以预警期权力,虽然没有明确的紧急事件支持,但是有紧急事件即将发生或酝酿的可能状态的支持,以及发挥过渡期作用的支持,具有权力来源的正当基础。其次,及时充分型预警中的权力扩张明显小于紧急状态中的权力。预警期权力主要是两个。一是向公众发布警报的权力。这一权力不会与公民权利发生冲突。相反,是对公众知情权的保护。二是对发生危害或有危险的场所封闭、公民隔离,强制医疗或限制人身自由等。这一权力会影响公民的正常权利,是预警期非常状态下扩张的权力。但是这一权力仅由事件发生地部门或政府对当地适用。受到突发事件酝酿期短暂及影响范围小的限制,这一权力的影响时间和范围都很有限。另外,与正式紧急状态下国家权力通过应急法律及预案预先授权一样,预警期权力也可以通过应急法律有关及时充分型预

---

〔1〕 孟涛:《紧急权力法及其理论的演变》,载《法学研究》2012 年第 1 期。

〔2〕 孟涛:《紧急权力法及其理论的演变》,载《法学研究》2012 年第 1 期。

警的详细规定及制定有关的预案来预先得到授权。通过非常法律的调整、向公众发布警报获得公众理解，以及及时上报信息受到国家的监督等，预警期权力也会受到充分的法律规训和调试，所以符合国家紧急权力与法治理论的要求。

五、在制度改革问题标准化解构路径下要素二的进一步展开及论述

制度改革问题标准化解构路径中的第二个比评维度就是具体制度改革方案的现实状况。即对具体制度的实证研究，通过定性或定量或历史的方法，对现实状况本身进行类型化、现象化，或者就现实状况与制度设计的关系进行研究，比如制度的异化，抑或对这些现象或类型进行如经济学或历史学等的解释，有时会集中体现为对现实问题的解决效果。在应急预警体制问题中则集中体现为方案对解决应急事件预警问题的效果和效率。

1. 从方案的效率进一步解构和展开

本部分在方案解决现实问题的效率这方面具体地展开。[1] 面对突发事件的不确定性和可能造成的巨大社会危害，应急法律体系的首要法治原则也是效率原则。[2] 效率原则具有丰富的内涵，在不同的部门法中具有不同的具体表达。[3] 将效率原则适用到既有应急体系中预警体制是否需要转变的问题中，就是要求预警体制转变后，应急体系比转变前能够更有效率地解决突发事件的应对问题。在讨论一个制度的效率时，往往在成本、收益和风险上展开。[4]

据此展开得到，认为保留滞后消极型预警更符合效率原则的原因有：第一，滞后消极型预警的不足可以在后面的应急反应中弥补，整体代

---

〔1〕 邓矜婷：《纪委、检察机关办案规范的整合：一个连接理论与实践的分析路径》，载《法学家》2018 年第 6 期。

〔2〕 孟涛：《传染病突发事件治理的法律原则》，载《中国社会科学报》2020 年 2 月 19 日，第 3 版。

〔3〕 参见沈岿：《论行政法上的效能原则》，载《清华法学》2019 年第 4 期；郝耀武：《论物权效率原则》，载《法制与社会发展》2006 年第 6 期；庞小菊：《民事审判迅速化的效率原则》，载《西部法学评论》2017 年第 5 期。

〔4〕 See Ugo Mattei, *Efficiency in Legal Transplants: An Essay in Comparative Law and Economics*, International Review of Law and Economics, Vol. 14:1, p. 3 – 19(1994).

价低。虽然滞后消极型预警难以将突发事件遏制在酝酿期,在上报等待期难以及时进行防范,但是在国家做出决定后,就能采取全国范围统一的行动,迅速有序反应,把浪费的时间弥补回来。上报等待期可以缩短至十几天,所以不会滞后太久,一般不会造成难以弥补的严重危害。第二,及时充分型预警制度会产生更严重的问题。赋予地方部门或政府预警期权力,可能出现地方部门或政府对突发事件的性质和级别做出错误的判断,发出错误的警报,采取过度的预警措施,甚至滥用权力等问题,导致公民人身和财产权利受到损害,地方经济和社会生产活动遭受损失。而且,由于早期信息的缺乏,地方政府收集、分析信息的能力有限,以及突发事件本身的复杂性,地方政府采取过度预警或做出错误判断的风险较高。人们对突发事件持有较高关注度,容易发生恐慌,做出过度反应。

但本节认为上述原因是不充分的,及时充分型预警比滞后消极型预警明显地更符合效率原则,理由如下:

第一,滞后消极型预警的不足难以弥补,及时充分型预警的成本、风险都明显更低,效益显著更高。我国是自然灾害发生最多的国家之一。生产安全事故、环境污染事件以及传染病等都是易发多发。[1] 近10年以来我国几乎每隔几年就有新发传染病出现。[2] 加上人口密集和大规模流动,突发事件的关联性、衍生性不断增强、危害越来越大。[3] 我国面临严峻的突发事件防控形势。在这种情况下显然不能抱有希望突发事件会极少发生的侥幸心理。即使是极少发生,发生一次就可能造成全国范围经济社会活动较长时间的停滞。

第二,及时充分型预警制度可能产生的新问题不严重,且发生概率很低,可以用较低的制度成本予以解决。虽然预警期授权必然增加地方政府错误判断、滥用权力及过度反应的风险,但是应当认识到,受到地方经济利益需要和薄弱风险意识的影响,更常见的现象是地方政府对预警会严重影响正常的经济和社会生产活动的担忧。而且,正常状态是主要状态、惯常状态,从正常状态变为非常状态需要有能克服惯性的强大力

---

〔1〕《国家突发事件应急体系建设"十三五"规划》第1.2点。

〔2〕《国务院关于传染病防治工作和传染病防治法实施情况的报告》第二(一)点。

〔3〕《国家突发事件应急体系建设"十三五"规划》第1.2点。

量,所以早期反应麻木、消极预警是大概率事件。即使判断错误,十几天的预警期内小范围的公民权利和社会生产等的影响,显然远小于突发事件暴发后国家紧急权力行使造成的影响。而且,地方预警期权力的行使受到国家和上级政府的监督。权力滥用等的风险可以通过制定预案细化权力的行使、事后追究法律责任、建立预警期救助补偿等法律制度予以控制和化解。这些制度本就存在,用于规范突发事件发生后国家应急权力的行使,所以只需要适当地调整以适用到预警期权力的规范中即可,所需的制度成本很低。综上可得,及时充分型预警比滞后消极型更符合效率原则。

2. 从方案解决问题的效果进一步解构和展开

由于要讨论的是已有制度方案是否需要改革,所以在讨论解决问题的效果这方面展开时,可以从已有制度方案无法有效解决问题出发来反向解构。具体在本节问题中,就是讨论已有制度方案能否实现有效的应急预警。所谓预警制度的不足,是指对于可以预警的突发事件,由于预警制度的安排,使得预警不能达到良好的效果。可以预警的突发事件是指突发事件的发生有一定的酝酿期,而且在酝酿期后危害的增长是迅速乃至指数级的,现有的科技及监测系统能够较好地收集到这一期间突发事件可能发生的信息,如果在这一期间内及时发出警报、做出防范,可以以较低的成本有效地遏制突发事件危害的扩大。对于这样的突发事件,由于预警制度的不及时、不充分,使酝酿期本来能够发出的预警没有达到预警的效果,本来可以采取的预警防范没有到位,如此则认为预警制度存在不足。下文以可疑传染病的预警为例,说明滞后消极型的预警对可以预警的突发事件的预警存在的不足。

传染病是典型的可以预警的突发事件,因为传染病早期只有几个人或动物被传染,如果传染源及时被控制和切断,就可以有效遏制传染病的发展,但是如果没有及时控制,则传染病会以指数级的速度传播开来。在传染病预警中,我国已不存在科技落后、无法监测到早期病例的情况了。

事实上,在2003年的SARS的事件之后,我国便加快了对传染病预警体系的建设。2004年,国家疾控中心建立了一套基于互联网的国家疾病监测信息报告管理系统。2008年又在该系统的基础上进一步研发了传染病预警信息系统。而且现行法律强调了及时上报传染病信息的责任。

我国的传染病防治体系建立在已经明确的传染病分类体系基础上，根据《传染病防治法》的规定，如果出现了不明原因的传染病，需要逐级上报至国务院，由国务院卫生行政部门根据传染病暴发、流行情况和危害程度，决定增加、减少或者调整乙类、丙类传染病病种并予以公布。如果此种传染病需要采取甲类传染病的预防、控制措施，还需由国务院卫生行政部门及时报经国务院批准后予以公布、实施。这一逐级上报、消极等待上级决定的制度，难以实现及时的预警。即使像今天我国已经建立了互联网传染病监测信息系统，县级部门上报信息至国家专门部门只需要两三天的时间，但是一方面信息要引起国家专门部门的重视需要一定的反应时间，每一级的政府或部门还需要时间来处理和审批，另一方面国家专门部门来调研、收集信息后需要一段时间进行生物实验，才能形成有关报告。该报告要呈交国务院，等待最终决定。之后这一决定需要向下公布，由各级政府再逐级反应。所以 20 天的反应时间已经是这一预警制度能够达到的最短时间。所以目前的预警制度对可以预警的传染病存在预警不足。

此外，这一制度的消极性、预警的不充分性也是明显的。由此可见，滞后消极型的预警制度无法对可以预警的突发事件实现本可以实现的预警，无法解决有效应急预警的问题。

六、在制度改革问题标准化解构路径下要素三和要素四的展开及论述

前述关于已有制度方案无法有效解决问题的讨论也说明了已有制度方案应当被改革以实现对现实问题的有效解决的必要性。所以本节不再在要素三下展开。制度改革问题标准化解构路径的第四个比评维度是改革方案是否具有现实可能性。现实可能性是指该方案得以实施且实现其预设目的的条件能否在现实的情况下得到满足。或者说，该方案带来的变化和运行时需要的协同变化在目前条件下能否实现。与监察委办案规范改革中存在相互冲突的利益及博弈的力量不同，应急预警体制改革的问题中不存在相互冲突的利益和较大的现实阻力。所以现实可能性在本节问题中不存在较大问题。下文就建议的改革方案的具体实现步骤作简要展开。

在具体实现向及时充分型预警体制转变时，应当按照紧急程度和转变难度，采取分步改的方法，以减小制度转变的成本。首先，应当改变最紧迫的可疑公共卫生事件预警制度，尤其是可疑传染病预警制度。因为像可疑传染病等事件具有潜在的巨大危险和后期危害迅速扩大的特点，在事件早期不进行充分及时的预警会造成广泛、严重的社会危害。而且，这样的事件一般都具有一段时间的酝酿期，在科技的辅助下可以良好地实现及时充分的预警。所以应当首先修改《传染病防治法》，明确传染病首发地政府对可疑传染病及时充分预警的责任、采取预警措施的权力和没有及时预警及滥用预警期权力的责任。制定《传染病预警预案》，进一步落实预警主体权责、信息披露等具体预警要求，形成系统、明确的预警指引规范。其次，延续和发展《突发事件应对法》已有的及时充分型预警规定。利用该法在应急法律体系中的一般性法律地位，在该法中明确突发事件在原则上都是可以预警的，使其他更为专门的应急法律在原则上都应延续该法中的及时充分型预警，除非有例外规定。以此来统摄各类应急法律中有关预警规定的解读，尽可能地将各类预警制度解读为及时充分型的预警，避免在较短的时间内需要大量修改各类事件的应急法律法规。最后，对于难以通过解读的方法将原先的预警制度转变为及时充分型的应急法律法规，或者原先的预警制度是空白的情形，可以加入立法规划中，逐步进行专门的修改，或者填补空白。通过这样分步改的方法以较小的成本和变化逐步补上我国应急法律体系中的预警体制短板。

七、本节结语：制度改革问题数据化路径的丰富及现有制度与改革方案比评的启发

本节以应急预警体制问题的现有制度与改革方案的比较评价为例，具体讨论了制度改革法学问题标准化解构路径的进一步解构和展开，进而丰富了法学问题数据化的一般方法和路径。具体而言，对于制度改革问题中的现有制度与改革方案比较评价类问题，在数据化时，应当首先综合已有的法学研究理论讨论，归纳总结现有制度方案的基本特点和类型，并且针对现有制度方案中初步呈现的问题提炼出改革方案的内容和特点。对二者的不同点再作归纳和提炼。然后根据二者的特点和不同点，确定制度改革问题标准化解构一般路径的各要素的具体要求。比如

将具体制度运行所涉及的权力责任以及权利义务的本质要求,具体表达为应急法律体系化和国家紧急权力与法治理论的要求。将具体制度改革方案的现实状况,集中体现为解决有效应急预警问题的效果及效率。在各要素具体化后,再根据现有制度和改革方案之间的主要不同点作进一步解构和分析,寻找有关数据和资料,比较评价两套方案在各要素上的优劣。

通过充分地解构,应急状态法律体系中预警制度问题得到了多维度的充实,现有制度与改革方案获得了全面、综合的比较评价。在对问题解构的过程中,本节也对两套制度方案进行了比较和分析,结合有限的数据初步论述了现有制度方案无法有效地实现应急预警,建议的改革方案是较优方案。具体而言,本节在对我国各类突发事件应急法律中的预警制度进行类型化分析的基础上,提炼出我国目前以滞后消极型为主的预警体制特点。运用制度改革问题标准化解构的一般路径,本节从应急法律体系中一般性法律的立法原意、预警期授权的权力本质要求、修改方案解决问题的效率,以及实现改革的可行性方面,比较评价了以及时充分型为主的改革方案较现有制度方案的显著优势,进而讨论了转变的具体实现方法和步骤。更为重要的是,本节通过对该问题作数据化的解构,充分地丰富了这一问题的研究维度,使各种角度、态度的与该问题有关的研究方法及理论成果都能得到一定的体现和考虑,使与该问题的解决有关的各种数据呈现出来,指引有关数据的寻找,为结合计算机协助这一问题的解决作铺垫。

70 多年来,中国法学已经进行了三次革命性探索,实现了长足的发展。[1] 在现阶段,法学界面临着以构建中国特色法学体系为总抓手来补“短板”、强弱项的迫切需要,应当以法治实践激发理论创新、推动法学发展。[2] 无论是监察委办案规范改革中出现的问题,还是应急法律体系的制度性“短板”,都深刻表明了在科技强国的同时,构建和不断完

---

〔1〕 张文显:《在新的历史起点上推进中国特色法学体系构建》,载《中国社会科学》2019 年第 10 期;黄文艺:《迈向法学的中国时代——中国法学 70 年回顾与前瞻》,载《法制与社会发展》2019 年第 6 期。

〔2〕 张文显:《在新的历史起点上推进中国特色法学体系构建》,载《中国社会科学》2019 年第 10 期;周佑勇:《新时代中国法学研究及学科发展的新任务》,载《武汉大学学报(哲学社会科学版)》2019 年第 2 期。

善适应我国现代化治理需要的法治体系不可替代的重要性。本章两节分别从我国监察委办案的实际情况和突发事件防预的实践出发,进一步凝练了改革既有法律体系中具体制度这一现阶段在我国具有重要现实意义的原创性法学命题。这类问题的研究往往包含跨学科的研究方法和理论,面向丰富的中国法治实践,容易出现多种多样的理论成果和争议。面对这种情况,本章没有直接运用第二章提出的数据化法学问题的一般方法对这类问题逐个作解构,而是根据这类问题共有的特点,在开头引言部分提出了一种分析框架,帮助这类问题的初步解构,即制度改革问题标准化解构的一种路径。如此,既丰富了制度改革问题数据化的方法,又展示了路径具体展开的方法,还启发了监察委办案规范和应急预警体制改革问题的具体解决。本章展现了中国法学建立在实践基础上为世界法学的进一步发展所作的部分努力。

第四章　法学问题数据化后解决方法初探

本书第一章提出了计算法学方法的基本思维和一般步骤。计算法学方法主要分为两大步。第一步是对法学问题的数据化,以启发尽可能多的相关数据的寻找和数据演算规则的初步确定。本书第二章、第三章在法学问题基本分类的基础上,就其中的法律规范类和法秩序类问题中的几类子问题进行具体讨论和分析,归纳和展示了数据化法学问题的一些方法。所谓数据化法学问题,就是对法学问题作解构和丰富,对可能的相关数据作抽象和提炼,使法学问题和可能相关的数据相连,尽可能地寻找和发现与法学问题有关的所有现实数据,以及初步确定对可能相关的数据作处理分析以帮助法学问题解决的演算规则,从而能够通过相关数据的计算机演算式来表达法学问题。第二章、第三章展现了数据化法学问题的几类常见的路径。一是由上而下,对问题作层层解构以与数据相连的路径。二是由下而上,对数据作层层抽象以与问题相连的路径。三是部分由上而下、部分由下而上相结合将问题与数据相连的路径。第三类还可以细分为先由上而下、再由下而上,将两部分相连的一种路径;以及先由下而上、再由上而下,将两部分相连的另一种路径。

接下来,本章将研究和讨论计算法学方法的第二步,即对数据化后的法学问题结合计算机技术帮助解决。在法学问题数据化的指引下,越来越多的相关数据会逐渐被发现。很多法学问题相关的数据都是大量的。不过也有一些法学问题相关的数据是少量的,比如第二章的冲突价值平衡问题和第三章的应急预警制度问题。尽管如此,计算法学方法不同于其他法学研究方法的一个重要特点是,它在处理某个特定问题的数据时采取的是开放、包容的方法,以便未来如果有别的法学问题也指向这类数据时可以一并使用，方便被处理后的数据合并、重复使用。所以即使是少量的相关数据，计算法学方法仍然坚持让计算机能够处理这些数据的方法来进行，即自动化的方法，并且尽量采用能够方便未来与其他数据合并、能够重复使用的方法来处理、分析和存储。况且，在大部分情况下，数据化后的法学问题指向的数据都是大量的，而且随着越来越多的信息和资料数据化，法律数据会越来越丰富。并且很多法学问题都是动态发展的，所以指向的数据也会不断增加。所以无论寻找到的相关数据是否海量、性质及状态如何，第二步结合计算机技术来帮助解决数据化后的法学问题中的重要部分就是要实现对所发现的数据的计算机化存储、分析和处理，甚至在信息社会高度发达后，实现数据最初的计算机化收集。具体而言，是指将与法学问题相关的资料通过计算机识别技术、扫描、录入或编码等方法作清洁处理，将非结构化的数据转化为结构化数据，再通过一些计算机方法从结构化数据中提取出对解决或研究法学问题有实质意义的数据，再对这些数据作演算和分析，帮助法学问题的解决和研究。本章第一节、第二节以目前法学问题中常用的司法判决书的处理分析为例，对这一部分作详细的讨论。在结合计算机帮助解决法学问题后，计算机系统会成为法学问题解决或研究中的一部分，所以计算机不只是工具性的，还是法学问题解决时需要考虑和研究的对象之一。无论是理解在计算机帮助下得到的法学问题研究成果，还是设计在计算机帮助下实现的法律制度，考虑和充分运用计算机系统本身的特点和规律都是必需的。所以第二步结合计算机技术来帮助解决数据化后的法学问题中的另一重要部分就是在运用计算法学方法研究和解决法学问题时应当充分考虑和运用计算机系统本身的特点和规律，将这些特点和规律在法学问题研究成果的理解或法律制度的设计实现中予以体现。本章第三节就以电子公证系统对个人信息法律保护的实现问题为例，讨论了在结合计算机研究解决法学问题时，考虑和运用计算机本身特点和规律的方法。

第一节　从海量判决书中提取法律数据的方法[1]

目前计算法学尚在发展初期，万事开头难，能够实现计算机在一些直观、简单的法学问题中的运用已不容易，而且底层数据的计算化处理对于后续更深入的研究具有打基础的意义，应当尽可能地进行充分、严肃的学术推敲和讨论。只有通过学术性的公开、具体的讨论，才能让后人在前人研究的基础上继续开发计算机能力解决更复杂的法学问题。因而本节就当前计算法学的主要运用场景——智能处理判决书展开详细的讨论，并以两万余份受贿罪判决书的处理为例，提出一些具体的功能、模型设计和通用的方法、程序编写，以便后续研究使用、检测和批评。

计算机能够提取的判决书信息按其完成的难度和准确度可以分为三类。第一类是在相对固定位置有相对固定表述的信息，比如案件名称、当事人及代理人信息、法院和公诉人信息、审判时间地点、审判人员等。第二类是位置不太固定、表述较多变化的信息，如受贿罪判决书处理中的受贿次数、受贿金额、行贿人数等信息。第三类是不能直接提取、需要通过构建可提取的要素的算法或组合才能获得的信息，如受贿人的职级、是否积极为他人谋利、法官对证据确实充分的内心确信程度、嫌疑人的社会危险性等。本节将可以从文书中直接提取的构成某一更为抽象信息的信息称为要素，将抽象信息具象化为要素的具体算法的过程称为要素化过程。这也是目前智慧司法开发软件的几大公司通用的说法。比如元典、法信、国双等公司在分析判决文书、构建人工智能定罪量刑或类案推送模型时都是通过要素化过程将一些比较抽象的情节转换成可直接提取的要素来进行的。[2]

计算机处理文书一般有两条技术路线：一条技术路线是使用一种名

---

〔1〕 本节主要内容摘自邓矜婷、张建悦：《计算法学：作为一种新的法学研究方法》，载《法学》2019 年第 4 期。特别感谢张建悦和人大法学院未来法治研究院数据法学实验室的帮助。

〔2〕 这些信息是由笔者在 2018 年 4 月到 5 月于北京、上海、浙江等地在上述公司和运用这些公司研发的智慧司法软件的人民法院、人民检察院进行调研时获得的。

为“正则表达式”[1]的字符匹配技术，编程人员首先大量阅读和归纳判决书中的常用表述，编写不同的“正则表达式”，可以直接定位判决书中的相关语句和提取有关要素。比如，判决的结果经常使用诸如“根据中华人民共和国……法……，判决如下：……”这样的表述，通过正则表达式“根据中华人民共和国(. +?)，判决如下：(. +?)。”[2]可以定位这一语句，并提取出援引的法条和判决结果。正则表达式的含义丰富、功能强大，不仅能够直接定位语句和要素，而且可以对目标要素周围的语言表述情况展开检查，进一步确认该语句所表达的真实含义。比如，正则表达式在捕获“构成受贿罪”类似表述的同时，有能力检查它的周围是否存在“不”等否定意义的词汇，避免对语句真实意思的误解。另一条技术路线是近年来在计算机领域逐渐兴起的“自然语言处理”[3]技术，它是人工智能学科的一个分支，以让计算机完全理解人类语言的真实意图为最终目标。自然语言处理技术在判决书处理的运用，简单来说，就是根据中文词汇被使用的概率分布，并结合中文语言本身的构词构句规律，对判决书文本进行分词、句法分析、语义分析等技术处理，提取语言所表达的逻辑和意思。自然语言处理技术适合处理那些表述灵活的文本，这些文本在判决书中表现为对案件的事实描述和说理论证。不过，由于判决书的格式较为规范、表述相对固定，提取判决书中的要素更适合采用正则表达式路线；自然语言处理则更广泛地直接运用在罪名预测、刑期预测等方面[4]。本节处理判决书时采用了正则表达式路线。不论哪种方法，都需要经过判决书的获取和数据提取两个阶段。下文将这两个阶段进一步细化为五个步骤，对各个步骤如何进行、需要注意的问题，以及具体情形的处理方法展开讨论。

---

〔1〕 详见[美]Jeffrey E. F. Friedl:《精通正则表达式》(第3版)，余晟译，电子工业出版社2007年版。

〔2〕 这里的符号“.”表示任一字符，“?”表示尽可能少的匹配字符，“()”将它所括起的部分组合成一个新的整体。

〔3〕 详见俞士汶等:《自然语言处理技术与语言深度计算》，载《中国社会科学》2015年第3期。

〔4〕 邓文超:《基于深度学习的司法智能研究》，哈尔滨工业大学2017年硕士学位论文。

一、判决书的获取

众所周知,中国裁判文书网是全国各地法院在互联网公开裁判文书的唯一官方途径,因此,中国裁判文书网理论上是首选的数据源。中国裁判文书网提供了批量下载功能(每次最多可下载 20 份判决书),可以满足采集较小数据规模判决书的需要。此外,互联网上还存在一些司法案例搜索引擎,例如,北大法宝、威科先行、无讼案例等,它们通常能够提供更大下载量的批量下载功能,但是为了避免在短时间内被大量下载致使"脱库"[1],一般都会限制对单日最大下载量和单次下载的时间间隔,这对学术研究而言无疑提高了获取数据的人力和时间成本。如果研究所需的判决书数量达到数万级别甚至更多,这种手工采集的方式可以说根本不可能完成任务。虽然样本规模并不总是越大越好,但是建立在几百份样本基础上(而样本总量可能达到上万的规模)的定量研究往往很难具有说服力。

评价获取判决书的手段有三个维度:一是获取数据的完整性,即通过该种手段所能获取的判决书数量应当尽可能达到可被互联网检索的全部判决书的数量;二是获取数据的效率,即获取一份判决书的人力、时间成本应当尽可能低,直至可以顺利地采集超大数量的判决书;三是获取手段可重复,任何研究者都可以通过该手段获得相同的数据,从而使相关的实证研究可被验证。本节采用一种使用电脑程序自动、高效获取判决书的手段,这种被称为"爬虫"[2]的数据采集技术已经在科技、金融、医疗等众多领域得到广泛运用[3]。简言之,爬虫是一道计算机程序,能够模仿和重复人类访问网站的行为(因此又被称为"Robot")。通过爬虫访问提供判决书的网站能够快速、高效、低成本地获取判决书。

使用爬虫获取判决书的基本流程分为三步。

第一步,确定一个提供判决书的网站作为爬取目标,了解其使用方

---

〔1〕"脱库"是信息安全行业对信息系统数据遭受非法泄露的一种通俗称呼。互联网上的各种数据都是公开的,但不意味着数据所有者(或者说"控制者")希望或允许任意用户在任意时间获取任意规模、任意形式的数据,特别是具有商业价值的数据。

〔2〕爬虫的发生机制和互联网应用层的超文本传输协议(HTTP 协议)密切相关,更多信息可参阅 Clinton Wong, *HTTP Pocket Reference*, O'Reilly Media, 2000。

〔3〕参见王悦:《基于数据挖掘算法的金融数据采集与分析研究》,天津大学 2016 年硕士学位论文;卞伟玮、王永超、崔立真等:《基于网络爬虫技术的健康医疗大数据采集整理系统》,载《山东大学学报(医学版)》2017 年第 6 期。

法和一些技术参数，关键的参数如向网站请求判决书的真实 URL 地址、检索判决书时所提交的各项 URL 参数等则必须掌握，这些信息是编写爬虫的基础。比如，在威科先行法律信息库检索包含“受贿罪”关键词的裁判文书，浏览器上方显示的 URL 地址是 http://law.wkinfo.com.cn/judgment-documents/list?q=受贿罪，而通过抓包软件分析可发现请求判决书的真实地址是 http://law.wkinfo.com.cn/csi/filtertree/causeOfAction?searchId=03718c7cf25448e98ca4ed5e0e021f49，使用爬虫访问该地址才能正确获得判决书。

第二步，制定爬虫策略，编写爬虫程序[1]。有几个方面应当注意：(1)对爬虫访问网站的速度应当予以控制，使爬虫速度不至于过快或过慢，速度过快会给目标网站的服务器造成较大压力，容易遭到封禁，速度过慢则无法顺利完成采集任务。(2)设计断点续传功能[2]，提高程序的容错性。否则，爬虫在采集海量判决书时无法在短时间内迅速完成，运行过程中的一个轻微错误就可能导致当前采集进度全部丢失，只能重新采集。(3)选择适当的方式保存采集的数据。如果对存储效率要求较高可让程序直接写入磁盘，但更普遍的做法是存入数据库[3]，有利于数据的整理、备份和转移。

第三步，了解和规避目标网站的反爬虫措施。这一步至关重要，且往往最具难度，是爬虫采集数据时面临的主要困难。“反爬虫”是指网站采取技术保护措施，甄别访问其网站的爬虫程序并加以限制，以防自身数据被大量下载。比如，中国裁判文书网在搜索结果页下方的“公告”处声明：“任何商业网站不得建立本裁判文书库的镜像”，并设计了非常严厉的反爬虫机制作为技术保障[4]。判决书具有一定的商业价

---

〔1〕 笔者在此提供一个自己团队编写的爬虫程序供参考：载 https://github.com/tsfnzjy120/paper_crawler，最后访问日期：2019 年 3 月 13 日。该爬虫曾在一周的时间内爬取了 3000 多万份裁判文书和 200 多万份法律文件。

〔2〕 断点续传是指计算机程序能够保存执行进度，每次执行时从上一次停止执行的地方继续执行。

〔3〕 此处“数据库”是一个专业术语，指数据库管理系统(DBMS)，它是一个计算机软件，提供一个方便、有效、安全的数据存取环境。参见[美]Abraham 等：《数据库系统概念》(第 6 版)，杨冬青等译，机械工业出版社 2012 年版，第 1 页。

〔4〕 中国裁判文书网在 HTTP 请求中混入了 vl5x、number、guid 三个加密参数，并且在访问速度稍快时会弹出验证码。对用户所能访问的数据总量也有控制。

值,而获取大量判决书究竟是出于商业目的还是研究目的仅从行为本身来看又不可能区分,因此,绝大多数网站都是不作区分地设置了严格的反爬虫措施;而且,公开程度越高的网站其反爬虫措施越严厉。对于非公开的付费网站,由于其访问用户已经受到一定限制,它们的反爬虫措施相对弱些。任何反爬虫措施的首要任务是区分访问其网站的正常用户和爬虫程序,因此,规避反爬虫措施的核心在于混淆或者绕开这种区分机制,尽可能将计算机程序伪装成人类用户。比如,爬虫的访问速度比正常用户快得多,大多数网站都会以单位时间内用户的访问量作为区分爬虫的标准,而对应的规避策略是降低单个爬虫的速度,然后使用多台机器爬取。

爬虫不是对手工采集方式的彻底否定,大多数案由的判决书数量都较少,只有民间借贷、机动车交通事故等少数民事案件和盗窃、交通肇事等少数刑事案件的判决书数量规模在数十万份以上,基本不可能手工采集。对于低频案由,编写爬虫所带来的时间成本远高于手工方式,直接使用网站自带的"批量下载"功能也许更加方便。此外,手工采集的数据也可作为爬虫的补充。本节所采集的2万多份受贿罪一审判决书是通过爬虫程序采集。[1]

二、数据提取的基本步骤之准备工作:数据预处理

在提取要素之前,为避免原始数据中存在的瑕疵,防止产生程序问题或者得到错误结论,有必要预先处理和解决一些数据本身存在的问题。判决书的预处理过程通常包括文件格式统一、文本内容清洗、数据去重、数据筛选、生成标识码几项内容,这些处理不仅能够提高数据的质量,解决原始数据中存在的数据不完整、不一致、有异常等问题,而且能够让数据更好地适应信息提取工具或技术。

第一,文件格式的统一。计算机程序自动处理判决书,首先要求判决书在计算机中的存储格式必须一致。人工下载的判决书基本是word格式,这种文件格式便于人类浏览和编辑,但不适合计算机程序访问和处理,因此,通常的做法是将word文件转换为txt文件,或者直接将判决

---

〔1〕 相关程序载https://github.com/tsfnzjy120/paper_crawler,最后访问日期:2019年3月13日,该爬虫曾在一周的时间内爬取了3000多万份裁判文书和200多万份法律文件。

书的内容存入数据库,等到使用时再从数据库中取出。统一文件格式时还需要处理文本的编码方式问题〔1〕,使用正确的编码方式读取文件,并用统一的文件编码存储文件。本节在处理2万份受贿罪判决书时将全部文件统一为UTF-8编码的txt文件。

第二,文本内容的清洗。它包括三个方面的内容:首先,除去判决书中的商业标识。通常互联网上的各种案例搜索引擎都会将自身的商业标志、标语或者其他标识信息放入判决书,比如从威科先行法律信息库下载的判决书就带有公司的商标、名称和二维码。其次,除去一些不可见字符,比如\n(换行符)和\r(回车符),这些不可见字符虽然实际存在,但不会显示在电脑屏幕上,可能会影响数据提取的准确性。最后,标准化标点符号。由于录入的不规范,一份判决书内可能会大量混用中文标点和英文标点、半角标点和全角标点,引发计算机程序的断句困难。

第三,数据去重,即除去重复的判决书。即使是从同一网站采集的数据,也无法完全保证样本之间互不重复,需要程序专门处理判决书的重复问题。通常的做法是先提取判决书的案号,根据案号判断出重复的判决书并删除。

第四,筛选符合条件的判决书。虽然在检索和采集数据时已经采用一系列检索条件保障判决书符合标准,但大多数情况下仍然会混入一些"脏数据"。比如,虽然在检索判决书时已经通过"高级检索"功能将案由限制为受贿罪,但本节所采集受贿罪判决书中仍然混有大量的非国家工作人员受贿罪案件和判处其他罪名的案件,这说明一些提供判决书检索服务的网站对判决书的处理并不精细。

第五,为每一份文书生成标识码。常用的编码方案有多种,本节建议采用的方案是根据全部样本的数量生成一套从0开始的序号,分配给每一份文书。这样可以使计算机程序依次有序读入判决书内容,同时提取要素出错时能够快速定位出错的判决书。

三、提取要素的通用过程和方法

数据预处理后可以开始提取要素了。基于正则表达式提取判决书

---

〔1〕 文本编码方式是指将计算机底层二进制数据映射为各种字符(数字、字母、汉字等)的规则,使用错误的编码方式会导致二进制数据被解释为不正确的字符,即产生乱码。

要素的过程可以概括为读入判决书内容—按照文本结构分解文本—设定待提取要素—编写正则表达式提取要素—输出提取结果—准确度检查和程序改进。下文以 Python 编程语言对 2 万份受贿罪判决书的要素提取为例展开详细说明。

Python 是一门入门简单、语法简洁，特别适合非计算机专业人员处理文本和分析数据的编程语言。Python 可以通过下面的语句将判决书文本读入计算机[1]：

```
with open('C:\paper.txt','r',encoding='utf-8') as f:
    paper_content = f.read()（本行代码必须开头缩进）
```

判决书由法官撰写，遵循一个固定的写作范式，文本质量非常高。本节根据受贿罪判决书的写作特征，将判决书分成标题、诉讼程序、控辩理由、事实认定、审理意见、判决结果和审判人员七个部分，要素提取程序首先通过捕获对应部分开始和结束的标志，实现对文本的分割，而后根据分割的结果在各个部分展开要素提取任务。（见表 4－1）此时，每个要素提取逻辑的作用范围被限制在特定的文书区域，只要文本分割本身不存在较大误差，就可以有效提高要素提取的准确率。

表 4－1　判决书分区

序号	区域名称	包含信息	通用开始标志	通用结束标志
1	标题	法院名称、文书类型、案号		“号”
2	诉讼程序	原被告主体信息、案件进入诉讼程序的流程信息	“号”	“现已审理终结”
3	控辩理由	原告起诉理由、被告抗辩理由	“现已审理终结”	“经审理查明”
4	事实认定	法院认定的事实和证据	“经审理查明”	“本院认为”
5	审理意见	法院审理意见和重要结论	“本院认为”	“判决如下”
6	判决结果	判决结果	“判决如下”	“审判长”
7	审判人员	合议庭成员姓名、宣判日期	“审判长”	

[1] 示例 Python 语句中的 C:\paper.txt 表示判决书的文件路径，r 表示读取文件，utf－8 表示文本编码方式。该语句将判决书的全部内容读入计算机，并用 paper_content 指代。

设定待提取要素和案件类型、研究需求有关，不同类型的案件和不同的研究需求衍生了各种各样的要素。有些要素如案号、法院名称、审理程序等是通用的要素，出现位置比较固定，提取程序往往可以在不同类型的判决书之间复用。这些要素构成了案件信息完整性的重要组成部分，同时有可能影响提取其他要素的准确性，其研究价值虽然普遍较低，但通常不可缺少；有些要素和案件类型高度关联，尤其是涉及犯罪事实和量刑情节的要素，它们蕴含在判决书对案件事实的描述中，根据灵活多变的研究需求而呈现多种不同的形态。设定这种非通用的要素要求设定人不仅具备抽象的法律知识和实践经验，而且具有一定的技术基础，能够考虑计算机具体的实现能力和提取要素的现实可能性。此外，要素的取值类型和变量特征也是设定要素时应予考虑的重要内容。提取要素的取值有文本型、数字型和时间型三种基础类型，其中，数字型和时间型要素可作为统计变量直接运用于数据分析，但必须注意分类变量、顺序变量和数值变量具有不同的计量意义〔1〕；而文本型要素往往需要进一步归纳和抽象，转化为数字型或时间型要素后方可用于统计分析。

评价设定的提取要素有两个指标较为重要，可称为提取要素的广度和深度，即设定要素数量占全部可挖掘信息数量的比例和对要素加工和延伸的程度。许多实证研究提出的量刑预测模型解释力不足，其重要原因之一是用于解释判决结果的变量短缺或者过于浅显〔2〕。本节结合受贿罪的案件特征和有关法律规范设定的提取要素可见脚注中公开的文档。〔3〕下面就提取要素的具体方法和主要困难展开讨论。

1. 直接提取位置相对固定的要素

位置相对固定的要素可通过正则表达式直接提取，首先确定要素在判决书中出现的位置，而后根据经验和知识产生提取逻辑，提取逻辑融入用编程语言描述的正则表达式之中，再由计算机程序执行和获取结果。正则表达式形式上表现为一些特殊符号或者符号的组合，用以指代

---

〔1〕 贾俊平：《统计学》，清华大学出版社 2004 年版，第 5 页。

〔2〕 白建军：《基于法官集体经验的量刑预测研究》，载《法学研究》2016 年第 6 期。

〔3〕 相关文档、数据、代码和算法完全公开、持续更新，载 https://github.com/tsfnzjy120/extract_bribe_infos，最后访问日期：2019 年 3 月 13 日。

提取内容(如表 4 – 2 所示)。[1]

表 4 – 2　正则表达式基础语法

序号	特殊符号	指代的内容
1	\d	1 个数字(0 ~ 9)
2	.	1 个字符(数字、字母、汉字等)
3	[受贿罪]	“受”、“贿”、“罪”3 个字符取 1 个
4	法?	“法”出现 0 次或 1 次,取最多的次数
5	法 +	“法”出现 1 次或多次,取最多的次数
6	法??	“法”出现 0 次或 1 次,但取最少的次数
7	法 + ?	“法”出现 1 次或多次,但取最少的次数
8	法{2,4}	“法”出现 2 ~ 4 次
9	(? = 刑)法	“法”,同时“法”的前面是“刑”
10	法(? < = 学)	“法”,同时“法”的后面是“学”
11	(?! 民)法	“法”,同时“法”的前面不是“民”
12	法(? <! 律)	“法”,同时“法”的后面不是“律”

分析正则表达式提取判决书要素的实例有助于理解这些抽象的语法规则以及它们实际的运作过程,以对“(2014)铜王刑初字第 00014 号判决书”提取判决结果要素为例,该判决书的有关表述为“判决如下:一、被告人许某某犯受贿罪,判处有期徒刑八年六个月(刑期从判决之日……)”,将此语句(在程序中记为 sentence)输入至下述功能逻辑中,即可获得提取结果:

“import re——导入正则表达式功能模块

result_regex = re. compile‘判决如下:一、被告人(. +?)犯(. +罪),判处(. +?)(’)——编写正则表达式,分别对应被告人姓名、罪名和刑罚

[1] [美]Jeffrey E. F. Friedl:《精通正则表达式》(第 3 版),余晟译,电子工业出版社 2007 年版,第 1 章。

match = result_regex. search (sentence)——正则表达式搜索 sentence 语句,搜索结果存入 match

name,crime,penalty = match. group(1),match. group(2),match. group(3)——从搜索结果中提取被告人姓名、罪名和刑罚,分别存入 name,crime 和 penalty”

至此,提取程序将部分判决书内容转化成为结构化的信息,即要素。提取位置固定的要素是正则表达式作用于判决书一部分内容的结果,因此,面临的问题也主要在两个方面:一方面是编写的正则表达式对同一要素可能存在的其他表达方式考虑不足,导致无法从正确的文本中提取要素。通过分析无法正常提取要素的判决书样本,归纳同一要素的不同表达方式,提高正则表达式的兼容性是解决本问题的主要方法。除了考虑表达方式的多样性,编写正则表达式时还应注意兼容判决书中可能存在的错别字,比如“辩护”和“辨护”〔1〕。另一方面是输入正则表达式的判决书内容不准确。输入的判决书内容过“窄”,可能其中不存在要素,或者存在的要素不完整;过“宽”,则可能获取不必要的内容。预先分割文本并以分割结果作为输入可以部分避免发生过窄或过宽的情况,同时根据提取要素的具体情况灵活调整输入内容。

提取的数字型要素或时间型要素还需格式化,统一表达形式和计量单位。比如,本节在提取受贿金额时,就遇到“一万三千”“1.3 万”“13000”“壹万三仟”等诸多表达形式,通过建立中文数字和阿拉伯数字之间的映射关系,统一转化成阿拉伯数字,以万元为单位,保留两位小数;在提取主刑结果时,为便于量化研究,把拘役 2 天折算成有期徒刑 1 天,无期徒刑计为人均寿命减去被告人平均年龄,死刑计为人均寿命,死缓计为无期徒刑和死刑和的一半。〔2〕

---

〔1〕 判决书原件和录入中国裁判文书网的判决书基本不可能存在错别字,但是其他案例搜索引擎上的判决书有相当一部分是通过 OCR(光学字符识别)方式扫描纸质判决书生成,存在错别字的概率较高。

〔2〕 定量研究中对拘役、缓刑、无期徒刑、死缓、死刑等的处理方法有多种,包括另外设置类型变量。这里仅指将其转换为数量的一种方法。参见白建军:《死刑适用实证研究》,载《中国社会科学》2006 年第 5 期;褚红丽、孙圣民、魏建:《异地审理与腐败惩罚:基于判决书的实证分析》,载《清华法学》2018 年第 4 期。

2. 提取位置不太固定、表述多变的要素

提取固定位置的要素有时也会遇到位置不固定、表述多变的问题，但一般可通过改进正则表达式或精确输入内容解决；而对于本部分所讨论的要素，单纯的正则表达式无法提取，需要制定更加灵活的提取策略。

提取位置不固定的要素，基本思想是让正则表达式在更大的文本范围内展开检索，获取尽可能多的检索提取结果，再根据提取结果的具体情况筛选或计算出最终结果。首先，由于要素出现的位置极其不固定，输入正则表达式的内容应尽可能宽泛，凡是要素可能出现的文本区域均应按照一定的规则组合成整体作为正则表达式的作用域，必要时也可以直接输入判决书全文。其次，正则表达式不再试图提取一个准确的要素，而是适当放宽提取条件，获取更多的"模糊要素"，再从中筛选符合条件的要素。本节在提取"受贿次数"要素时采用了这一方法，提取程序首先对判决书的事实认定部分划分句子，随后以句子为基本单位，获取尽可能多的有关"财物"的表述，比如"××元人民币""一辆轿车""购物卡"等，再检查这些"财物"的周围是否出现被告方的姓名、是否有"送""收受"等谓语，如果存在"受贿主体"和"受贿动作"则作为一次受贿计入提取程序。[1] 在提取过程中，分析产生"模糊"的原因，不断优化筛选规则，可以逐步提高算法的准确率。

提取表述多变的要素，单纯的正则表达式无法处理的情形有两种。第一，要素在不同的判决书中表述不同，且各种表述之间差异较大，无法为正则表达式所统筹。比如，"为他人谋取不正当利益，致使公共财产、国家和人民利益遭受损失"这一法定加重情节在判决书中就有多种差异较大的表述。提取这种要素的方法是逐步积累所有的表述，编写多个正则表达式同时提取。第二，要素在同一判决书中的前后表述不一致。这种要素通常包含在一些意见性表述里，比如，公诉意见认为被告不构成自首，辩护意见认为被告构成自首，而在法院的审理意见里不仅有认定被告是否构成自首的结论，还可能有对控辩双方"构成自首"和"不构成自首"的评价，导致提取要素的不一致。解决该问题时经常会使用一

---

〔1〕 该算法存在重复计算的问题，在实际运用时需要保证每次计入程序的"财物"与已计入程序的"财物"不重复。判决书在"本院认为"部分一般对被告受贿的总金额有明确表述，但对受贿次数通常只用"多次收受"一笔带过，因此采用该算法。提取受贿次数的算法并不唯一，本算法可供参考，用以启发思路。

些关联要素对提取结果进行验证，比如，在出现不一致的情况时，“自首”可以根据“坦白”“配合追缴”等关联要素进一步确认。

3. 提取间接要素

提取前述两类要素提高了数据挖掘的广度，而提取间接要素实质上是对已提取要素的加工和延伸，决定了数据挖掘的深度。再加工的关键在于如何寻找和确认一种科学可信的算法，并通过该算法确定一个格式固定且具有研究价值的输出。这种算法大部分和人的某些判断逻辑相类似，但不局限于对人思维过程的模拟，也可能是数学计算、统计推论等，极其灵活且富有创造性。

提取间接要素可分成根据要素提取和根据要素组合提取两种类型。根据要素提取的一个典型实例是提取受贿罪案件的适用法律〔1〕，它以已提取的“最后一次受贿行为发生时间”为依据，遵循一个简单的时间先后判断逻辑并根据“从旧兼从轻”的原则获得输出〔2〕。这里也体现了算法设计者掌握法学知识的必要性。已有定量研究不加讨论地只以审判时间为准来确定该案所适用的法律。〔3〕根据要素组合提取的一个实例是“量刑区间”，该要素是量刑的决定性因素，根据法律规定〔4〕，涉及适用法律、受贿金额、次数和加重情节三个直接要素，遵循一个稍显复杂的判断逻辑，基本上模拟了法官审理案件的思维过程（见表4-3）。

---

〔1〕 2015年11月1日起实施的《刑法修正案（九）》对贪污贿赂犯罪的量刑标准做出较大修改，另外2016年4月18日最高人民法院和最高人民检察院颁布和实施了《关于办理贪污贿赂案件的司法解释》。据此，受贿罪案件可分成适用原《刑法》、适用《刑法修正案（九）》但不适用司法解释、适用《刑法修正案（九）》和司法解释三类。

〔2〕 余亚宇、石魏：《刑法修正案（九）实施后从旧兼从轻原则的准确适用》，载《人民司法（案例）》2016年第35期。

〔3〕 褚红丽、孙圣民、魏建：《异地审理与腐败惩罚：基于判决书的实证分析》，载《清华法学》2018年第4期；过勇、李松锋：《贪污受贿案件刑事量刑的实证研究》，载《经济社会体制比较》2018年第1期。这些研究均是以审判时间为准来确定所适用的法律。其原因也可能是如果要以犯罪行为发生时间来确定难以实现，所以退而以直接、明确的审判时间为替代值。本章也不主张所有刑事领域的定量研究都要以最后犯罪行为发生时间为准来确定，但至少这应该是一个首选项。

〔4〕《刑法修正案（九）》实施前的《刑法》第383条，《贪污贿赂解释》第1~4条。

表 4-3　根据要素组合提取"量刑区间"

处理(有期徒刑)		量刑区间(由低到高)	判断逻辑	
原《刑法》	《刑法修正案(九)》		适用原《刑法》	适用司法解释
二年以下	三年以下	第一档	Sum < 0.5 + H	1 ≤ Sum < 3 + H Or 3 ≤ Sum < 20
一年以上 七年以下	三年以上 十年以下	第二档	0.5 ≤ Sum < 5	10 ≤ Sum < 20 + H Or 20 ≤ Sum < 300
五年以上	十年以上	第三档	0.5 ≤ Sum < 5 + H Or 5 ≤ Sum < 10	150 ≤ Sum < 300 + H Or Sum ≥ 300
十年以上		第四档	5 ≤ Sum < 10 + H Or Sum ≥ 10	

注:Sum 表示受贿金额,以万元为单位;H 表示法定加重情节之一。该表仅根据有期徒刑划分量刑区间,根据研究需要可以进一步融合其他刑罚种类,划分更多层次的量刑区间,设计更复杂的逻辑判断。有关代码和算法会陆续更新。这里是提出本章作者设计的有关量刑区间的算法,希望能以此为基础,引发大家关于该算法的逻辑是否严密、是否符合法律规定和审判实践等的讨论。

间接要素一般根据研究需要设定,有时提取难度很高,计算机无法返回一个完全准确的结果,但可以通过一定的算法设计使提取结果逼近真实结果,将误差控制在可接受的范围内。比如,要探究受贿罪中被告人的职务级别对量刑的影响,根据提取的职务判断出对应的级别,即使是人也无法做到百分百准确,职务的庞杂性又导致不太可能建立一个完整的职务和级别之间的映射关系库,因此,针对无法判断的职务获取其近似的级别是一种经济可行的方案,在误差合理的条件下对研究结论的影响有限。具体做法是,如果职务名含有"科长""处长""调研员"等头衔,可直接确定对应的级别;如果缺少级别明确的头衔,则可以职务名中含有的地区行政级别为基础,根据所在单位的性质(国家机关、事业单位、国有企业等)确定一个修正参数,经运算得到一个级别的近似结果。

四、提取要素的输出

要素被提取后要让计算机进行自动输出。提取要素的输出主要注意要素的保存和再利用问题,至少有两方面的要求:一是面向研究者友好。提高要素准确率和制定数据分析策略基本上还是由研究者的思维主导,因此要求要素的输出清晰、直观,易于人类理解;而人工操作在处理细粒度数据时亦有机器不可比拟的优势,因此要求要素的手工查找和修改操作简便。二是兼容主流的数据分析工具和软件,比如 Stata、SPSS 等常用的统计分析软件。结合这两方面的原因,本节建议采用 CSV 格式输出提取的要素信息,一方面,CSV 可直接被 Excel 软件打开,方便研究人员查看和处理;另一方面,CSV 也能够被大多数数据分析软件直接使用。在 Python 程序中,CSV 文件可以使用 pandas 类库中的 DataFrame. to_csv 函数直接生成。

五、提取要素的准确率检查

检查提取要素的准确率是提取判决书要素必不可少的环节,直接影响研究结论的正确性。一份具有规范性和科学性的法学实证研究成果应当提供从判决书中提取要素的准确率指标。下面就准确度检查的原理和方法展开讨论,并就程序改进提出一些建议。

计算机提取的要素基本不能再由计算机检查其准确性,因为计算机程序始终按照一个预期无错误的逻辑在提取要素,不具有发现错误和纠正错误的能力。因此,人工抽样检查准确率成为必要。人工抽样检查方法的重点在于确定科学的样本容量和抽样方法,本节提出的方案如下:

首先,提取要素的准确率定义为:对某一要素,经人工检查正确的要素数量和要素总数之比。

其次,抽取的样本容量和判决书总量无关,它由下列公式确定[1]:

$$n = \frac{z^2 \times \pi(1 - \pi)}{E^2}$$

其中,n 为样本容量;z 是由置信水平确定的一个常数,科学研究中置信水平一般要求达到 95%,对应的 z 值为 1.96;E 为边际误差,一般要求不超过 5%;π 是一个对提取要素准确率的先验估计值,根据等式,

[1] 贾俊平:《统计学》,清华大学出版社 2004 年版,第 191 页。

当 π 取值 0.5 时 n 达到最大值，为保证更多的样本量 π 取 0.5。将 z、E 和 π 值代入等式，得 n = 385，即当判决书总量大于 385 时，人工抽样检查的样本容量恒为 385，此时有 95% 的把握认为样本准确率和总量准确率的误差不超过 5%。举例来说，对于某一个要素，如果人工抽检的样本准确率为 90%，那么总体的准确率应该在 90% ±90% ×5% 之间，即 85.5% 到 94.5% 之间，这种判断的可靠性有 95%。如果人工检查 385 份样本仍有困难，则可适当调大 E 值，比如调大至 10%，此时只需检查 n = 97 份样本，但是上例中总体准确率所在区间会变成 90% ±90% × 10%，即 81% ~99%。

最后，使用有放回的抽样方法，即重复抽样。这种抽样方法是适用上述公式的前提，此时每份判决书被抽中的概率相同。可通过计算机程序实现。[1]

人工抽样检查的结果为改进准确率较低的要素提取程序指明了方向。要素提取程序存在误差的根本原因在于程序内部的提取逻辑和判决书实际内容的不匹配，因此，改进提取程序可从两方面着手：一方面可以直接手工修改判决书的内容，如果存在误差的判决书数量较少，不失为一种简单有效的方法；另一方面则需要修改和完善程序提取逻辑，不断分析各种误差的产生原因，形成新的提取逻辑，并整合到原有的程序逻辑中。经过反复几轮人工检查和程序改进，提取要素的准确率能够逐步上升到较高水平。

六、本节结语：法律数据计算机处理方法的启发

本书第二章开头将法律数据定义为社会生产生活过程中实际产生或记录这些实际活动的与法律有关的数据，包括描述法律文件、法律事件、法律行为、法律关系或法律工作者、法律舆情等的数据。司法判决书是具有法律效力的裁判文书数据，属于一种法律文件数据。本节具体讨论了司法判决书计算机处理的方法及步骤。这五步也可以适用其他种类法律数据的计算机处理。无论是哪类法律数据，在利用计算机处理时，都可以参照这五步来进行。首先，选择合适的计算机方法实现大量

---

〔1〕 使用 Python 语句 numpy. random. choice(n1, n2, replace = False) 能够直接返回重复抽样结果，其中 n1 表示判决书总量，n2 表示样本容量 385。

法律数据的自动获取。其次,对自动获取的法律数据作数据清洗和标识。之后根据法律数据的特点,选择合适的计算机方法提取要素。可以对提取的要素按照提取的难易程度分类,按类选择合适的方法提取。之后将提取的要素自动输出,并使得输出的结果与常用数据分析软件兼容,便于人工搜索查阅。最后,可以人工或通过一些计算机方法检查提取要素的准确率。对于没有达到准确率要求的要素应当完善提取的方法和程序,直到达到准确率的要求。本节根据判决书的特点提出了一种确定要素准确率要求的方法和标准。不过计算机科学界对准确率的要求还有其他种,比如召回率、精确率等。应当根据法律数据和提取要素的特点和具体情况确定要素准确率应当达到的要求。

第二节　法律数据提取算法的检测和要素分析算法初探

本节继续讨论计算法学方法的第二步,即结合计算机技术来帮助解决数据化后的法学问题。这一步的一个重要部分是实现对所发现的数据的计算机化存储、分析和处理。本章第一节讨论了对法律数据作清洁处理,将非结构化的数据转化为结构化数据的一般步骤。本节则接着讨论从结构化数据中提取出对解决或研究法学问题有实质意义的数据,并对其作演算和分析的方法。本节以目前常见的智慧司法系统中法律数据的处理分析算法为例来展开。

智慧司法系统中对司法判决书处理的算法可以分为判决要素的提取算法和被提取信息的分析算法。首先,提取算法的关键是准确度。一般而言,提取算法的准确度应当超过人工提取的准确度,至少达到95%。法官在实践中模糊把握、自由裁量的信息在提取时应当增加算法的必要模糊度。还可以通过分步、组合算法等方法提高提取的准确度。其次,量刑建议算法的设计应当遵循两点原则。一是量刑建议算法中各变量对量刑的影响应当符合刑法规定。二是量刑建议算法应当优先模拟法官作出量刑决定的思考过程。如此才能更好地解释既有判决中的数据,更能被法官和法律工作者理解、修正和参考,更具有正当性。本节以贪污受贿罪量刑建议的算法为例具体展开讨论。

一、智慧司法系统的算法问题及初步分析

在大力推行"互联网＋"的国家战略背景下，司法系统的信息化建设也如火如荼地展开。最高人民法院、最高人民检察院相继公布了发展大数据在司法实务中的运用的计划，有关智慧法院、智慧检务的平台或系统的研发和推广落地都在不断地推进。[1] 智慧司法的概念、制度建设，以及人工智能的法律地位和规制都受到了学界广泛的关注和讨论。[2] 既有研究已表明对人工智能的法律规制的一个关键在对算法的规制。[3] 算法是人工智能的本质，人工智能依赖算法来实现。算法就是计算机处理分析法律数据依据的演算规则，是计算法学方法第二步中的重要部分。智慧司法的实现依靠智慧司法系统的研发和有效运行，而智慧司法系统的基础也是系统中的算法。但是学界鲜有对智慧司法系统中使用的算法的研究。少数学者已经意识到对这些算法进行学术研究的可能性和潜在价值，[4]但系统性的研究还是缺少，而且研究的重点仅在于对算法设计者的法律规制，而不是对算法直接具体设计的研究。[5] 本节拟以贪污受贿罪为例，讨论智慧司法系统中可能使用的算法，研究评价、检测智慧司法系统中算法可靠性、正确性的一般方法和标准，研究计算机处理分析法律数据的一般方法。

智慧司法是一项系统工程，包括司法行政事务管理平台、人事管理

---

〔1〕 参见左卫民：《如何通过人工智能实现类案类判》，载《中国法律评论》2018 年第 2 期；《推进大数据应用打造"智慧检务"》，载法制网，http://www.legaldaily.com.cn/index/content/2017-06/12/content_7201213.htm?node=20908。最高人民法院发布《关于加快建设智慧法院的意见》，载最高人民法院网，http://www.court.gov.cn/zixun-xiangqing-42062.html，最后访问日期：2019 年 3 月 19 日。

〔2〕 冯姣、胡铭：《智慧司法：实现司法公正的新路径及其局限》，载《浙江社会科学》2018 年第 6 期；罗洪洋、陈雷：《智慧法治的概念证成及形态定位》，载《政法论丛》2019 年第 2 期；江必新、郑礼华：《互联网、大数据、人工智能与科学立法》，载《法学杂志》2018 年 5 期；汪庆华：《人工智能的法律规制路径：一个框架性讨论》，载《现代法学》2019 年第 2 期；王禄生：《司法大数据与人工智能技术应用的风险及伦理规制》，载《法商研究》2019 年第 2 期；郑志峰：《人工智能时代的隐私保护》，载《法律科学（西北政法大学学报）》2019 年第 2 期。

〔3〕 汪庆华：《人工智能的法律规制路径：一个框架性讨论》，载《现代法学》2019 年第 2 期；王禄生：《司法大数据与人工智能技术应用的风险及伦理规制》，载《法商研究》2019 年第 2 期；郑志峰：《人工智能时代的隐私保护》，载《法律科学（西北政法大学学报）》2019 年第 2 期。

〔4〕 白建军：《基于法官集体经验的量刑预测研究》，载《法学研究》2016 年第 6 期。

〔5〕 丁晓东：《论算法的法律规制》，载《中国社会科学》2020 年第 12 期；苏宇：《算法规制的谱系》，载《中国法学》2020 年第 3 期。

系统和审判辅助系统。[1] 这些系统又以电子卷宗自动生成系统、庭审及办公语音识别系统、办案全流程上网系统、智审系统为基础。[2] 本节关注的是其中的智审系统。智审系统的功能包括智能推送法条和类案、智能分析类案、帮助法官确定裁判尺度等。[3] 智审系统中实现智能推送类案和智能分析类案以提供量刑建议的功能依靠的算法可以分为两大类。第一类是计算机从判决书中提取信息依据的算法。第二类是计算机对所提取的判决书信息进行分析、提供量刑建议依据的算法。

第一类算法在法学界中目前普遍被认为是运用计算机代替人工处理大量判决书的一种计算机科学领域的方法,而没有得到法学界的关注。[4] 一方面,因为编码判决书之前由人工完成,准确度可靠,所以不存在问题。另一方面,由计算机代替人类编码判决书出现的时间较短,并且编码判决书中的问题主要是信息提取准确度的问题,而不是法学问题。然而在主要依靠计算机编码判决书后,这两个原因都发生了变化。一是编码判决书是第二类分析的基础,决定了智审系统能否正确推送和分析类案;二是依据的算法不同,计算机提取的信息准确度会有很大差异,而手工检测的能力又有限;三是由于要支持更强大的后期分析功能,要提取的信息更丰富,所以这类算法里面也常会包含更复杂、待探讨的法学逻辑和法学问题。因而本节以贪污受贿罪判决书信息提取的计算机算法为例,讨论这类算法设计时应当注意的一般问题和依据这类算法提取信息时的检测依据。

第二类算法是计算机对提取要素进行分析,帮助法学问题解决的演算规则。虽然法学界尚没有直接的讨论,但事实上,这类算法与近十多年来我国法学实证研究所运用的分析模型十分类似。[5] 二者都是以既有判决为研究对象,通过统计学的计算方法进行分析,归纳总结既有判

---

〔1〕 胡昌明等:《建设"智慧法院"配套司法体制改革的实践与展望》,载《中国应用法学》2019 年第 1 期。

〔2〕 胡昌明等:《建设"智慧法院"配套司法体制改革的实践与展望》,载《中国应用法学》2019 年第 1 期。

〔3〕 胡昌明等:《建设"智慧法院"配套司法体制改革的实践与展望》,载《中国应用法学》2019 年第 1 期。

〔4〕 邓矜婷、张建悦:《计算法学:作为一种新的法学研究方法》,载《法学》2019 年第 4 期。

〔5〕 陈柏峰:《社科法学及其功用》,载《法商研究》2014 年第 5 期。

决中的判案规律。在量刑模型中，二者都往往以判决的刑罚为因变量，以可能影响刑罚的量刑情节和案件情节为自变量，以理论学说为基础确定自变量对因变量的可能影响，再运用回归分析等方法计算这些自变量对因变量的系统性影响。二者只是在解释分析结果的角度和分析目的上不同。第二类算法的目的是从中发现既有判决的量刑经验，帮助法官确定裁判尺度。实证研究的模型是验证理论假设，或者发现既有判决中不符合理论预期的做法，进而提出立法或司法建议。所以，第二类算法是有理论、实践价值的讨论模型，是实证研究模型在智慧司法系统研发、司法实务标准化中的发展。从用以验证理论的实证研究模型到直接指导实践的第二类算法模型，这一转变需要进行学术的讨论。本节仍以贪污受贿罪为例，研究用以分析已提取的判决书信息、进而给出量刑辅助建议的算法的设计应当遵循的基本原则和规范，以期抛砖引玉。

本章第一节将计算机提取判决书的信息一般性地分为三大类，即位置、表述较为固定的，位置、表述多变的，以及需要间接提取的要素。[1] 本节在此基础上研究提取要素算法和对提取要素进行分析解决法学问题的算法。由于智慧司法系统目前采用的往往是政企或校企合作研发的模式，且仍处于试点阶段，系统的算法因为商业秘密或国家秘密而不能公开，所以本节没有采取对现有算法直接进行检验、评价的研究路径，而是从现有法学理论知识出发，提出能够运用计算机提取判决书信息和归纳总结判决书量刑经验的算法，并对算法进行检测、验证。在此基础上，希望以本节提出的算法指导实践中正在研发的系统中的算法设计和检测。

由于不同罪的量刑影响因素相差可以很大，所以本节仅研究贪污受贿罪的情况，具体即为贪污罪和受贿罪。贪污罪和受贿罪作为公职人员腐败行为最主要的制裁方法，受到国内外政治经济学、法社会学、刑法学等多个学科持续的关注。[2] 其中，贪污罪和受贿罪的量刑情况是很重

---

〔1〕 邓矜婷、张建悦：《计算法学：作为一种新的法学研究方法》，载《法学》2019 年第 4 期。

〔2〕 参见肖滨：《发展中国家反腐败制度建设的政治动力机制——基于印度制定“官员腐败调查法”的分析》，载《中国社会科学》2015 年第 5 期；袁程炜等：《腐败治理中强化身份识别的效用分析——基于公共经济学的视角》，载《财经科学》2019 年第 3 期；孙国祥：《受贿罪的保护法益及其实践意义》，载《法律科学（西北政法大学学报）》2018 年第 2 期。

要的一个问题。[1] 已有研究发现贪污罪和受贿罪的量刑不仅受到法定因素的影响，还受到法外因素的影响，包括被告人的职务级别、是否异地审判等，存在司法不公、法官偏见、同案不同判的问题。[2] 还有研究表明，贪污罪和受贿罪的量刑受到法定因素的不当影响，不能体现罪责刑相适应的原则。比如，有研究发现，受贿金额达到一定数量以后，受贿金额再怎么增长，刑罚都不会有太多变化，导致受贿亿元的和受贿百千万元的最后受到的惩罚差不多的情况。[3] 这种情况被认为既不符合司法公正的要求，又不利于遏制腐败行为的发生，使受贿较大金额后再受贿不会带来额外的刑罚，造成受贿较少的刑罚较重而受贿较多的刑罚畸轻的状况。[4] 这些研究促成了 2015 年《刑法修正案（九）》对贪污受贿罪的修订和 2016 年最高人民法院、最高人民检察院《关于办理贪污贿赂刑事案件适用法律若干问题的解释》对具体量刑标准的修订。修订后的《刑法》在适用时是否缓解了上述问题也得到了学界关注。[5] 本节在既有研究的基础上，以归纳总结实践中呈现的在贪污受贿罪量刑中的裁判经验为目的，研究贪污受贿罪的量刑问题，丰富现有的学术讨论，规范正在研发的智慧司法系统的相关算法。

二、计算机提取要素算法检测的一般方法

1. 提取的变量（要素）简述

本节研究的对象是截至 2019 年 2 月 1 日在中国裁判文书网上公布的所有贪污罪和受贿罪项下的一审判决书共 32071 份判决书，其中贪污罪共 12773 份，受贿罪共 19298 份。本节根据《刑法》规定，《贪污贿赂

---

〔1〕 参见赵秉志：《贪污受贿犯罪定罪量刑标准问题研究》，载《中国法学》2015 年第 1 期。

〔2〕 过勇、李松锋：《贪污受贿案件刑事量刑的实证研究》，载《经济社会体制比较》2018 年第 1 期。

〔3〕 过勇、李松锋：《贪污受贿案件刑事量刑的实证研究》，载《经济社会体制比较》2018 年第 1 期；褚红丽、魏建：《腐败惩罚的边际递减及地区差异：基于腐败金额的实证分析》，载《广东财经大学学报》2016 年第 3 期。

〔4〕 赵秉志：《贪污受贿犯罪定罪量刑标准问题研究》，载《中国法学》2015 年第 1 期。

〔5〕 参见褚红丽、魏建：《刑期与财产双重约束下的腐败惩罚》，载《社会科学战线》2018 年第 1 期。

解释》,最高人民法院、最高人民检察院《关于常见犯罪的量刑指导意见》[1](2017)(以下简称《量刑指导意见》)和关于贪污受贿罪量刑的刑法学论文[2],确定法官在贪污受贿罪量刑中应当考虑的法定因素,作为实证研究中的部分自变量。根据《量刑指导意见》,量刑的确定分三步:第一步,根据犯罪构成事实确定量刑起点;第二步,根据犯罪金额、犯罪次数、犯罪结果等影响犯罪构成的事实确定基准刑;第三步,根据量刑情节等调节基准刑,确定宣告刑。[3] 这些量刑情节是指总则或分则中的从重、从轻、加重、减轻等情节,包括自首、坦白、退赃、索贿、从犯、犯罪对象及犯罪形态等,[4]这些变量中的大部分都在既有实证研究中考虑了。[5]

既有实证研究除了考虑法定因素外,还考虑了法外因素,一般包括法院因素、审判组织、诉讼因素和被告人因素。[6] 本节考虑的可能影响贪污罪和受贿罪的量刑因素也可分为法定和法外因素,并在既有研究基础上进一步充实。法定因素新增了裁判所依据的刑法版本、犯罪次数和是否谋求职务升迁等。法外因素新增了是否简易程序、是否指定管辖、是否补充侦查、是否延期审理、审判时长、有否律师、律所省份等不常被学界考虑的因素。本节研究的因变量是贪污罪和受贿罪的刑罚,所以需要提取的变量是宣告刑刑期和判处的财产刑金额。对于刑期,由于本样本中没有死刑案件,所以不用考虑死刑的特殊处理。本样本中有无期徒刑、缓刑和拘役,与无缓刑的有期徒刑的严厉程度不同,所以在提取刑期时进行了区分。对于财产刑,有没收和罚金,性质有所不同,所以也进行

---

[1] 参见《最高人民法院关于实施修订后的〈关于常见犯罪的量刑指导意见〉的通知》(以下简称《意见》),2017 年 4 月 1 日实施。虽然该《意见》规范的十五种犯罪没有包含贪污罪和受贿罪,但是有职务侵占罪。其中,第五条规定,其他判处有期徒刑、拘役的案件可以参照该规定规范量刑。

[2] 赵秉志:《贪污受贿犯罪定罪量刑标准问题研究》,载《中国法学》2015 年第 1 期。

[3] 最高人民法院《关于实施修订后的〈关于常见犯罪的量刑指导意见〉的通知》第 2 条第 1 款。

[4] 最高人民法院《关于实施修订后的〈关于常见犯罪的量刑指导意见〉的通知》第 2 条第 2 款。

[5] 过勇、李松锋:《贪污受贿案件刑事量刑的实证研究》,载《经济社会体制比较》2018 年第 1 期。

[6] 褚红丽、孙圣民、魏建:《异地审理与腐败惩罚:基于判决书的实证分析》,载《清华法学》2018 年第 4 期。

了区分,还提取了是否没收全部财产的信息。

2. 变量的提取算法及抽检

在确定了本研究所需要的全部变量之后,就应讨论计算机提取这些变量所依据的算法应该如何设计和检测了。可以将提取变量的算法分为三大类。第一类是要结合判决书之外的信息才能提取的变量的算法,第二类是仅从判决书中就能提取的变量的算法,第三类是间接提取算法。第一类变量包括法院或律所所属省市、被告人职务级别和类型等。对此类变量提取算法的检测除了要注意下文将讨论的对第二类算法检测时应注意的问题以外,还要注意其对判决书之外信息库的选择和调用是否正确以及该信息库与判决书中信息的映射关系是否正确。

第二类变量提取算法的检测主要是看算法的准确度如何。本节认为主要应从两方面进行评价。一是根据算法逻辑将判决书中的某种表述提取出来的准确度,即判断判决书中有否某类表述的准确度。这是最基本的提取算法;在此基础上,可以延伸出判断某种表述出现次数、从多种表述中取最大值等算法。这个准确度主要取决于该算法逻辑是否符合所选择的计算机方法的逻辑和语法要求。[1] 二是根据判断提取到的判决书中有否某种表述推导出该判决书中某个变量情况的准确度。某个变量的情况一般指是否存在某个变量或某个变量的取值是多少。这个准确度取决于该表述出现在判决书中的位置、判决书在某一位置出现该表述的可能含义、某个变量的存在与否及取值的可能表述。

判决书描述的不仅是法官的行为和观点,还有当事人、公诉人等多方诉讼参与人的行为和观点。判决书的书写规范要求依次介绍当事人、公诉人等诉讼参与人的情况、公诉人的观点及证据、被告人及辩护人的答辩及证据、法院认定的案件事实及证据、法院的判决及理由等。某一表述出现的位置决定了该表述描述的是哪一方的观点及行为。所以位置对于解读判决书中有某种表述的含义非常重要。由于本节研究的是法官量刑时如何考虑各种变量,所以不关注法官对各变量的含义是如何把握的,只关注在认定有这些变量时法官是如何量刑的,所以提取的信息主要在判决书的法院认定的事实部分和法院的审判结果部分,而不是

---

〔1〕 比如,是否符合正则表达式的语法要求。邓矜婷、张建悦:《计算法学:作为一种新的法学研究方法》,载《法学》2019 年第 4 期。

公诉人或辩护方的观点及行为部分。各变量是否存在也是以法院认定的为准。

此外,如果判决书在某一位置出现某种表述就意味着某个变量存在,或者该表述中的取值就是某个变量的取值,而不存在歧义或者其他可能的解读,那么从表述推导出某个变量存在的准确度就非常高。反过来,如果某个变量存在,判决书中就会在某个位置出现某种表述,那么从没有某种表述推导不存在某个变量的准确度也会非常高。如此才能将有某个变量与没有某个变量的判决书准确区分开来,便于后面的比较分析。因此,对提取变量的算法第二方面准确度的检测,在于考察算法所要捕捉的某种表述或特征与某个变量存在与否的充分必要关系。变量往往是法律概念。如果法条或司法解释中有某个变量的专门规范表述,那么这种表述与这个变量往往是充分必要的。但如果法条或司法解释中没有,那么就需要从指导性案例或典型案例或学界通说等寻找该变量具有的较为独特的规范表述,以此为依据构建算法所要捕捉的表述或特征。

无论是仅从判决书中提取的还是需要结合外部知识库提取的信息,计算机都可以在其基础上通过一些算法提取更多的信息,这类算法即为第三类间接提取算法。这类算法的准确度除了受到前两类算法准确度的影响外,还要考虑间接算法本身对准确度的影响。如果间接算法本身是明确准确的,如加减乘除运算,那么间接算法的准确度就等于前两类算法的准确度。如果间接算法是相当于增加若干个第一类或第二类算法,比如,在所提取的律所名称基础上再通过名称中包含的省份信息确定律所所在省份,那么准确度就等于若干个第一、二类算法准确度之积。

将上述检测方法运用于检测本节研究中变量的提取算法,有如下分析。对于法定因素,犯罪构成的事实会决定量刑起点,被直接规定在法条中,是判决的直接依据,所以往往在判决中会有明确的专门规范表述。另外,大部分量刑情节因为规定在法条或司法解释中,且法院要在判决时说明是否存在并影响了量刑,所以判决中往往会有专门的规范表述。同理,判决结果,包括宣告刑刑期、是否没收、是否罚金、罚没金额、剥夺政治权利等信息,也是判决中有专门规范表述的。提取这几类信息形成的变量的算法只要符合所选择的计算机方法的语法和要求、捕捉的是与该事实对应的专门规范表述,那么准确度就应该比较高。但是像具体的犯罪金额、犯罪次数、犯罪结果等事实形成的变量则没有规定在法条或司法解释中的专门规范表述，不同的判决中可能呈现截然不同的表述，需要从指导性案例或典型案例或学界通说等寻找或构建该变量具有的较为独特的在判决中的表示方式。这几类变量的提取算法的准确度就不一定很高，需要不断地修改和检测。

对于法外因素，本节所要提取的法院因素、审判组织、诉讼因素、被告人因素（除职务相关）等信息，虽然没有规定在法条中，但是都有独特专门的规范表述，且位置固定，所以其提取算法的准确度也很高。而被告人的职务由于表述多变，位置也不太固定，所以其提取算法的检测跟犯罪金额的类似，需要不断地修改和检测，以达到较高的准确度。此外，本研究中还有一些需要间接提取的变量，包括审判时长、适用的刑法版本、职务级别、职务类型、律所所在省等。

为了确定运用计算机提取的变量足够准确，可以用以进行后文的分析，根据既有研究，本研究组织人力，经过培训后，对从样本中随机抽取的385份判决书进行人工提取，计算计算机提取各变量的准确率。根据既有研究，此时有95%的把握认为抽取样本各变量的准确率和总样本各变量的准确率的误差不超过5%。[1] 对各变量的抽检结果详见表4-4。

抽检结果验证了前述对提取算法准确度的理论方法及结论。抽取样本准确率达到95%以上的变量包括：量刑结果、法院因素、诉讼因素、大部分量刑情节和被告人因素。而像被告人职务及职务类型、犯罪金额、犯罪次数，以及退赃情节等表述多变的变量则为抽取准确率最低的五个变量，最低仅19%。

表4-4　计算机提取的变量抽检结果

分类	变量	抽检数/份	错误数/份	抽取样本准确率/%	总准确率下限（0.05显著水平）/%
被检测变量	宣告刑刑期	385	11	97.14	92.14
	财产刑金额	385	13	96.62	91.62
	剥夺政治权利	385	5	98.70	93.70
	是否缓刑	385	6	98.44	93.44

〔1〕邓矜婷、张建悦：《计算法学：作为一种新的法学研究方法》，载《法学》2019年第4期。

续表

分类	变量	抽检数/份	错误数/份	抽取样本准确率/%	总准确率下限(0.05 显著水平)/%
法定因素	刑法版本	385	25	93.51	88.51
	罪名	385	9	97.66	92.66
	犯罪金额	385	117	69.61	64.61
	犯罪次数	385	310	19.48	14.48
	是否索贿	385	12	96.88	91.88
	是否贪污特别款项	385	23	94.03	89.03
	是否自首	385	25	93.51	88.51
	是否坦白	385	32	91.69	86.69
	是否退赃	385	115	70.13	65.13
	是否共同犯罪	385	15	96.10	91.10
	是否从犯	385	15	96.10	91.10
	是否数罪	385	6	98.44	93.44
	是否累犯	385	1	99.74	94.74
	是否受过刑事处罚	385	23	94.03	89.03
	是否受过纪律处分	385	4	98.96	93.96
	是否谋求职务升迁	385	4	98.96	93.96
	是否立功	385	19	95.06	90.06
	有否恶劣影响	385	6	98.44	93.44
法院因素	法院级别	385	0	100.00	95.00
	法院省份	385	0	100.00	95.00
审判组织	是否合议庭	385	1	99.74	94.74
	有否人民陪审员	385	3	99.22	94.22
	是否简易程序	385	8	97.92	92.92

续表

分类	变量	抽检数/份	错误数/份	抽取样本准确率/%	总准确率下限(0.05 显著水平)/%
诉讼因素	是否指定管辖	385	6	98.44	93.44
	有否补充侦查	385	2	99.48	94.48
	审判时长	385	29	92.47	87.47
	审级	385	2	99.48	94.48
	判决书号	385	0	100.00	95.00
	是否延期	385	6	98.44	93.44
	判决时间	385	3	99.22	94.22
被告人因素	性别	385	16	95.84	90.84
	年龄	385	11	97.14	92.14
	民族	385	35	90.91	85.91
	有否律师	385	12	96.88	91.88
	律所省份	385	11	97.14	92.14
	职务	385	167	56.62	51.62
	职务类型	385	138	64.16	59.16
	受教育程度	385	21	94.55	89.55

3. 抽检结果分析及调整

上述抽检结果显示，抽取准确率为 100% 的变量仅 3 个，即法院级别、法院省份和判决书号。不过 95% 以上的有 30 个，占全部 42 个变量的 71%。虽然理想的状态是抽取准确率达到 100%，没有错误，但是从抽检结果看，要全部变量达到 100% 的准确率难度很大，况且即使是人工提取信息也会出现错误。既然计算机是代替人来提取信息，那么根据图灵测试给出的标准，计算机提取的准确率能达到人工提取的准确率就可以了。[1] 一般来说，法学实证研究对某个变量是否有显著性影响都是取 95% 的置信区间，少数情况下会取 90% 的置信区间。所以本节认

〔1〕 Jinting Deng, *Should the Common Law System Welcome Artificial Intelligence: A Case Study of China's Same-Type-Case-Reference System*, 3 Geo. L. Tech. Rev. 223, p. 268 (2019).

为,对计算机提取变量的准确率要求一般达到95%以上即可,对于难度较大但很重要的变量在标注的情况下可以适当降低。

对于有95%的把握抽取样本准确率在95%以上的变量,如果其提取算法符合所选择的计算机方法的语法和要求、捕捉的表述或特征与该变量的对应关系很高,那么计算机提取的这一变量就是可信任的,该提取算法就是可靠的。对于准确率在85%以下的变量,或提取算法从理论角度看不可靠的,就需要进一步完善算法,提高算法的准确度。像犯罪次数准确率仅为19%的,肯定是不可信的,无法依之进行后文的分析。根据前述分析,提取算法准确度过低的原因,可能是该变量在判决书中没有较为独特的规范表述或表示方式,或者提取算法没有包含与该变量对应度较高的独特的表述或表示。

此外,也有可能是该变量在判决书中普遍没有明确对应的信息。或者说,即使是普通人阅读判决书也往往不能从中找到该变量存在与否或如何取值的确定信息。之所以普遍没有明确的信息有可能是法官对这一变量在具体判决时普遍都不太确定,是模糊把握,或者不愿意在判决书中写明。比如法官判决时适用的是新法还是旧法、多次小额受贿的金额是否记入了犯罪金额、受贿次数是以收受财物为准还是以帮助事项为准、法官如何计算贪污受贿次数的等信息是在笔者阅读判决书后时常都无法得出准确答案的。在这种情况下,需要根据所研究的法学问题修改要提取的变量,使其更贴近法官在实际判案中对该变量的具体把握。

比如,虽然判决书中具体的贪污受贿次数是不明确的,但是超过5次、多达几十次的贪污受贿次数会被法官认为是多次贪污受贿,这点应当是明确的。所以可以把贪污受贿次数这一变量变为是否多次贪污受贿,并以贪污受贿次数超过5次为标准来提取。经过这一调整,再进行检测,发现检测准确率超过70%。另外,虽然贪污受贿次数或是否多次贪污受贿在判决书中没有直接明确的表述或独特的表示方式,但是经过归纳总结发现,部分判决书会采用独特的表示方式A,部分判决书则采用B,部分采用C。根据这一发现,对提取次数的算法进行修改,先以算法A将采用方式A表示的次数信息提取出来,再对没能正确提取的判决书用算法B提取,再对算法A、B均没能正确提取的判决书用算法C提取。如此则进一步提高了次数变量的提取准确率。

对于犯罪金额,虽然对有些小额的贪污受贿金额应否记入犯罪金额法官可能在实际判案中存在疑问，但是如果放宽标准，讨论5万元以上的贪污受贿金额应否记入犯罪金额则法官都应会认为应当记入。所以对犯罪金额，如果要具体到“几元”，准确率较低，难度较大，但是如果允许提取信息有5万元的误差，则一方面准确率会更高，另一方面也更符合实践中可能存在的法官会模糊把握的区间。允许这一误差后，犯罪金额的检测准确率升至85.5%。相应地，在后文中对犯罪金额的影响分析时，也应考虑此时允许的5万元误差。

对于职务及职务级别，观察错误的原因，发现很大部分是因为没有提取到信息。这主要是因为职务出现在判决书中的位置极不固定，有时在诉讼参与人信息部分，有时则隐藏在公诉人提出的事实部分，有时更是出现在证人证言部分，而关于职务的表述又太多种多样，所以难以提取。表4－4中的准确率是在算法进行多次修改后得到的，仍然没有超过80%。不过，除去没有提取到信息的错误数，职务及职务级别的准确率分别都提高至80%和90%。所以笔者对职务及职务级别的变量增设了一个专门的值，表示没有提取到信息的项，使得这两个变量准确度足够高，可以参与后文的分析。并且在后文的分析中可以看到提取到了信息的职务方面变量对量刑的比较影响。

对于退赃，观察错误的原因，发现所有没有提取到信息的都是有退赃情节的，分析算法可知有退赃情节的表述多样，时常不出现退还等字样，因而不被提取。将所有没有提取到退赃信息的置为有退赃情节的之后，该变量的准确度升至80%。由于被告人会自首或坦白的，往往会退赃，以寻求更轻的处罚，这一对应关系从自首或坦白与退赃变量的相关性中得到验证。通过准确率更高的自首或坦白对退赃变量的取值进行校正，即有自首或坦白的将其退赃置为有退赃，使得退赃的准确率进一步提升。

综上，提取要素的算法越接近普通人阅读判决书以获得相关变量信息的思考过程，算法就越准确，或者说算法的准确度就越接近甚至超过普通人提取的准确度。而普通人阅读判决书以获得相关变量信息的思考过程越清楚，步骤和依据越明确，算法就越能接近和模拟这一思考过程。随着要实现的分析功能的不断加强，所要提取变量的不断丰富，可以预见，越来越多的即使由人来提取也难以明确的变量会出现。对于这些变量，一来通过组合算法、分类分步提取的方法提高算法的准确度；二来降低或改变对要提取变量的准确度的要求,寻找在更宽的范围内法官中普遍存在的对某一变量的共识;三来通过发现与该变量存在很高的理论及实证上的相关关系提取准确率更高的变量,用更高准确率的变量的值对较低准确率的变量的取值进行校正,提高其准确率。

三、对提取要素作分析以提出量刑建议的算法的一般方法及原则

通过第一类算法以较高的准确度提取到所需要的变量后,计算机需要依靠第二类算法对这些变量进行分析计算,形成对司法活动有辅助意义的建议。目前的智慧司法系统能够提供的司法辅助有多类,包括智能推送类案、提供量刑或赔偿金额等的辅助建议、生成初步的司法裁判文书。[1] 本节仅对计算机生成量刑辅助建议依据的第二类算法进行分析。计算机提供量刑辅助建议的方式有多种。目前常见的一种是,由法官选择若干当前案件中存在的变量,填写若干变量的值,然后根据计算机系统中已有的算法进行计算,得到一个量刑的建议值或建议的量刑范围。[2] 还有一种是由法官选择若干变量,然后系统根据一定的算法(各变量对案件相似度的影响方向及权重)计算与当前案件类似的既有判决,再对这些推送的类案进行统计,得到这些类案的量刑范围、均值、变化趋势等情况。[3]

1. 法学实证研究分析模型的借鉴意义及问题

不论是哪种建议方式,都需要确定某个或某些变量对量刑的影响路径、方向及程度。而近十年来我国法学实证研究发展出了不少研究某个

---

〔1〕 Jinting Deng, *Should the Common Law System Welcome Artificial Intelligence: A Case Study of China's Same-Type-Case-Reference System*, 3 Geo. L. Tech. Rev. 223, p. 251 – 253 (2019).

〔2〕 比如,浙江省正在研发试用的智慧检务一体化办案系统里的“公诉办案智能辅助系统”对危险驾驶罪、盗窃罪等简单案件的量刑辅助建议,就是采用办案人员填入若干变量后,计算机依据一定的算法进行计算,得到建议的该罪的量刑。相关信息来自笔者于 2018 年 4 月中旬到浙江省检察院进行的实地调研。

〔3〕 比如,国双研发的类案推送系统里对某类罪名提供的量刑辅助建议,就是采用法官选择若干变量后,计算机依据一定的算法计算出与当前案件类似的既有判决,然后再对类案进行统计分析,提供类案的量刑情况。相关信息来自笔者于 2018 年 3 月中旬到国双公司进行的实地调研。

或某些变量对量刑影响情况的模型。[1] 这些模型也就是算法。一般是从理论出发，将理论学说形式化为可测量的变量及其之间的计算关系，运用统计学的方法，检测既有判决中反映出的自变量对因变量的系统性影响，看是否符合理论假设。较为通用的模型是以量刑结果为因变量，以可能影响量刑的变量为自变量，采用 OLS、2SLS、Tobit 等多元回归分析模型来计算这些自变量对因变量的系统性影响方向及程度。[2] 有时会增加自变量的二元变量，以观察该变量的边际影响效应；有时会增加某些自变量之间的交叉项，以观察它们之间互相的影响。[3] 这类模型更多的是用来发现相关关系，要确定因果关系则需要更为复杂的方法，而目前我国实证法学研究还处在描述统计阶段。[4] 这些模型可以帮助分析某个或某些变量对量刑影响的情况，应当对当前提供量刑辅助建议的算法模型有借鉴意义。

虽然有借鉴意义，但是要将模型用以提供量刑辅助建议，还需要解决以下两个问题。一是如何判断通过这些分析模型得到的是既有判决中呈现的裁判经验，还是既有判决中体现的裁判问题。当前法学实证研究中的分析模型目的是检验理论假设。而这种假设往往是发现不符合法律规定的现象，比如存在法官偏见、性别歧视等，反映的实践中适用法律的问题，进而提出立法、司法上解决问题的方法和建议。所以运用现有法学实证研究的模型需要确定所发现的是否是要后来法官遵循的裁判经验，并且为了区分经验和问题还应对现有模型进行适当的调整。二是这些分析模型能否满足办案、审判人员的需要，在他们需要裁判经验的时候给予指导，以及这种指导能否得到法律上的认可。目前这些分析模型是立足于理论问题，而法学理论关注的问题有些时候与实践审判的会有不同。前者更为抽象、宏大，后者更为具体、细节。虽然同样是关注某个或某些变量对量刑的影响，但是理论问题关注抽象、普遍意义上的影响，而量刑辅助建议关注某个变量在某类具体案件中对量刑的具体影响。基于这个区别，将理论分析模型中发现的某个变量的影响方向、显

---

〔1〕 张永健：《量化法律实证研究的因果革命》，载《中国法律评论》2019 年第 2 期。

〔2〕 张永健：《量化法律实证研究的因果革命》，载《中国法律评论》2019 年第 2 期。

〔3〕 褚红丽、魏建：《腐败惩罚的边际递减及地区差异：基于腐败金额的实证分析》，载《广东财经大学学报》2016 年第 3 期。

〔4〕 张永健：《量化法律实证研究的因果革命》，载《中国法律评论》2019 年第 2 期。

著性和系数,直接放到量刑辅助建议算法中,然后根据这些系数计算出对量刑的具体影响,综合得到建议的量刑就不一定符合法律上对办案、审判人员作出量刑决定的规范性要求。理论分析模型为了检验更为抽象的理论,可以对一些细节予以忽略,但是量刑建议算法关系到被告人的具体刑期,对一些细节的忽略需要更强有力的法律依据。与理论分析模型需要满足理论学说的要求不同,量刑建议算法需要满足法律规定的要求。

2. 量刑建议算法设计的特别之处

上述讨论说明,运用现有法学实证研究模型设计量刑建议算法时,应当注意前述两个问题。而这两个问题的解决关键都在于确定裁判经验。只有确定了是裁判经验,计算机提供的建议才是具有参考价值的。只要确定了是裁判经验,就限定了量刑建议算法处理的是法官需要指导的问题。什么是裁判经验?从广义上讲,裁判经验是指司法人员在司法实务中适用法律解决具体法律问题形成的值得后来的司法人员遵循的集体性经验智慧,能够指导后来司法人员良好地适用法律以实现法律预设的目的,达到良好的法治效果。本节研究的是在量刑中的要体现在量刑辅助建议系统里的裁判经验。根据最高人民法院《关于完善人民法院司法责任制的若干意见》和《司法责任制实施意见(试行)》,从类案中提取的关于量刑的裁判经验是指裁判尺度的统一。[1] 所以量刑建议算法要给出的裁判经验是指从既有判决中归纳总结出法官们适用某个法律规定时普遍采用的尺度。

据此得出,要确定量刑的裁判尺度应当满足的几点特征,以规范量刑建议算法的设计。

其一,既然是某个法律适用时的裁判尺度,就意味着该法律适用问题是法律规定的由法官自由裁量的范围,而不是法律有明确规定的无合理的可解释空间的问题。比如,根据《贪污贿赂解释》,贪污受贿 3 万元是贪污受贿罪一般性的第一刑罚档的量刑起点要求就是明确的;相比之下,在《贪污贿赂解释》颁布之前,《刑法修正案(九)》中对贪污受贿金额的量刑起点要求则是法官可以自由裁量的。因为我国是成文法国家,法

---

〔1〕《最高人民法院关于完善人民法院司法责任制的若干意见》第 8 条,2015 年 9 月 21 日实施;《最高人民法院司法责任制实施意见(试行)》第 40 条,2017 年 8 月 1 日实施。

官的职权是适用法律和解释法律适用中的问题，所以只有在法律有明确规定某个法律问题由法官根据案件具体情况具体把握，以实现法律原则和精神时，才有法官的自由裁量，才有由此形成的法官的裁判尺度。所以量刑建议算法要解决的问题应当是法律规定的由法官自由裁量的问题，在这些问题上，量刑建议算法通过对既有判决进行分析统计，归纳出法官们较为统一的裁判尺度。

其二，应当先根据法定案由制度，再根据同案同判的要求，确定判断类案的标准，划定所要分析统计的既有判决的范围。统一裁判尺度必然是针对有可比性的涉及相似法律适用问题的判决而言，否则法律案件千万种，如果都拿来比较，理论上可能具有更抽象广泛的意义，但对具体的案件判决缺少直接的指导价值，甚至难以找出一个适用所有案件的统一尺度。不过判断是否类案的标准至今没有明确的法律规定，学界也没有给出可操作的共识性的标准。〔1〕 最高人民法院颁布的公报案例、典型案例、指导性案例等提供了一些线索。从中可以看到，建立在我国的成文法制度和法定案由制度基础上，类案一般都首先是关于相同的法定的最细一级的案由，在刑事案件中则是关于相同的罪名。〔2〕 虽然在有些情况下，某些犯罪构成要件、量刑幅度相近的罪名会纳入某一类罪，相互进行比较，但是量刑建议还是针对某个具体的罪名进行的，所以应当先以某一罪名项下的判决为基本的分析统计对象，在此基础上可以再与其他相近罪名的情况进行比较分析。

然后，仅有相同案由往往被认为不足以将某个案件作为当前案件的类案，不足以要求当前案件参照该先案的判决。不论是从学界关于类案的讨论，还是从最高院颁布的各类案例，都可以看到，同一案由限定的类案的范围可能过大；类案应该是关于某个案由里的某个问题。除了案由外，还需要一些关键事实，使得既有判决与当前案件非常相似，以致如果当前案件不作出与既有判决类似的判决则会让人觉得同案不同判、损害

---

〔1〕 比如关键事实说。但是关键事实是什么，难以明确。参见邓矜婷：《确定先例规则的理论及其对适用指导性案例的启示——基于对美国相关学说的分析》，载《法商研究》2015年第3期。

〔2〕 Jinting Deng, *Should the Common Law System Welcome Artificial Intelligence: A Case Study of China's Same-Type-Case-Reference System*, 3 Geo. L. Tech. Rev. 223, p. 236 (2019).

司法公正。[1] 所以类案的范围是可以调节、变化的。一般而言,较大的类案范围是以案由、罪名为准划分,在此基础上可以通过添加法院因素、诉讼因素、法律要件事实、情节因素等不断地缩小,甚至到只有非常相似的若干个判决。目前投入使用的类案推送系统正是通过计算共同含有某个因素加几分,累加起来得到各个既有判决的相似度得分,再按得分高低排序,将得分最高的前 50 个或 100 个判决推送为类案。[2]

其三,所确定的类案范围应当能够满足总结裁判尺度的量的要求。反言之,如果无法满足量的要求,又不能扩大类案的范围,那么这个问题暂时就不应由量刑建议算法来辅助。通过前一段的讨论可以看到,类案范围可以限缩至仅有几个判决。可是如果仅以几个判决来总结裁判尺度,显然缺少说服力,也不符合统计分析的要求。量刑建议算法目前仍然是运用统计学的方法发现既有判决中的统计规律,以此规律说明司法实践中存在的普遍接受的裁判尺度。虽然统计学往往对样本的随机性要求较多,而对样本数量没有明确的要求,但是纵观近十年来我国的法学定量实证研究,样本数量也都至少在几百个样本,对于小样本的实证研究往往是定性分析。因此,在确定某个案由、罪名后,再添加其他因素以增加类案的相似度时,应注意平衡增加该因素对相似度增加的重要性和增加该因素导致的样本数量的减少,在案由、罪名限定的类案范围与最终十分相似的若干判决中确定一个相对合适的范围,用以后面的统计分析,或者针对不同的类案范围分别进行统计分析。

综上,与以往法学实证研究模型不同,量刑建议算法要解决的问题是法律规定的由法官自由裁量的问题,或者说由法官在实践中具体把握的某个变量对量刑的具体影响。量刑建议算法是对类似的既有判决进行统计分析,发现法官在实践中把握某个问题的统计规律。类似的既有判决通过案由、罪名先确定较大的范围,然后添加法官把握该问题可能会考虑较为重要的若干变量,不断限缩、选择,最终确定能够反映统计规律的合理的类案范围。确定可能会考虑的若干变量的方法主要有三种。一是根据理论学说和法律规定,直接推导出应当考虑的重要变量及其影

---

〔1〕 参见王利明:《我国案例指导制度若干问题研究》,载《法学》2012 年第 1 期。作者提到,在考虑案例类似性时,关键要看系争案例与指导案例的关键事实是否具有类似性。

〔2〕 相关信息来自笔者于 2018 年 3 月中旬到国双公司进行的实地调研。

响方式和程度。二是由富有经验的司法实务人员和律师等总结司法实务经验,给出实践中一般会考虑的重要变量及其影响方式和程度。三是对符合大数据算法要求的类案集,运用大数据算法由计算机从数据中自行发现影响较大的若干变量。不论是哪种方法得到的变量,还是需要从理论上加以解释,以确定该变量对量刑的影响有因果关系,这种关系是正当、可靠的。

不论是确定变量还是类案的范围都需要不断地尝试、完善、检验,以确定该变量是应当放入的,类案范围是合适的。在此基础上,设计出的量刑建议算法应当达到较好地解释所确定的类案形成的数据集的要求,即将数据集中各自变量的值放入量刑建议算法计算,得到的因变量的值较大程度地符合数据集中与该自变量对应的因变量的实际值。在 OLS 统计模型中体现为 R^2 达到较高的水平,一般在 70% 以上。[1] 而且由于变量和类案的范围会不断地调整,所以量刑建议算法应当具有一定的灵活性,允许这种调整,能够根据调整得出对应的结果。量刑建议算法解决的是辅助司法实务人员的具体办案、审案,是以司法实务人员为本进行的数据分析,区别于以抽象理论和数据本身为重点的以往的法学实证研究。它应当更加关注司法实务人员的办案、判案的思考过程,模拟和贴近他们的分析、决定过程,才能更好地发现、总结实践中普遍接受的裁判尺度。即使在法律规定没有发生变化的情况下,司法实践也会随着时间、事件的变化而作出一定的调整,所以实践中的裁判尺度是可能发生变化的,因而类案的范围、变量、量刑建议算法都要不断地更新。

最后,也是最为重要的一点,量刑建议算法是服务于司法实务人员的,而不是由计算机代替司法实务人员作出办案、判案决定的。目前不论是技术还是法律或社会方面均没有准备好接受这种计算机对司法人员的代替。[2] 辅助司法人员才是量刑建议系统存在的正当性基础,所以量刑建议系统应当能够将其算法的逻辑和依据、考虑的变量、确定的类案范围等通过一种用户友好的方式,让使用它的司法人员理解量刑建议系统是如何得到所提供的量刑建议的,并且允许司法人员对其中的重

---

〔1〕 白建军:《基于法官集体经验的量刑预测研究》,载《法学研究》2016 年第 6 期。

〔2〕 Jinting Deng, *Should the Common Law System Welcome Artificial Intelligence: A Case Study of China's Same-Type-Case-Reference System*, 3 Geo. L. Tech. Rev. 223, p. 259 (2019).

要方面进行选择和修改,使得量刑建议以一种符合司法人员办案、判案逻辑和经验的方法得出。

四、要素分析算法一般方法及原则的运用:贪污受贿罪量刑建议算法的完善

将前述分析运用到贪污受贿罪量刑建议算法的设计中,可以得到:该算法应当以归纳总结既有判决中体现的属于法官自由裁量范围的裁判经验为目的,针对法官在贪污受贿罪的量刑中可能遇到的具体问题来设计。算法应尽可能地模拟法官实际量刑的过程。在添加自变量时应考虑该变量对类案数量的影响和该变量对量刑影响的理论基础。而前文已经阐明了根据已有学术研究得到的具有理论基础的可能影响法官贪污受贿罪量刑的变量,并通过了准确率测试。

1. 贪污受贿罪量刑建议算法的初步建立

以往研究贪污受贿罪量刑情况的算法是从理论学说出发,检验法官在量刑时是否受到法外因素的影响,是否存在"千万元拐点",是否职级越高惩罚越不严厉等现象,所以并没有针对法官实际量刑中可能需要既有判决给予经验指导的问题。根据前述分析,量刑建议的算法应当针对属于法官自由裁量的法官可能需要裁判经验指导的问题来设计。所以应当根据刑法规定,确定在某罪中法官自由裁量的问题有哪些,在此基础上提出需要量刑建议算法提供帮助的问题。根据相关刑法规定,在贪污受贿罪量刑中,这样的问题主要有三类。第一类,无论是《刑法修正案(九)》前、《刑法修正案(九)》,还是《贪污贿赂解释》的规定,贪污受贿罪量刑都按照贪污受贿金额划分了不同的几档刑罚。[1] 法官在确定了落在哪一档后还需要根据具体的犯罪金额、量刑情节确定具体的刑期。那么某个犯罪金额加上某些量刑情节应该对应于哪个具体的刑期才能体现罚当其罪、同案同判?在这个问题上,法官就会希望了解既有判决中类似的案件一般是判多久刑期,或者比该案更严重或更轻的案件的一般刑期,来帮助确定在整个既有贪污受贿案件中该案的严重程度排

---

〔1〕 虽然《刑法修正案(九)》没有明确规定分档的具体的贪污受贿金额,但是分档的依据中最重要的仍然是贪污受贿金额"较大"、"巨大",或者"特别巨大"。

序,进而对应相应排序的刑期。这也是罪责刑相适应理论的具体体现。[1] 第二类,虽然《刑法修正案(九)》前和《贪污贿赂解释》都有明确的各档量刑起点的规定,但是也同时规定了由法官自由裁量的一些情况,比如《贪污贿赂解释》后,贪污受贿金额在满1万元不满3万元时量刑起点的确定。所以法官也会希望了解既有判决中一般是如何确定这些情况中的量刑起点的。第三类,《刑法修正案(九)》中增设了在某些情况下,法官可以判决免除处罚或者终身监禁。[2] 所以法官也会希望了解既有判决中一般是在金额多大、有什么量刑情节的情况下作出免除处罚或终身监禁的决定的。篇幅所限,本节仅对第一类问题的量刑建议算法进行研究。

要回答第一类问题,就要统计各变量对量刑的具体影响。常见的方法是将量刑刑期作为因变量,将可能影响量刑刑期的各变量作为控制变量,本节参照已有研究,初步建立如下算法模型Ⅰ:

$$\text{lnsentence} = a_0 + \sum_{i=1}^{n} a_i \times x_i + \sum_{j=1}^{m} b_j \times z_j + jyear$$
$$+ ctprovin + error \text{ if sentence} \neq 0$$

其中,x_i表示第2部分讨论确定的法定影响量刑的各自变量;z_j则表示影响量刑的各法外因素。其中,a_0表示常数,a_i、b_j表示各变量的影响系数。由于sentence不是正态分布,所以用lnsentence作为因变量。jyear和ctprovin表示控制时间和地区影响;error表示误差。因为研究的是对量刑多少的影响,所以将分析样本限制在量刑非零的情况,即没有免除刑罚。根据前述讨论,量刑建议算法应当以具有相同案由或罪名的判决为要分析的类案范围,而贪污罪和受贿罪具有若干不同的量刑情节,犯罪构成要件也不同,所以应当分别归纳统计。

2. 贪污受贿罪量刑建议算法的完善一:对缓刑刑期的折算

根据前述讨论,算法应当尽可能地模拟法官裁判的思考过程。算法越接近法官的思考过程,才能越好的归纳总结既有判决反映的经验,而且总结出来的经验才能更好地被法官理解和修改,在此基础上这些经验被法官接受才具有正当性。回顾模型Ⅰ,首先看因变量,量刑刑期包括

---

[1] Frederick M. Lawrence, *The Punishment of Hate: Toward a Normative Theory of Bias-Motivated Crimes*, Michigan Law Review 93(2), p. 350 (1994).

[2] 《刑法修正案(九)》第383条第3款、第4款。

了缓刑的原判刑期,而且未作区分。将判处同一时长刑期的缓刑和非缓刑等同看待显然不符合实际判决情况。

一种处理方法是将缓刑案件和非缓刑案件予以区分,得到排除缓刑后的样本分析,但是这样会导致样本量锐减。本节样本中,缓刑案件占总样本的35.7%。根据前述讨论,在增加变量以增加类案与当前案件的相似性时,应当平衡增加变量导致的被分析类案数量的减少。所以直接将缓刑案件排除的方法不妥。

另一种处理方法是将缓刑案件的原判刑期折算成严厉程度相当的非缓刑的刑期,再加上二元变量是否缓刑加以控制,使得缓刑案件与非缓刑案件可以一起分析,之间的区别可观察,从而缓刑案件不用被排除。折算也是一种算法,应当尽可能接近司法人员的思考过程。根据刑法规定,对于判处缓刑的案件,如果在缓刑期内没有违反规定,则原判刑罚不再执行;如果违反规定,则执行原判刑罚。[1] 所以假设缓刑期内违反规定的概率为p,则一般来看,缓刑案件刑期为:与缓刑期严厉程度相当的拘役或有期徒刑刑期×(1-p)+原判刑期×p。从威科先行上搜索截至2019年5月19日的所有刑事判决或裁定书,得到共有38189个判处了缓刑的一审贪污受贿类案件[2],其中仅有90个案件发生了缓刑期内违反规定进而执行原判刑罚的情况,所以估算$p \approx 90/38189 = 0.2\%$。根据《刑法》规定,缓刑犯受到社区矫正等限制[3],严厉程度与同样要实施社区矫正等的管制类似[4],而先行羁押一日折抵管制刑期二日[5],先行羁押一日折抵拘役或有期徒刑刑期一日[6],所以缓刑期二日可大体折抵拘役或有期徒刑刑期一日。所以缓刑刑期可通过如下公式,折算为与之严厉程度相当的非缓刑刑期:(1-0.2%)×缓刑期/2+原判刑期×0.2%。折算后的缓刑和非缓刑案件可以一并用模型Ⅰ作回归分析。

---

〔1〕《刑法》第76条、第77条。
〔2〕这里的贪污受贿类案件包括《刑法》第二编第八章项下所有罪名的案件。
〔3〕《刑法》第75条、第76条。
〔4〕《刑法》第38条、第39条。
〔5〕《刑法》第41条。
〔6〕《刑法》第44条、第47条。

3. 贪污受贿罪量刑建议算法的完善二:增加对法律变化、分档、分步量刑过程的考虑

在改良量刑刑期后,再来看控制变量。回顾法官量刑的思考过程,发现模型Ⅰ没有考虑《刑法》规定变化对法官量刑的影响,没有体现《刑法》规定的对案件先分档后定刑的要求,也没有体现《量刑指导意见》规定的分步确定量刑的要求。为了控制《刑法》规定变化对法官量刑的影响,本节增加了一个分类变量 lawversion,它为 1 时表示案件判决时间在《刑法修正案(九)》生效以前,它为 2 时表示案件判决时间在《刑法修正案(九)》生效以后和《贪污贿赂解释》实施以前,它为 3 时表示案件判决时间在《贪污贿赂解释》实施以后。由于刑法规定的变化可能会影响犯罪金额对量刑的影响,所以同时增加 lawversion 和 lnamount 的交叉项。

为了体现《刑法》规定的分档量刑的要求,本节增加了一个分类变量 unipenaltylevel,它为 1 时表示案件的犯罪金额在该案适用的刑法规定的最低入罪档内,它为 2 时表示犯罪金额在第 2 档,依次类推,共分为 4 档。在《刑法修正案(九)》之前,根据《刑法》规定,分档的标准依次为:犯罪金额不满 5000 元,5000 元到 5 万元,5 万元到 10 万元,10 万元以上[1];《贪污贿赂解释》之后,分档标准依次为:不满 3 万元,3 万元到 20 万元,20 万元到 300 万元,300 万元以上。[2] 在《刑法修正案(九)》后《贪污贿赂解释》之前,虽然立法规定用"较大""巨大"等代替了《刑法修正案(九)》前的数额标准,但是没有给出新的数额标准,法官在这一段时间内量刑依据的分档标准应该还会参照《刑法修正案(九)》之前的标准,所以本节对这一段时间里的判决仍然依据《刑法修正案(九)》前的标准分档。不过,在新增变量后应考虑该变量与其他已有变量之间是否存在相互影响,会否影响模型Ⅰ的统计学条件的成立,进而适当删除影响条件成立的变量。

为了体现分步确定量刑的要求,本节增加了一个中间因变量 lnsentence′,表示基准刑。将影响量刑的各自变量分为两类,一类是影响量刑起点及基准刑确定的犯罪金额、犯罪次数、犯罪结果等影响犯罪构成的事实,记为C_i;一类是其他影响量刑的法定变量,记为NC_j。法官分

---

〔1〕 1997 年《刑法》第 383 条。

〔2〕 《贪污贿赂解释》(2016 年 4 月 18 日实施)第 1 ~ 3 条。

步确定量刑的过程可以用模型Ⅱ来模拟：

$$①\ lnsentence' = a'_0 + \sum_{i=1}^{n'} a'_i \times C_i$$

$$②lnsentence = b'_0 + lnsentence' \times \sum_{j=1}^{m'} b'_j \times NC_j + \sum_{j=1}^{m} b_j \times z_j + jyear + ctprovin + error \text{ if sentence} \neq 0$$

算式①表示法官首先根据影响犯罪构成的事实确定基准刑，算式②表示法官然后根据量刑情节对基准刑进行调整，再综合全案情况，确定最终的宣告刑。其中，a'_0、b'_0 表示常数，a'_i、b'_j 表示各变量的影响系数。$\sum_{j=1}^{m} b_j \times z_j$ 含义与在模型Ⅰ中相同。将算式①代入算式②，展开，合并整理后，与模型Ⅰ对比，发现主要变化就是在模型Ⅰ中增加各个影响犯罪构成的变量与其他量刑情节变量之间的交叉项。同样的，应当考虑新增变量与已有变量之间是否互相影响，会否模型成立的统计学条件，进而作出适当的调整。

模型Ⅱ的 OLS 回归分析显示，除了像累犯、立功、受过刑事或纪律处罚等出现非常少的变量外，大部分量刑情节都对量刑有显著性影响，影响方向也符合《刑法》规定。这说明，法官在量刑时普遍会按照《刑法》规定考虑量刑情节的影响，只是这种考虑普遍不会受到犯罪构成事实的影响，所以一种可能是，法官普遍没有分步确定量刑，没有先确定基准刑、后按照一定比例调整基准刑得到宣告刑，否则其他量刑情节变量对量刑刑期的影响应当会受到分档或犯罪金额等犯罪构成事实的影响。还有一种可能是，法官先确定基准刑，但是在调整时，普遍不是按照比例调整，而是直接对基准刑进行加减法得到宣告刑，比如，是从犯则减若干个月的刑期，与犯罪金额等事实无关。无论是哪种可能，都不应认定为违反规律规定，毕竟《量刑指导意见》没有直接规定贪污罪和受贿罪的量刑。相反，这两种可能体现了法官在实践中对贪污罪和受贿罪量刑的简化。

在此基础上，将 OLS 回归分析得到的变量的影响系数代入模型Ⅰ，可以得到各变量对贪污罪和受贿罪量刑的影响。应当对其中明显违反法律规定的，参照其他相当的量刑情节的影响进行修正或删除，比如是否造成严重后果变量 badeffect 存在时应增加刑罚，但是回归分析中却是减少刑罚，不符合法律规定，应当修正。对其中没有显著性影响的量刑情节，可以参照其他相当的量刑情节的影响进行修正，也可以有针对性地选取样本进行统计分析。比如累犯、立功等由于出现的次数非常少,所以在整体样本中难以统计到系统性的影响,那么可以选择有累犯、立功的样本进行专门分析,归纳其对量刑的一般性影响。没有明显违反法律规定的也没有显著影响的法外因素,可以直接删除。但是没有明显违反法律规定的有显著影响的法外因素,因为可以归入法官量刑时考虑的"综合全案情况",所以应当保留,但其对量刑的影响程度明显违反法律规定的,应当予以修正。最终得到贪污罪和受贿罪的量刑建议算法。

五、本节结语:法律数据提取算法的检测和分析算法的设计原则及方法

本节以贪污受贿罪为例,讨论了当前进行的智慧司法系统的研发中算法设计应当遵循的一般原则和基本方法。智慧系统的算法分为判决要素的提取算法和被提取要素的分析算法,对应于计算法学方法中法律数据的提取和分析算法。提取算法检测的关键是准确度,一般应当超过人工提取的准确度,在95%以上。法官在实践中模糊把握、自由裁量的信息在提取时应当增加算法的必要模糊度,寻找尽可能准确但又普遍存在共识的该信息在判决中的表现,提高提取该信息的准确度。应当根据法律规定和已有学术研究确定可能参与后面比较分析的信息,尽可能多地从判决中提取表述统一简单的信息。此类信息的准确度很高,可以在此基础上根据相关变量之间的关系进一步提取更为复杂的变量。按照量刑指导意见可以确定量刑建议算法需要的变量有影响犯罪构成的变量、量刑情节变量、综合全案情况可能考虑的变量。

对提取的要素进行分析,得到量刑建议的算法是第二类算法,即分析算法。量刑建议算法的设计应当遵循两点原则。第一,量刑建议算法中各变量对量刑的影响应当符合刑法规定。对于影响方向与《刑法》规定的相反的、影响程度明显超过《刑法》规定的范围的,应当予以修正。对于明显违反《刑法》规定但是又有系统性的显著影响的,应当进一步研究法官普遍违反《刑法》规定的实践理性在哪里,是否反映了《刑法》不同规定之间的冲突,抑或《刑法》规定与社会情势变迁之间的矛盾。对于这些有争议的地方,应当在算法中标识出来,提醒法官,允许法官自由裁量。第二,量刑建议算法应当尽可能地模拟法官作出量刑决定的思考过程。一方面这种模拟可以使量刑建议算法更加完善,考虑到更多的

抽象理论思考时可能忽略的变量，能够更好地解释既有判决中的数据。另一方面，这种模拟更加符合人工智能拟人化的技术特点，也更能被法官和法律工作者理解，法官才能更好地决定是否要接受该算法提供的建议，并对该算法提出修改意见以完善算法。同时，在此基础上，大家才能对这一算法提出意见，法官对该建议的参考才能得到更多的认可。这两点原则也同样适用于法律数据分析算法的一般设计。

量刑建议算法可以是一步算法，即控制所有可能影响量刑的因素，运用回归分析统计方法，对同一罪名项下所有判决书进行研究。本节提出的贪污受贿罪量刑建议算法就采取这种方式。量刑建议算法也可以是分步、组合算法。正如本节第三部分所述，可以根据关键变量对同一罪名项下所有判决书进一步分类，确定更小的与当前案件更相似的类案范围，适用针对当前更细分类的判决的算法进行分析、归纳，比如仅考虑适用当前生效的刑法规定裁判的案件、在同一法定量刑档内的案件等。不论是哪一种方式，量刑建议算法的逻辑、计算依据、存在的误差、局限性等都应当以通俗易懂的方式告知法官，以便于法官及司法管理人员能够确定法官最终的量刑与算法建议的量刑之间的差距是否合理，是否“与本院同类生效案件裁判尺度一致”、或者“存在重大差异”。[1] 这一要求也适用于法律数据分析算法的一般要求，即应当尽可能地让法律工作者理解算法的逻辑，判断算法的法律意义。

第三节　结合计算机解决法学问题中法学理论与计算机系统的相互作用初探

本章研究的是计算法学方法的第二步，即结合计算机技术解决或研究数据化后的法学问题。本章前两节着重讨论的是第二步的一个重要部分，即运用计算机获取、存储、处理和分析法学问题相关法律数据的一般方法及原则，建立兼容、开放、可重复使用的数据库，以帮助法学问题的研究和解决。本节将讨论第二步的另一个重要部分，即在结合计算机帮助解决法学问题的过程中，计算机的特点和规律对法学问题研究和解

[1] 《最高人民法院司法责任制实施意见（试行）》（2017 年 8 月 1 日实施）第 40 条。

决的影响。事实上,这种影响是相互的,计算机的特点和规律会影响法学问题的解决路径和研究思路;同时,法学问题的特点和规律也会影响计算机系统和程序的设计和实现。本章前两节讨论的就是根据法学问题数据化后的特点和相关数据的情况,选择合适的计算机方法,设计需要的计算机功能。这是法学问题对计算机用以处理分析数据的技术和方法的影响。本节将讨论的是法学问题的特点对计算机的系统设计的影响,以及计算机系统的特点和规律对法学问题解决路径和制度设计的影响。也就是,关于结合计算机解决法学问题中法学理论与计算机系统的相互作用的讨论。本节以个人信息法律保护这一法学问题在电子公证系统这一数据系统中解决时,电子公证系统的特点与个人信息保护的场景理论及法律制度设计之间的相互作用为例展开具体讨论。

电子公证系统中的个人信息保护问题日益突显。从个人信息保护问题对计算机系统设计的影响来看,应当先对个人信息保护的问题作数据化解构。再针对其中的不同问题,在系统设计时运用技术和制度方法针对性的予以解决。体现为:第一,针对个人同意的问题,应当在该系统的设计中贯彻个人信息保护理论中的信息主体知情同意的原则,平衡防范信息控制者滥用优势地位获得个人同意的需要和防范信息主体不合理阻碍信息流通的需要。第二,针对个人信息可靠性的问题,应当在系统设计时,建立与公证员唯一对应的口令或密钥、需要两名公证员同时验证的系统录入机制以加强源头安全;运用备份、操作自动生成记录和区块链等技术保障数据全过程可溯源、防删改。第三,针对个人信息安全性的问题,应当在系统和制度设计时,建立权限控制机制增加对人使用系统权限的控制,提高人使用系统的透明度;建立电子公证准入机制规范系统的标准化建设、操作和维护,根据技术成熟原则适时更新系统的安保措施。从计算机系统对个人信息保护理论的影响来看,场景理论应当增加对系统技术特点的考虑。体现为:(1)在统一标准化建设和操作的电子公证系统内部信息控制者的变化,不应等价于信息场景的变化,不要求重新进行风险评估和获得个人同意。(2)当对个人信息分类保护会增加系统的复杂度、对所有个人信息统一适用较高的保护更容易实现时,场景理论并不坚持将非敏感和敏感个人信息区别保护。下文作具体阐释。

一、电子公证系统中的个人信息保护问题及初步分析

随着大数据时代的到来，个人信息保护问题日益突出。[1] 无论欧美还是我国都加强了对个人信息的保护。[2] 虽然学界对个人信息权的内容和属性多有争论，但是对于在信息时代个人信息保护的重要性是有共识的。[3] 个人信息保护以往一直坚持通过告知同意来授权以豁免信息保护责任的路径。[4] 但是大数据时代后，由于个人信息的社会属性不断被发掘、个人信息自决的局限不断被暴露，这一路径逐渐难以保护个人信息。[5] 于是学界从以下几方面尝试加强对个人信息的保护。一是完善信息自决机制，加强个人对其信息的控制。[6] 二是由强调个人的事前判断，转而强调信息收集者和控制者在使用过程中的风险评估和安全责任。[7] 由个人控制论转为社会控制论。[8] 三是提倡在不同的场景中强调不同程度的个人和社会对个人信息的控制和对个人信息的保护，即场景理论。[9] 场景理论具有较强的适用性和包容性，逐渐成为

---

〔1〕 Jules Polonetsky & Omer Tene, *Privacy and Big Data*: *Making Ends Meet*, 66 Stan. L. Rev. 25, Sep. 3, 2013.

〔2〕 参见张新宝：《从隐私到个人信息：利益再衡量的理论与制度安排》，载《中国法学》2015 年第 3 期；王泽群：《大数据环境下隐私保护的行政立法研究》，载《行政论坛》2016 年第 4 期。

〔3〕 参见张里安、韩旭至：《大数据时代下个人信息权的私法属性》，载《法学论坛》2016 年第 3 期。

〔4〕 参见王利明：《论个人信息权的法律保护——以个人信息权与隐私权的界分为中心》，载《现代法学》2013 年第 4 期；齐爱民：《拯救信息社会中的人格——个人信息保护法总论》，北京大学出版社 2009 年版，第 130 页以下；刘德良：《个人信息的财产权保护》，载《法学研究》2007 年第 3 期。

〔5〕 高富平：《个人信息使用的合法性基础》，载《比较法研究》2019 年第 2 期；吴泓：《信赖理念下的个人信息使用与保护》，载《华东政法大学学报》2018 年第 1 期。

〔6〕 参见吴飞、傅正科：《大数据与"被遗忘权"》，载《浙江大学学报（人文社会科学版）》2015 年第 2 期；万方：《隐私政策中的告知同意原则及其异化》，载《法律科学》2019 年第 2 期。

〔7〕 周汉华：《探索激励相容的个人数据治理之道——中国个人信息保护法的立法方向》，载《法学研究》2018 年第 2 期；敬力嘉：《大数据环境下侵犯公民个人信息罪法益的应然转向》，载《法学评论》2018 年第 2 期。

〔8〕 高富平：《个人信息保护：从个人控制到社会控制》，载《法学研究》2018 年第 3 期；任龙龙：《论同意不是个人信息处理的正当性基础》，载《政治与法律》2016 年第 1 期。

〔9〕 范为：《大数据时代个人信息保护的路径重构》，载《环球法律评论》2016 年第 5 期；丁晓东：《个人信息私法保护的困境与出路》，载《法学研究》2018 年第 6 期；齐爱民、张哲：《识别与再识别：个人信息的概念界定与立法选择》，载《重庆大学学报（社会科学版）》2018 年第 2 期。

个人信息保护的主流观点。《个人信息保护法》也采取了个人同意和多部门综合治理的方法，全面保护个人信息。[1]

电子公证是进入大数据时代后兴起的一种新类型公证，是指将传统的线下公证业务的部分或全部通过互联网技术在线上完成。司法部为了实施"互联网＋"的国家战略，完善公共法律服务系统，开始组织研发统一的电子公证业务系统。由于公证业务涉及普通大众生活的方方面面，所以电子公证系统会涉及大量的个人信息收集、存储和利用，存在突出的个人信息保护问题。学界关于电子公证的研究集中在电子公证的概念、管辖、适用范围、证据效力等方面，鲜有讨论电子公证的个人信息保护问题。[2] 本节通过参与电子公证业务原型系统的研发，尝试将前述学界关于个人信息保护的观点结合电子公证系统予以具体实现，得到结合计算机系统实现和解决电子公证中个人信息法律保护问题的方法，进而研究了电子公证系统与个人信息保护问题的相互作用。

二、电子公证系统中个人信息保护问题的解构

根据计算法学方法，运用计算机帮助解决法学问题，应当首先对法学问题进行解构和分析，发现有关数据，建立有关数据库和数据运算规则，以便将法学问题与计算机系统相连，如此才能更好地运用计算机技术帮助解决法学问题。所以本点先运用已有法学研究方法及理论，对电子公证系统中的个人信息保护问题作解构，得到更为具体的需要在电子公证系统中针对性解决的个人信息保护问题，以启发后文电子公证系统的设计。

我国《公证法》第 2 条规定了公证的基本概念，而电子公证是指公证的部分或全部电子化。所以电子公证可以定义为：公证机构根据自然人、法人或者其他组织的申请，依照法定程序对民事法律行为、有法律意义的事实和文书的真实性、合法性予以证明的活动，并且这一活动或者所公证的事项有部分或全部是电子化的形式。电子公证包括公证申请、

---

[1] 参见《个人信息保护法》第 11 条。

[2] 李新辉：《电子公证之管辖、范围、程序研究》，载《中国公证》2019 年第 9 期；赵卫红：《网络电子证据公证取证的效力》，载《人民司法（案例）》2011 年第 10 期；李新辉：《电子公证之定义、特征、原则研究》，载《中国公证》2015 年第 6 期。

受理、核实和出证等重要环节。在当前的实践中,电子公证一般会有以下任一要素:一是纸质法律文书的电子化;二是传统手签名、签章行为的电子签名化;三是物理面对面的感知、会见、沟通电子音视频化;四是公证事项或事务的电子化。所以前述定义既符合我国公证法的要求,又能很好地描述当前的电子公证实践,还与国外电子公证相关立法的定义相符。[1]

虽然公证需要收集、核实和存储申请人用以公证提交的个人信息,但是由于公证是经申请而进行的,所以公证机构是经申请人授权而收集和处理与公证事项有关的个人信息,也是为了日后审查公证的效力而存储相关的个人信息,而且所存储的个人信息也因为纸质化存储而难以被利用或被泄漏,所以公证原本没有突出的个人信息保护问题。但是这些情况在电子公证的场景下都发生了显著变化,进而会引发下述个人信息保护问题。

1.个人知情同意的问题

电子公证场景下很多时候可能出现未经信息主体同意而收集、存储和利用个人信息的情况。

首先,电子公证为了提高公证的效率,避免同一事项重复公证,拟打通各公证机构之间的数据壁垒,使得在公证机构 A 做公证 a 时用到的核实过的个人信息可以被公证机构 B 在做公证 b 时直接使用而不需再次核实。[2] 当不同公证机构之间的数据可以直接交换时,很多时候就会出现公证机构经过交换获得和存储申请人提交的信息之外的没有得到申请人知情同意的个人信息。比如公证机构 B 在做公证 b 时可以通过交换获得该申请人在公证机构 A 做公证 a 时提交的信息,而这些信息中有些不一定是做公证 b 所必要的。

其次,电子公证场景下,申请人的所有公证所提交的个人信息都被关联起来,很容易被检索和查看,并将长期存储在电子公证业务系统中。

---

〔1〕 有关国外电子公证的相关立法情况,参见《美国电子公证示范法(2010)》;张正怡:《美国电子公证法律制度对我国的启示》,载《中国公证》2011 年第 4 期;周志扬、吕宏庆:《法国、意大利公证信息化发展对我国的启示》,载《中国公证》2016 年第 11 期;金承烈:《韩国电子公证系统现状及未来展望》,载《中国公证》2018 年第 10 期。

〔2〕 参见司法部办公厅《关于开展办理公证"最多跑一次"试点工作的通知》,2017 年 7 月实施。

所以即使不是处理该公证事项的公证员、其他公证机构的人员，以及公证管理机构的人员等都有可能轻易地在系统中线上检索和查看申请人为公证所提交的所有个人信息，包括身份证信息、金融信息、婚姻状况、身体状况等敏感个人信息。[1] 即使存档以备审查公证效力的必要性已经微乎其微，这些个人信息仍然被存储着，可以随时被调取和查看。而这些对个人信息的检索、查看和长期存储却没有得到信息主体的同意。即使认为申请人在提交公证时就“一揽子”同意了这些存储和利用，但是由于这些存储和利用与非电子化的公证显著不同，使得申请人在提出公证申请时并不充分了解，所以难以算是做出了有效的同意。

最后，公证的种类多种多样，涉及人们生活的各个方面，所以经常会有公证要求提交的资料里包括了非申请人的第三方的信息，比如在婚姻状况、亲属身份、股东股权等的认证中。[2] 这些第三方信息的收集和存储在非电子公证时代由于数据的难以利用和割裂状态而没有个人信息保护问题，但是在电子公证场景下，为了提高对已提交的经核验的公证数据的利用效率，这些数据都会经过碎片化和结构化的处理，从而引发个人信息保护问题。比如，申请人 X 在公证机构 A 做公证 a 时根据要求提交了有关第三方 Y 的信息 y；经过审核，信息 y 是准确的；那么信息 y 就会被存储在电子公证系统中，并与申请人 X 和第三方 Y 关联起来。之后，第三方 Y 如果在公证机构 A 做公证 b 时需要提交信息 y，则第三方 Y 不需要重复提交，公证机构 A 可以在系统中直接调取信息 y，也无须重复核验。再加上前述的数据交换功能，那么第三方 Y 在其他任一公证机构做公证时都不需要再重复提交信息 y。如此则提高了对已核验数据信息 y 的利用效率。但是这就意味着，在申请人 X 做公证 a 时，A 在没有获得第三方 Y 的同意下收集和存储了其个人信息 y。而且，信息 y 会长期存储在电子公证系统中，在未来即使不是由第三方 Y 申请但只要与第三方 Y 有关的公证中都可能被调取和查看。

2. 个人信息的可靠性问题

与其他场景的个人信息保护不同，电子公证中除了担心个人信息被

---

〔1〕 参见上海东方公证处：《180 公证事项申请材料参考清单》，载 https://www.shnotary.org.cn/u/cms/www/201901/11105504rv0p.pdf，最后访问日期：2019 年 3 月 19 日。

〔2〕 上海东方公证处：《180 公证事项申请材料参考清单》，载 https://www.shnotary.org.cn/u/cms/www/201901/11105504rv0p.pdf，最后访问日期：2019 年 3 月 19 日。

随意采集、滥用和用以帮助犯罪以外，还要考虑个人信息的可靠性问题，即个人信息是否符合真实的情况。因为电子公证作为公证的一种，具有较高的证明力，更是民事诉讼中的一种免证方法。[1] 一般而言，非经确凿的证据推翻，应当被采信。[2] 所以，一旦电子公证系统里的个人信息出错，这种错误会因为电子公证更高的自动化而更难被人们发现，而且这种错误造成的危害会因为电子公证较高的证明力和被重复利用而不断扩大。由于电子公证的范围不断扩大，电子公证系统中不可靠的个人信息的危害影响的范围也会越大，所以可靠性问题会成为电子公证场景中个人信息保护的一个独特问题。

电子公证中的个人信息可靠性问题可以细分为两个问题。

一是在个人信息最初被收集时的可靠性问题。在非电子公证时代，公证员通过面对面地与申请人交谈、直接地接触提交的纸质材料原件、直接地参与被公证的法律行为过程等能够获得更丰富的信息，更全面地观察周围的环境，从而可以更好地运用公证员的经验和技能较好地辨别文件、证件、材料和意思表示的真伪。但是在电子公证中，公证流程的部分或全部电子化会限制公证员对公证事项的亲历性，影响公证员对公证相关的个人信息真实性的判断；公证事项的电子化也使公证员无法运用非电子时代的经验和技能来接触和检查它。毕竟看似一样的电子文档和纸质文档，后者可以通过直接观察原件本身来判断真伪，而前者则不能这样来检验。在公证员亲历性受到限制，传统经验和技能难以施展，新的检验技能尚不清晰的情况下，个人信息的可靠性在最初被收集进电子公证系统时就可能存疑。

二是个人信息进入系统后被存储、处理和使用时的可靠性问题。主要是人为篡改个人信息和系统或操作错误导致个人信息出错的问题。由于个人信息进入系统后可以轻松地被检索、调取和利用，所以外界有很多机会可以秘密地接触和篡改个人信息。此外，系统在运行过程中也可能出现错误，或者系统使用者也可能出现操作失误，导致个人信息发生变化。而这些篡改或错误由于电子公证更高的利用率和自动化而更

---

〔1〕《最高人民法院关于适用〈中华人民共和国民事诉讼法〉的解释》（2015 年 2 月实施）第 93 条第 7 项。

〔2〕《民事诉讼法》（2017 年修正）第 69 条。

难以被人为发现和纠正,引发值得关注的可靠性问题。

3. 个人信息的安全问题

电子公证中的个人信息保护的另一个重要问题就是信息安全问题。当电子公证业务系统全面铺开后,大量的个人信息会存储在各公证机构的服务器上,进一步汇集到区域或全国的公证行业管理机构的服务器上。如果对这些服务器运用木马、病毒、DDOS 等工具进行攻击,或者在数据传输过程中对其进行攻击,则可能导致大量的个人信息被泄露、被篡改。还可以通过制作钓鱼网站等方法迷惑人们在其上提交公证申请,进而收集人们的个人信息。如果对客户端申请人账户进行攻击,则可能导致该申请人的信息被泄露,甚至可以伪装成该申请人,提出假的公证申请,获取电子公证文书和其他相关的个人信息。还可以通过扫漏软件、秒拨等间接方法获得大量申请人账户和密码信息〔1〕,批量登录电子公证系统,获得大量的个人信息。网络中的攻击方法多种多样,防不胜防,日新月异。此外,电子公证系统的便利性使公证员、公证管理人员非法查阅、篡改或伪造个人信息、获得和导出大量个人信息的能力极大地提高,但是被发现的风险却相比非电子时代要物理性地进入公证机构档案室翻阅案卷被发现的风险还要更低。所以电子公证中存在显著的个人信息安保问题。

三、解构后个人信息保护问题在电子公证系统中的解决及其对系统设计的影响

1. 个人知情同意问题的解决及其对系统设计的影响

在运用系统解决或实现法学问题时,应当根据解构后法学问题的理论要求设计系统,按照理论解构后得到的具体运算规则安排系统的具体运行规则。个人信息权益因历史文化和制度差异在我国和欧美国家的具体含义和保护路径有所不同,但是一般都认为,个人信息权益的一个重要方面是个人对其信息享有的自主支配的精神权益〔2〕。相应的,个人信息保护应着重保障其自主支配权,具体表现为个人对其信息拥有处

〔1〕 邓矜婷:《“秒拨”动态 IP 切换技术的性质评析》,载《中国检察官》2018 年第 3 期。

〔2〕 王利明:《论个人信息权的法律保护——以个人信息权与隐私权的界分为中心》,载《现代法学》2013 年第 4 期。

分、决定、知情、不被滥用等权利[1]。所以,获取、存储、使用个人的数据均要求获得个人的同意才能进行。因而电子公证系统下收集、处理、存储和交换申请人或第三方的个人信息也应当在获得个人信息主体的同意后才能进行。目前,为了保障同意的有效性,协调与技术操作、成本效率的矛盾,学界提出了一揽子同意、特殊同意、动态同意、知情同意、追加同意等多种授权方式。[2]

在电子公证场景下,申请人在提交了个人信息后,公证机构就实际地控制了这些个人信息,有能力对这些个人信息进行处理和使用,所以是个人信息控制者。所以在收集、保存、使用以及委托处理、共享、转让和公开披露个人信息时都应当满足已经实施的《个人信息保护法》和《信息安全技术个人信息安全规范》(以下简称《信息规范》)里的各项要求。[3] 具体而言,公证机构之间交换个人信息、公证员或管理人员访问个人信息、公证机构收集第三方的个人信息,以及将信息与外界共享时都应当获得个人信息主体的授权同意。公证机构对个人信息的长期存储应满足保存时间最小化的要求,除非获得个人的同意。公证机构应当按照司法部规定或认可的行业标准来确定公证事项必须收集的个人信息,以满足个人信息收集的合法化和最小化要求。

在电子公证场景下个人同意的特殊考虑及处理。

首先,在一般情况下,个人信息保护的一个重要措施就是对个人信息做去标识化的处理,使该个人信息无法识别到个人,以保护其隐私权和私生活不被打扰。[4] 但是在电子公证系统中,个人信息正是因为与申请人相关联才能被核实和验证,才能用于公证,才能在多次公证中被重复利用,所以个人信息不能被匿名化或去标识化处理和存储。与之相

---

〔1〕 任龙龙:《论同意不是个人信息处理的正当性基础》,载《政治与法律》2016 年第 1 期。

〔2〕 鞠晔、王平:《云计算背景下欧盟消费者个人敏感数据的法律保护》,载《法学杂志》2014 年第 8 期。

〔3〕 参见全国信息安全标准化技术委员会:《信息安全技术个人信息安全规范》(2018 年 5 月实施),载 https://www.tc260.org.cn/upload/2018-01-24/1516799764389090333.pdf,最后访问日期:2019 年 3 月 19 日。《个人信息保护法》(2021 年 11 月 1 日实施)。

〔4〕 全国信息安全标准化技术委员会:《信息安全技术个人信息安全规范》第 6.2 条,2018 年 5 月实施,载 https://www.tc260.org.cn/upload/2018-01-24/1516799764389090333.pdf,最后访问日期:2019 年 3 月 19 日。《个人信息保护法》第 51 条。

应的是,电子公证系统中个人信息的使用应当限制在实现公证的必要方面,未经特别授权不能与其他系统和外界机构共享。不过在进行了匿名化处理后则可以通过与其他场景下的个人信息一样的数据交换机制与外界共享。

其次,在一般情况下,个人信息保护要求允许个人信息主体更改、删除其个人信息,撤回其对个人信息收集、处理和使用的同意。[1] 但是电子公证系统中收集的个人信息是在公证员经过审查确定为真后才被收集的,而且之后公证机构会依据该个人信息进行公证,签发具有很高证明力的公证文书。允许申请人自行更改电子公证系统中的个人信息会极大地降低该个人信息的可靠性,显著地影响电子公证系统的运行。为了平衡个人信息主体的自决权,可以允许申请人在发现错误时向公证机构提交更改的申请,经公证机构查实后在系统中予以更改。删除权也应如是处理,除非有合理理由需要留存个人信息以备后查,否则公证机构应当允许申请人删除其个人信息,注销账户。

再次,在一般情况下,个人信息保护要求获得个人信息主体本人的同意。但是电子公证系统有时需要收集第三方的个人信息来完成公证事项的公证。要求公证员获得第三方的同意才能收集其个人信息会较大地增加公证员的负担,而且使该公证事项很可能因为第三方的不同意而无法完成。所以可以允许电子公证系统收集为完成公证所必需的第三方的信息。在完成公证后,可以存储该第三方信息以备后查。不过该第三方的个人信息因为缺少信息主体的同意,而不应被结构化和碎片化处理,不能被检索和查阅,而仅能置于最初申请人的账户中。

最后,“一揽子”同意与特别同意的平衡。由于个人为了让公证能够进行,在申请时实际上没有选择,而只能同意电子公证系统的隐私政策,所以如果电子公证系统采取“一揽子”同意的方法在开始时就迫使申请人同意,那么前述的未授权同意而进行的个人信息的收集使用等都不会存在。但是这样的话,个人对其信息的自决权也流于形式。所以即使在申请时获得了个人同意,对个人信息的使用和收集仍应满足完成公

---

〔1〕 全国信息安全标准化技术委员会:《信息安全技术个人信息安全规范》(2018 年 5 月实施)第 7.5 条至第 7.8 条,载 https://www.tc260.org.cn/upload/2018-01-24/1516799764389090333.pdf,最后访问日期:2019 年 3 月 19 日。《个人信息保护法》第 15 条。

证所必需的最小化要求。在与申请人提交的公证申请无关的事项中,如果需要收集和使用个人信息,则应当再次通知该申请人,并获得其特别同意后才能进行,除非满足《信息规范》和前述不需要同意的例外情况。

2. 个人信息可靠性问题的解决及其对系统和制度设计的影响

个人信息可靠性问题需要结合技术的运用和机制的建设来解决,反映了制度和系统共同作用以帮助解决法学问题的关系。这需要同时考虑制度和数据系统在解决该问题时的特点和优劣来具体设计制度的细节和选择合适的系统的技术。电子公证中个人信息可靠性问题可以分为个人信息源头的可靠性和个人信息在系统中的可靠性。需要防范来自人为和机器的有意或无意的错误和改变,目标是达到甚至超过非电子公证场景下个人信息的可靠性。

相较非电子公证,电子公证中个人信息源头出错的整体风险和危害更大,所以应当采取更强的防范措施。针对公证员、系统操作员可能出现的腐败、渎职和错误,电子公证系统的信息录入应当要求两名操作员同时验证才能进行,使两名操作员可以相互监督、提醒。每名操作员凭借唯一对应的标识或口令才能进入系统,确保系统中的信息都可以锁定录入的操作员。域外已有国家在此方面进行了探索,比如,法国通过与公证人唯一对应的U盾和电子签名实现可溯源和防抵赖。[1] 我国在此基础上再通过机制建设,要求两名操作员才能录入信息,进一步加强了源头可靠性。

在有些简单的具有法律意义的文书[2]的电子公证中,公证员对申请材料真实性的审查能力一般会高于非电子公证的情况,因为公证员有更多的渠道去核实这些证件在有关部门中的真实性。但是在需要判断意思表示是否为真实的电子公证中,如果采用远程音视频技术,公证员的亲历性会受到这些技术的影响,进而影响公证员对公证事项真实性的判断,使可靠性降低。解决这一问题首先应从法律上要求信息网络技术保障公证员对公证事项或事务的亲历程度相当于物理上面对面进行公

---

〔1〕 周志扬、吕宏庆:《法国、意大利公证信息化发展对我国的启示》,载《中国公证》2016年第11期。

〔2〕 如指像学历、学位、成绩、驾照、结婚证等证件真实性的认证。

证的程度。美国、日本在这方面都有明确的要求。[1] 在不能达到要求时，一是可以通过减少公证电子化的程度来解决，比如，要求“线下跑一趟”或者让申请人到最近的公证机构通过特定的设备实现远程公证。如在法国，只允许当事人在当地公证员物理在场的情形下使用视频会议设备进行异地间的远程交流和远程签名。[2] 或者，将电子公证限制在简单的证件的真实性公证领域，直到远程信息技术能够达到要求才能扩展到远程对意思表示真实性进行公证的领域。

个人信息经过公证员核验进入电子公证系统后的可靠性问题，可以分为以下几方面予以解决：个人信息在系统中存储、传输、交换和调取时不会出现错误，能够与一开始进入时的信息始终保持一致；只能经过申请和授权才能被更改和删除，不能被擅自更改和删除；以及个人信息在系统中的任何访问、传输和交换都会留痕，使全过程可溯源。为了保护个人信息与一开始时的一致性，法国在录入个人信息时，同时将其分别存放在三个存管中心，通过存管中心的交叉比对来保障信息一致性。[3] 这种方法使对个人信息的篡改要同时在所有存管中心进行才可以瞒天过海，增加了篡改的难度。不过这仍然是可能的，特别是考虑到攻击者也是运用信息技术来进行。而且同时维护多个存管中心的成本也较高，如果其中一个存管中心的信息被篡改，就无法知道哪一个存管中心的信息是可靠的。所以仅靠备份的方法还不够。

计算机技术中有一种方法可以用于检验在系统中经过一段时间后的个人信息与一开始时是否一致，即计算一开始时个人信息的某个数值，该数值与该个人信息唯一对应，并且会随个人信息的变化而变化。[4] 将这一数值以某种可信的方法固定和保存下来，经过一段时间后可以再次计算该个人信息的该数值，通过与之前保存下来的数值进行

---

〔1〕 户田信久：《日本公证相关活动的发展》，载《中国公证》2018 年第 10 期；NNA Staff, *Personal Appearance In A Digital World*, The National Notary, 2011. 5.

〔2〕 蔡勇：《法国公证人大力推进数字化建设——法国公证人高等理事会主席沃杰尔先生专访》，载《中国公证》2016 年第 2 期。

〔3〕 蔡勇：《法国公证人大力推进数字化建设——法国公证人高等理事会主席沃杰尔先生专访》，载《中国公证》2016 年第 2 期。

〔4〕 Hash 思想或算法具有这种性质，即如果两个 Hash 值不相同，则产生这两个 Hash 值的原始数据也是不相同的。常用的 Hash 算法有 MD5 和 SHA－1 算法。张焕国、唐明：《密码学引论》，武汉大学出版社 2015 年版，第 178～180 页。

比对,就可以检验此时的个人信息与一开始时是否一致了。目前可以采用区块链的方法来保存这一数值。区块链的强可靠性可以保证这一数值的可靠性[1],进而可以可靠地检验经过一段时间后的个人信息是否可靠。此外,对个人信息的任何操作都可以自动生成记录,对这些记录都可以计算唯一对应的数值,这些数值都可以存在区块链上,以可靠地检验系统中存储的记录是否可靠。运用这一可靠检验方法后,即使所有存管中心的信息都被篡改,也可以通过与区块链上存储的数值比对来发现篡改。如果其中一个存管中心的信息被篡改,其他存管中心的信息可以通过与区块链上的数值比对来确定其与最初信息的一致性。

区块链技术仅能用于检验系统中个人信息是否发生了变化和对个人信息的任何操作记录是否是可靠的。但是区块链无法保证个人信息不会发生变化,而且一旦发生变化,区块链也无法将个人信息还原。[2]受到成本的限制,备份目前也只能在两三个存管中心中。所以还需要机制建设,来控制能够进入系统中对个人信息进行访问和操作的人。与非电子公证一样,可以要求仅办理该公证的公证员能访问录入后的信息,同一公证机构的其他公证员只有在有正当理由需要访问时才能提出申请,经公证机构管理员同意后才能访问该信息,其他公证机构的公证员则需要公证行业管理员同意才能访问。录入的信息只有在录入公证员、公证机构管理员和公证行业管理员均同意后才能被修改。

值得注意的是,公证机构和行业管理员因为管理机构或行业的需要而具有权力和责任批量访问、导出和分析系统中的个人信息。这种权力虽然在非电子公证场景下也存在,但是相比物理空间中亲自到所管辖的公证机构对纸质案卷进行查阅,管理员在系统中访问和分析公证机构的案卷会更加地隐蔽和秘密,访问的效率也成倍地增加,所以管理员权力被滥用的风险也增加,需要加强对管理员权力的监督,应当限制管理员批量访问和导出系统中个人信息的权限,系统应当在管理员访问或导出

---

〔1〕 朱岩、甘国华、邓迪等:《区块链关键技术中的安全性研究》,载《信息安全研究》2016年第12期。

〔2〕 区块链上存储的校验值具有难以找到逆向规律还原原始数据的性质。正是因为具备这种性质,才能起到加密的作用,即获得校验值无法知道明文内容。这是区块链安全性的关键技术之一。朱岩、甘国华、邓迪等:《区块链关键技术中的安全性研究》,载《信息安全研究》2016年第12期。

时会自动向被访问的公证机构、公证员发出通知，还应当根据不同级别的管理员和不同量的访问或导出，设置不同的要求，如应有明确的理由并经上级批准才可进行，或者要求两名管理员同时验证才能进行。备份、区块链技术和权限控制机制共同结合才能有效地解决个人信息可靠性问题。

3. 个人信息安全问题的解决及其对制度和系统设计的影响

个人信息安全问题是电子公证较非电子公证而言新增的一个显著问题。从广义上讲，信息安全问题也包括信息可靠性问题。本节中的个人信息安全问题主要是指如何防范电子公证系统中个人信息被泄露的问题。解决这一问题，更依靠信息安保技术的发展，同时也需要建立机制规范系统的维护与访问。

第一，应当建立技术成熟原则。该原则是指电子公证系统应当紧跟技术的发展，用行业较成熟的更好的技术适时更新系统，保持系统的安全性。同时，对于已经采用了行业成熟的较高标准的技术但仍然无法阻止的系统安全漏洞事件，在系统操作管理人员符合操作要求和行为规范时，应当适当豁免公证机构或公证管理机构的部分或全部责任。

第二，应当建立电子公证准入原则。相较于非电子公证，电子公证对技术的依赖性更强，要求进行电子公证的人员掌握特定的技术知识，对系统的建设、维护和设备的运行有特殊的要求，否则容易出现系统性安全风险，所以应当设立电子公证准入机制。域外许多国家都建立了一定的电子公证准入机制。比如，日本对电子公证机构和电子公证人采取准入制度，只有经过培训，达到一定的技术能力，才能进行电子公证。[1] 意大利在2010年引入数字身份验证与准入机制，对电子公证人设立准入门槛。[2] 美国在《公证示范法》中也规定了“电子公证机构”和“电子公证人”的准入标准。[3] 我国应当在借鉴他国经验的基础上，进一步统一电子公证的标准规范，包括电子公证系统及外接设备的建立、运行和维护标准，公证机构及公证员对电子公证系统及外接设备的使用和操作规范，电子公证事项的程序规则等。目前，我国已经出台了一系列相关

〔1〕 巴玺维：《日本的公证制度》，载《中国公证》2011年第9期。

〔2〕 周志扬、吕宏庆：《法国、意大利公证信息化发展对我国的启示》，载《中国公证》2016年第11期。

〔3〕 张正怡：《美国电子公证法律制度对我国的启示》，载《中国公证》2011年第4期。

的公证信息化规范，还需要电子公证系统的建设、使用和维护等规范。[1]

第三，电子公证系统中个人信息存在的状态有两种，一是存储，二是传输。在存储状态时，个人信息被泄露的风险取决于存储系统的安全性，可以分为抵挡网络攻击的安全性和防范持有密码口令的非法登录的安全性。前者应当适用技术成熟原则和根据电子公证准入规范来建设和维护存储系统予以解决。后者则更需要依靠机制建设来规范密码口令的分配和使用，限制持有密码的人对系统的使用权限，防止密码口令的泄露。在传输状态时，由于电子公证系统中个人信息可能涉及很多关键个人信息，包括身份证号、银行卡号、隐私信息等，与个人的征信信息的重要性相当，所以应当采用银行系统间信息传递使用的同级别的加密算法，对电子公证系统的个人信息进行加密传输。这包括用户端与公证机构服务器之间、公证机构服务器与外出采集设备之间、公证机构服务器之间、公证机构与公证行业管理机构之间的个人信息传输和交换。虽然申请人在提交材料时，材料尚未审核，但是其中往往包含关键个人信息，所以这些材料被传输给公证机构时仍然应当采取加密的安全传输。申请人向公证机构申请查阅以往的个人信息时更应当采取加密传输。

4. 个人信息保护在数据系统中实现时对系统设计的影响

通过将个人信息保护的理论在电子公证系统中寻求具体实现，本节对在系统中实现个人信息保护时对系统设计的影响有如下小结：

首先，虽然个人同意对个人信息保护的有效性有局限，但是仍然应当强调在信息收集使用时获得信息主体的授权同意。第一，计算机系统获得个人同意的技术成本很低，只需在信息主体登录其系统时优先弹出包含其信息收集使用政策的页面，要求其同意后才能继续使用该系统即可。第二，个人同意构成了信息控制者对信息收集利用的正当性基础，也为约束信息控制者根据最初载明的目的和最少够用原则收集利用信息提供了依据。第三，在信息主体具有实质选择权时，个人同意能够有效地限制信息控制者对信息的滥用，促使其合理使用信息、重视信息安

---

〔1〕 在2018年到2019年，我国司法部已陆续出台了多个公证业务信息化的规范。比如，《全国公证综合管理信息系统技术规范》《公证数据中心建设和管理规范》《公证数据要求与规范》《公证信息资源共享平台技术规范》《公证信息安全技术规范》《公证档案数字化规范》等。

全风险。虽然在申请人提出电子公证申请时,由于不存在不会收集、存储和使用其个人信息的公证机构,所以只能同意,不存在实质选择权,但是此时仍应要求公证机构获得个人同意,这样可以告知和提醒申请人相关的信息安全风险,也可以要求公证机构的后续使用应当遵循申请人同意了的信息使用目的和最少够用原则。在公证完成后,由于申请人此时已经没有公证的需要,所以公证机构要再次使用或交换其个人信息时,申请人可以自由选择不同意而不用担心无法使用该系统。所以此时公证机构要获得个人同意,就要尽可能地减少申请人对信息使用安全风险的担心,增加申请人对信息使用的好处和必要性的感知。

其次,应当结合"一揽子"同意和特别同意的方法,平衡防止信息控制者滥用优势地位获得个人同意的需要和防止信息主体非理性不同意信息流通的需要。在申请人提交公证申请时,由于不具有实质选择权,公证机构可以利用其优势地位,要求申请人签署"一揽子"同意的政策,迫使申请人同意公证机构之后对其个人信息的任何使用。但是这样会使个人同意完全形式化,不能对公证机构的信息使用构成任何约束。如果完全限制一揽子同意,将申请公证时签署的同意限制在仅用于办理该公证事项中,那么在申请人完成公证后,当公证机构要再次利用该个人信息时,由于申请人可以自由选择是否同意,申请人很可能会因为此时公证机构对其信息的使用与申请人无关,抱着多一事不如少一事的态度,不同意这些使用,影响对个人信息的合理再利用。所以可以根据电子公证系统统一标准的特点,在申请公证时允许公证机构要求申请人同意电子公证系统内与公证相关的信息使用和交换,在公证机构之间信息交换前要求公证机构再次通知申请人,并赋予其选择不同意的权利。

最后,除了获得个人同意外,实现个人信息保护还需要建立系统的建设、维护和操作规范,建立录入、访问、使用、更改系统中信息的权限控制机制。在大数据时代,仅仅依靠个人同意无法良好地保护个人信息。还应当要求系统采取个人信息收集使用的系统一般会采用的安全措施。此外,应当根据系统自身的特点,要求采取额外的措施。比如,考虑电子公证系统的特殊性,无法对个人信息作匿名化处理,所以在收集、传输时都应加密进行。建立电子公证准入机制,落实电子公证系统的标准化建设、维护和操作,不断考察新出现的安全风险和安保技术,适时更新系统的安保措施和标准规范。除了规范系统的建设和操作,还要规范人对系统的权限。需要结合技术的特点和机制建设实现对人使用系统的权力控制。第一,应当利用全程留痕和区块链技术,使人对信息的任何操作可以追踪和检验。第二,应当利用备份技术,使信息被删改后可以恢复,降低人为破坏的危害。第三,针对增加的源头渎职和腐败的风险,增加录入操作所需的公证员人数,增加公证员之间的监督。要求公证员具有唯一对应的方法验证进入系统,实现对公证员的锁定。第四,针对增加的对批量访问和导出权限滥用的风险,增加系统对此类权力运用的限制和透明性,如经申请或批准后才能批量访问,又如批量访问的同时会通知相关公证员或公证机构。

四、用以解决法学问题的计算机系统对法学问题研究和解决的影响:电子公证系统特点对场景理论的启发

随着信息技术的发展,个人信息可以被使用的场景越来越多,往往超出最初收集时信息主体的预料。即使经过匿名化和去标识化处理后,在某些场景下这些信息还是可以重新关联到个人,变得可识别。[1] 可识别与不可识别的个人信息之间的界限不是绝对的、静态的。[2] 所以需要结合具体的信息场景因素,才能界定个人信息的范围,才能确定对个人信息的某些使用与共享是否存在重大的信息安全风险,才能让信息主体更理性地做出是否授权同意的决定,才能对具有不同程度风险的信息使用采取有差别的适当的信息保护措施。国际社会和我国都普遍接受了分场景、动态保护个人信息的理念,强调在可能包含个人信息安全风险较最初收集时有重大变化的使用场景中进行个人信息安全风险评估、向信息主体做出风险提示、获得特别授权等,[3] 这就是场景理论的基本内涵。下文讨论了场景理论在电子公证系统中的可能适用,以及电子公证系统的特点对场景理论的启发。

---

〔1〕 齐爱民、张哲:《识别与再识别:个人信息的概念界定与立法选择》,载《重庆大学学报(社会科学版)》2018 年第 2 期。

〔2〕 齐爱民、张哲:《识别与再识别:个人信息的概念界定与立法选择》,载《重庆大学学报(社会科学版)》2018 年第 2 期。

〔3〕 范为:《大数据时代个人信息保护的路径重构》,载《环球法律评论》2016 年第 5 期。

1. 场景理论在电子公证个人信息保护中的可能适用

根据场景理论的一般分类[1]，电子公证中个人信息的收集利用场景可以分为公证机构对个人信息的最初收集（场景一）、公证机构内部对个人信息的使用（场景二）、公证机构之间共享个人信息（场景三）、公证行业管理员对个人信息的使用和分析（场景四）、公证机构与其他非公证机构之间的共享（场景五）、公证机构对其个人信息的交易（场景六）。场景理论可以较好地适用于场景一、二、五和六，但是在场景三、四的适用中存在局限，难以实现。

在场景一中，场景理论要求对个人信息的使用进行动态的事中的风险评估，所以会限制公证机构在最初收集时利用申请人对公证的需要而获取"一揽子"或过于宽泛的授权同意，会要求运用目的必要原则和最小化要求对最初的授权同意进行解读，以保证申请人对个人信息的使用风险有合理的预期。这些可以通过让申请人在登录电子公证系统提交材料前须阅读并确认同意电子公证个人信息收集使用说明来实现。对于明显超过与所提交公证有关的对信息的使用，应当提供申请人选择不同意的权利。在场景二中，由于个人信息仅在最初申请的公证机构内部使用，所以信息控制者、使用的场景、使用的内容较场景一没有发生较大变化，都是该公证机构出于与公证有一定关系的目的，查阅所提交的个人信息，所以场景一中获得的授权同意可以适用于场景二。场景一、二中的个人信息风险主要是该公证机构电子公证服务器以及备份服务器的系统风险和操作、访问风险。应当按照前文论及的相关措施予以防范。

在场景五、六中，由于个人信息将以共享或交易的方式由非公证机构使用，用于非公证的事项，进入到其他系统中，所以使用者、使用的场景和环境、使用的内容等都较最初收集时发生了较大变化，超过了场景一中申请人对个人信息使用风险的合理预期，所以根据场景理论，最初的授权同意不能适用。在场景四中，如果公证行业管理员是将个人信息委托给第三方进行分析，或者导出到另一系统中用第三方提供的工具进行分析，那么与场景五、六类似，个人信息使用的场景因素也发生了较大变化。在这些情况下，根据场景理论，应当对新的使用场景做个人信息安全风险评估。《信息规范》遵循场景理论的指导，对信息控制者将个

---

[1] 《信息安全技术个人信息安全规范》第5~8节。《个人信息保护法》第二章第一节。

人信息委托、共享、转让等行为做出了具体的规定。[1] 将《信息规范》应用在场景五、六中，则除非满足例外，作为信息控制者，公证机构在共享或交易前应当首先对个人信息进行匿名化或去标识化的处理，然后再由个人信息保护负责人，根据对被共享者或被交易方的使用目的、拥有的数据库、数据处理的能力、系统安保措施等的一般了解，判断个人信息在共享和交易后再识别的风险、被滥用被泄露的安全风险等。在判断存在重大风险时，应将新的风险评估明确通知信息主体，在获得特别的授权同意后才能在授权范围内进行。这些要求可以通过由公证机构按照《信息规范》要求聘请或雇佣个人信息保护负责人、在国家认可的大数据交易中心遵循当前的普遍做法交易信息、通过电子公证系统在信息共享或交易前向信息主体发送通知允许其选择参加或不参加等方法来具体实现。

2. 场景理论在电子公证个人信息保护中适用的局限及解决

在场景三和不委托或导出给第三方情形下的场景四中，如果适用场景理论，那么与场景五、六的分析类似，由于信息要由最初收集的公证机构经共享或交换导入另外的公证机构或公证行业管理机构的服务器中，使用的目的往往与最初收集时的目的不相同，甚至与信息主体不相关，所以信息的使用场景、使用者、使用内容都发生了较大变化，所以应当重新评估个人信息风险，经过匿名化处理，要求重新授权同意才能共享。可是这些要求在电子公证系统中难以实现。最关键的原因是，场景三、四中的共享都是为了公证其他事项，所以必然要求可以识别到信息主体，才能审查该信息的真实性。而且电子公证系统的一个重要价值在于能够提高公证机构收集信息的利用率，避免重复提交和审查相同的材料。所以场景三、四会广泛的存在。如果每一次共享都要做一次风险评估，每一个公证机构都要按照《信息规范》的要求安排个人信息保护负责人，那么电子公证系统内信息的流通成本会显著的增加。再加上，如果信息主体因为事不关己，或者无谓的担心，而不同意场景三、四的使用，那么信息就无法在电子公证系统内部流通。所以场景理论适用的这些要求会使电子公证系统的重要价值无法实现。

同样难以在场景三、四中适用的还有场景理论中个人信息分类保护

---

[1] 《信息安全技术个人信息安全规范》第8节。《个人信息保护法》第二章第一节。

的要求。影响不同场景下信息使用风险评估的一个重要因素是个人信息本身的敏感度。个人信息可以分为一般个人信息、重要个人信息、关键个人信息。[1] 越关键的个人信息,使用时的风险越大,所以对使用的限制越多,对安保措施的要求也越高。[2] 一般而言,身份证件号码、个人生物识别信息、银行账号、财产信息、征信信息、健康生理信息等都属于个人敏感信息。[3] 而像个人教育工作信息、个人上网记录等则属于非敏感的个人信息。[4] 这些信息在公证中都经常会要求提供。所以电子公证系统中会包括敏感的和非敏感的个人信息,根据场景理论、《信息规范》和《个人信息保护法》的要求,应当给予分类保护。[5] 但是要实现分类保护,就要在收集信息时对信息进行区分,对不同类的信息作不同的处理、存储在不同的区域。在传输时也要分类传输。在信息共享时也要分类做风险评估、分类获得授权同意。电子公证系统还使用了区块链技术解决可靠性问题,所以所有这些分类操作都要分别上链。这样会极大地增加系统的复杂度,增加系统建设和维护的成本。而且,对个人信息是否敏感的区分时常需要依靠公证员在最初录入系统时对该个人信息的判断,所以增加了出现人为错误的可能。另外,关于个人敏感信息的确切含义还没有明确的定论,即使《信息规范》中也只是列举,[6] 所以在电子公证系统中要实现对个人信息的分类保护是非常困难的。

虽然场景理论存在前述的适用局限,但是究其原因,主要是电子公证系统是一个统一的系统,将统一系统中不同公证机构之间信息分享认定为共享,或在统一系统中对信息进行分类保护,会极大地增加系统的复杂度,阻碍信息在统一系统中的流动。事实上,在统一的电子公证系统中,不同公证机构都是按照电子公证准入机制中的标准要求来建设、运行和维护其电子公证系统,而且使用信息都是为了完成公证审查或公

〔1〕 参见史卫民:《大数据时代个人信息保护的现实困境与路径选择》,载《情报杂志》2013 年第 12 期。《信息规范》中则分为非敏感的个人信息和个人敏感信息。《信息安全技术个人信息安全规范》第 3.1 条、第 3.2 条。

〔2〕 《信息安全技术个人信息安全规范》第 5.5 条、第 6.3 条。《个人信息保护法》第二章第二节。

〔3〕 《信息安全技术个人信息安全规范》第 3.2 条。《个人信息保护法》第 28 条。

〔4〕 《信息安全技术个人信息安全规范》附录 A。

〔5〕 《信息安全技术个人信息安全规范》第 6.3 条。《个人信息保护法》第 51 条。

〔6〕 范为:《大数据时代个人信息保护的路径重构》,载《环球法律评论》2016 年第 5 期。

证管理。所以当个人信息从最初收集的公证机构交换至另一公证机构时,虽然信息控制者、所在的设备、使用的目的都与最初收集时不同,但是这种不同不会像场景五、六中那样导致个人信息安全风险发生显著的变化,因为新的信息控制者仍然是公证机构,信息存储和使用的设备是按照与最初收集时设备一样的标准规范来建设、操作和运行,信息使用的目的依旧是与公证有关。所以不同公证机构之间信息交换和共享不应当被认为是信息场景因素发生了显著变化的共享,不需要适用场景理论对场景发生变化时进行个人信息安全风险评估等的要求。

同样的,事实上,场景理论之所以要求对个人信息进行分类保护,是因为考虑到对所有信息统一适用较高的安全标准难以实现,分类保护能够更好地平衡个人信息保护和使用的需要。但是这一考虑在统一的电子公证系统中不成立。因为在统一的电子公证系统中,对所有个人信息不加分类都适用较高的安全标准,会比对所有个人信息进行分类后适用不同级别的安全标准,更容易实现、更节约成本、更减小系统的复杂度。目前在电子公证系统中对所有的个人信息,无论是否敏感,都会采取加密的方法收集、存储和传输。[1] 所用的算法都是与银行业用于存储和传输个人银行信息相同安全级别的算法。[2] 在这种情况下,如果要对敏感的个人信息适用更安全、复杂的算法(如国防级别的算法),从而与非敏感的个人信息相区别,则既不具有必要性又不符合当前个人信息保护的一般做法,也没有强有力的理由支持。如果要对非敏感的个人信息适用更低级别的安保,如不采取加密的方法,则既提高成本、降低效率,又不合理,难以实现。场景理论关注的是敏感个人信息中包含的更高的个人信息安全风险,而统一保护还是分类保护只是具体的实现方式。在统一的电子公证系统中,统一保护比分类保护能够更好地实现对敏感个人信息的保护,所以就不需要适用场景理论有关分类保护的要求。

3. 场景理论局限的解决对场景理论的启发:场景理论应当增加对系统技术特点的考虑

场景理论提倡的分场景、动态评估个人信息风险的理念符合大数据

---

〔1〕 来自于作者在上海 2019 年 4 月对电子公证原型系统研发负责人及团队的访谈。

〔2〕 来自于作者在上海 2019 年 4 月对电子公证原型系统研发负责人及团队的访谈。

时代个人信息收集使用的特点,已经被国际社会和我国普遍接受。[1]运用场景理论,可以根据信息控制者、信息使用的目的和信息存储的系统环境等信息场景因素是否发生较大变化,将系统中的个人信息收集使用场景一般性地分为:对个人信息的收集及与收集目的紧密关联的使用的场景、最初收集者对个人信息的与收集目的无关的使用的场景、系统内与非最初收集者的共享及非最初收集者的使用的场景、与系统外部机构的共享和交易的场景。

根据前述分析,场景理论在适用于电子公证系统的不同场景时存在一定的局限。在解决这一局限的过程中,场景理论得到了丰富和发展。具体而言,在根据信息场景因素的变化确定不同的场景时,应当注意考虑系统的技术特点,评价这些因素的变化是否会显著影响个人信息安全风险的程度和性质,进而确定这些变化是否会改变场景。虽然像信息控制者、信息使用的目的和信息存储的系统环境等信息场景因素发生变化时,一般会较大影响个人信息安全风险,但是不应认为只要这些因素发生变化,就一定会显著改变风险,改变场景。在信息控制者遵循同样的标准和规范建设、运行和操作系统时,信息控制者的变化不会较大地改变风险。同理,在信息使用的目的对于个人信息而言具有同样性质和程度的风险时,信息使用目的的改变不会较大改变风险。在信息存储和使用的系统环境按照同样的规格和标准建设和维护时,系统环境的变化也不会较大改变风险。所以不应静态、固定地根据信息场景因素的变化来确定是否产生新场景,进而要求获得新的个人同意、做出新的安全风险评估和适用新的安保措施。应当坚持场景理论中动态评估个人信息风险的理念,根据系统技术的风险特点,确定当某些信息场景因素发生变化时是否需要区别对待。

由于我国《信息规范》固定地将向非信息控制者的委托处理、共享和转让、公开披露等几个场景与信息控制者的收集使用场景相区分,适用不同的规定[2],即固定地认为信息控制者的变化必然会显著改变个人信息安全风险、产生新的场景,所以为了符合信息控制者等具体场景因素的变化不一定产生新场景的实际情况,应当对向非信息控制者的委

〔1〕 范为:《大数据时代个人信息保护的路径重构》,载《环球法律评论》2016 年第 5 期。

〔2〕 《信息安全技术个人信息安全规范》第 8 节。

托处理、共享和转让、公开披露等规定的适用增加限制条件，排除同一统一系统内不同机构之间的共享和交换。就像电子公证系统一样，由于各个公证机构是按照相同标准和规范建设、运行和维护其系统，使用信息的目的和技术具有同样性质和程度的个人信息安全风险，所以向系统内其他公证机构共享信息不能算作会产生新场景的共享，不应当适用《信息规范》中有关信息共享等的规定。这是坚持运用场景理论解释《信息规范》具体规定的体现，也是对动态评估个人信息安全风险理念的贯彻。

对场景理论的另一启发是分类保护要求的适用的条件性。场景理论关注敏感个人信息中包含的比非敏感个人信息的更大的信息安全风险，所以对此类信息的收集使用提出更高的要求，如要求加密传输和明示的同意等。但是这不表示，场景理论认为敏感个人信息必须与非敏感个人信息区别对待，适用不同的要求。当区别对待不利于敏感个人信息的保护、将所有个人信息统一的适用较高的安保措施更容易实现时，场景理论不再要求对个人信息分类保护、区别对待。在像电子公证系统那样既全程溯源和备份，又布置了区块链的较复杂的统一标准化建设的系统中，对个人信息分类收集、存储和传输会较大的增加系统的复杂度，增加人为出错的概率，降低系统运行和对个人信息利用的效率，但是对所有信息统一实行加密存储和传输则是更加容易的。在这种情况下，场景理论应当回归其对分类保护坚持的原因，即对敏感个人信息保护的关注，不再坚持对个人信息分类保护，而是统一适用较高的安保标准，更好地实现对敏感个人信息的保护。所以场景理论应当增加对系统技术特点的考虑，坚持动态评估信息安全风险的理念。

五、本节结语：个人信息保护问题与电子公证系统相互作用的小结及启发

在大数据时代，个人信息保护不能仅依靠个人同意机制已被普遍认同，而场景理论提供了一套根据信息场景因素的变化进行事中个人信息安全风险评估的机制。不过，个人同意机制和场景理论都是关注信息主体在个人信息被收集使用过程中的风险知情权和自主决定权，而电子公证系统中实现个人信息保护的研究表明，个人信息保护还应当注意个人信息可靠性和安全问题，具体体现为防源头污染、防删改和防泄露。解决这几个问题，要结合技术的运用和机制的建设。坚持全过程可溯源原

则、备份原则、技术成熟原则和批量访问导出限制原则。如此才能较全面、完整地实现个人信息保护。

在个人信息保护问题与电子公证系统的相互作用影响下，一个个人信息受到良好保护的电子公证原型系统便呈现出来。在这个系统中，申请人在提交公证申请时会被告知材料中的个人信息经审核进入系统后的可能使用场景。即使获得了申请人的同意，公证机构对个人信息的收集使用仍须遵循最少够用原则。由申请人提交的有关第三方的个人信息，不能与第三方关联，只能置于申请人档案中，作为审查申请人公证事项的附件材料加以使用。在电子公证系统内，个人信息在与其他公证机构或公证行业管理者交换前应再次告知申请人交换的目的和拟使用的场景，并给予其选择不同意的权利。在个人信息与电子公证系统外的机构交换前，应由个人信息保护负责人对交换进行个人信息安全风险评估，须满足《信息规范》中的一系列要求。公证机构、公证员应当符合电子公证准入机制的要求建设、维护和操作电子公证系统。公证行业管理者应当有专门的专业人员定期检验系统的个人信息安全风险。有至少两名公证员同时验证才能将信息录入系统，每名公证员有唯一对应的口令或生物信息来验证系统，以防止渎职和腐败，确保信息来源可查。查询、访问、调取、交换系统中的信息都会自动生成记录，实现全程留痕。批量访问、导出个人信息会自动同时通知最初收集的公证员、公证机构。建立权限机制控制能够访问、查询、导出信息的人和事由。对信息的更改需要经过申请、核实和批准后才能进行。信息在录入系统的同时自动对其内容计算校验值，之后对该信息的任何操作自动生成记录的同时对该记录也自动计算校验值，所有校验值都会自动存储在电子公证系统的区块链上，以检验该信息本身、对信息操作的记录是否可靠。信息在公证员录入公证机构本地服务器的同时自动备份至公证行业管理中心的服务器上，实现多级、多处对信息的备份存储，以防止某个服务器出现问题后信息无法恢复。同理，对信息的操作记录也会同时备份至多级、多处服务器。所有备份在产生的同时也自动计算检验值，并存储在区块链上。

本节以个人信息法律保护问题与电子公证系统的相互作用为例，讨论了计算法学方法的第二步结合计算机技术帮助解决或实现法学问题中法律系统与计算机系统相互作用的问题。通过本节的讨论得到二者相互作用的一些启发。第一,在结合计算机技术帮助解决法学问题之前,应当按照本书前几章讨论的数据化方法对法学问题作层层解构,得到对计算机系统设计更为直接、具体的规则和要求。第二,综合本章三节的讨论,数据化后的法学问题对用以帮助解决法学问题的计算机技术的影响既包括对相关法律数据及数据库的发现、获取、处理和分析等的算法和程序的影响,又包括对其他相关的计算机系统设计、技术选择和机制建构的影响。

通过归纳本节的具体讨论发现,数据化后法学问题对计算机系统设计、机制建设的影响有两种。第一种是解构后的法学问题的原则和具体规则直接成为计算机系统的设计原则和具体运行规则,可以直接指导计算机系统的设计和技术的选择。如电子公证系统对个人信息保护的个人同意原则的实现。第二种是解构后的法学问题的原则和具体规则无法通过计算机系统独立实现,需要计算机技术和制度设计相结合共同来实现。如电子公证系统需结合制度设计来实现个人信息保护的可靠性和安全性要求,表现为要求两名公证员在场才能录入信息;公证管理人员无法随意查阅、调取系统数据等制度设计。

本节的讨论也启发了计算机系统和技术的特点对法学问题理论研究和解决实现的影响。法学问题理论研究应当考虑可能用以帮助解决法学问题的计算机的系统和技术的特点。这些特点可能影响法学问题理论研究的前提、范围、含义、结构和不同要素之间的关系等。本节的讨论体现了计算机系统和技术对理论研究前提的影响。由于电子公证的系统和技术特点,场景理论中关于场景转换和划分依据的关键因素发生了变化,影响了场景的划分;同时,场景理论中区别对待关键和普通个人信息的前提也发生了变化,使原先的区别对待在电子公证系统中不再合理。然后,法学问题在结合计算机系统具体实现时应当根据计算机系统和技术的特点适当调整实现的制度路径,使制度设计和计算机系统及技术能够良好地结合共同实现法学问题的解决。计算机系统及其直接相关的机制建设要相互结合、良好配合,才能实现法学问题的解决。所以既要根据法学问题的数据化指导计算机系统的设计和技术的选择,又要根据计算机系统和技术的特点调整法学问题具体实现的制度路径。

结　语　计算法学方法是连接法学和计算机科学的研究方法

本书初步系统性地从法学的角度讨论计算法学方法用于研究法学问题的步骤和路径，希望能推动这一研究方法更好地运用于法学和法学+计算机领域问题的研究和解决，将以往的法学研究方法与计算机技术和能力连接起来。

计算法学方法分为两大步。第一步将法学问题数据化，以相关的实际法律数据和对数据的演算规则，即包含数据的算式来表示法学问题。本书第二章、第三章分别以具体法学问题的数据化为例，讨论了法律规范类和法秩序构造类法学问题数据化的一些解构路径。主要包括：由上而下、层层解构的路径；由下而上、层层抽象的路径；先由上而下后由下而上相结合的路径；以及先由下而上后由上而下相结合的路径。在对法学问题作层层解构的过程中，计算法学方法不排斥任何一个与该问题有关的已有法学研究理论及成果，哪怕这些已有理论之间相互冲突或者概念的定义各自不同。因为法学问题的数据化，不是要追求该问题在语言上的精确的概念表达，而是为了寻找和发现与该问题研究和解决有关的尽可能全面、完整的数据以及数据处理分析的可能规则。在计算法学方法中，概念及概念定义的语义变得更不重要，而概念指向的相关数据集及数据处理分析规则更为重要。概念之间的关系也变成了相关数据集之间的关系。不论概念还是概念之间的关系都可以用一些符号来表示。在对相关数据作层层抽象的过程中，计算法学方法提倡充分运用已有的法学研究方法及成果处理分析数据，如实证法学方法中的类型化分析、类特征提取，统计学的方法，计算机科学的方法等。所谓层层抽象，就是发现数据之间的关系，对数据分门别类，发现类之间的关系，对不同的类和关系确定合适的定义和描述等，以最终与法学问题的基本要素相连。

不论是哪种路径，在法学问题数据化的过程中，计算法学方法都鼓励对各种已有法学研究方法、理论及成果的充分运用和吸收，也提倡根据具体的法学问题和已知相关数据的特点创造性地发现数据与法学问题之间的关系或是提出发现这种关系的新方法。由于会运用多种法学方法及成果，所以数据化法学问题是一个不断往返、重复的过程，以便不断地发现、更新相关的数据及数据之间的算式，使法学问题获得充分、多样的数据算式表达。

计算法学方法的第二步是结合计算机技术帮助解决和研究数据化后的法学问题。本书第三章以具体法律数据分析处理和计算机系统在法学中的具体应用为例，讨论了第二步的两个重要部分。一个重要部分是结合计算机技术获取、存储、处理和分析法学问题相关数据的方法。在数据化的启发下，这一步是将法学问题的数据算式表达通过计算机技术具体予以实现。在具体实现的过程中，要根据相关数据及初步确定的演算规则的特点，选择合适的计算机方法和技术，逐步构造能够达到一定准确率要求的获取、处理和分析数据的方法和程序。可以对数据按照其获取和处理所需的技术难易程度分类，按类选择合适的计算机方法分别获取和处理。在设定准确率的要求时，应当同时考虑法学和计算机科学的要求。从法学角度看，一般应当超过人工获取、处理能达到的水平；而从计算机科学角度看，准确率可能包括多种计算方法，而且有较为丰富的检测标准和检测数据集，应当参照适用、综合考虑。在分析数据以获得法学问题研究和解决的依据或支撑时，应当遵循两个原则。一是获得的依据或支撑应当符合法律法规明确的规定，或者法学理论界的学术共识。二是分析数据的算法应当尽可能模拟或接近人为分析数据的过程。另一个重要部分是认识法学问题相关理论和用以帮助研究解决法学问题的计算机系统的相互作用，以便确定计算机技术和系统的设计和选择，调整法学问题的理论研究体系和具体实现路径。在结合计算机技术帮助研究和解决法学问题时，计算法学方法强调根据法学问题的数据化，确定计算机技术选择、程序设计和编程实现的原则和具体规则，以及确定更为宏观的多个计算机程序组成的系统设计、安全保障和制度构建等方面的原则和实现规则。同时，计算法学方法也要求根据可能用以帮助研究和解决法学问题的计算机技术和系统的特点，反思该计算机技术和系统支持解决下的法学问题的概念的含义、概念之间的关系、法学问题的结构等,影响对法学问题理论成果的理解和运用;以及调整法学问题具体实现的制度路径的设计。在很多情形下,法学问题的解决不能仅依靠计算机系统来实现,而需要结合计算机系统和制度建设来共同完成,所以应当同时考虑计算机和制度建设两套系统各自的特点,不断调整,以便二者能够良好地结合,共同实现法学问题的解决。法学问题与计算机技术之间的相互作用也是计算法学方法中数据、计算思维与法学思维相互融合的重要体现。

综上,本书将计算法学方法概括为这样一个过程,即以研究或解决某一法学问题为任务,将其转化为可以通过数据分析和计算的方法予以呈现和解决的问题,然后在已有的信息技术能力基础上培养或发展完成数据化后问题需要的计算机能力,再通过这一能力帮助完成法学任务,并通过任务完成的好坏检测和完善培养或发展出来的有关计算机方法和技术。计算法学方法具有独立的方法论价值和思维特点,是在信息网络时代出现的一种新型法学研究方法。本书仅是初步系统性地讨论了计算法学方法。该方法还有很多方面有待进一步的研究和展开。在法学问题数据化的方法方面,本书仅讨论了法律规范类和法秩序构造类里面的几个子问题的一些数据化方法,归纳总结四类数据化的解构路径。但还有很多其他的方法待发现。而且,法学问题还有法的基本概念类和基本命题类问题。法律规范类和法秩序类里面也还有其他重要的法学问题。数据化的解构路径也应该更加丰富多样。而且,本书仅概要性地讨论了数据化方法中的解构路径,但在实际数据化的过程中,这一路径应该更加具体、明确,能够帮助将抽象的法学问题逐步转换成包含计算机可处理的数据的算式。所以数据化的方法还应当包括各类现实法律数据适合的发现处理方法,法律数据之间可能存在的演算规则种类及发现方法等。本书提供的几类问题的数据化方法和模型也需要在不断地运用过程中加以优化,在其指导建立的数据集中检测和运行。

在结合计算机帮助解决研究法学问题方面,本书仅讨论了司法判决书这类法律数据如何从非结构化数据转换为结构化数据的一类方法。事实上,还应该包括其他类法律数据结构化的方法,以及除了正则表达式等之外的将司法判决或其他法律数据结构化的方法。同样的,除了模拟人为分析数据的算法外,还有其他逻辑支持的分析数据的算法。法学理论和计算机系统之间的相互作用也可能有其他的表现。值得特别强调的是,计算法学方法是立足于具体问题研究的方法,致力于运用计算机技术帮助解决某一或某类法学问题,其方法论体系建立在不断尝试、不断提出具体的数据化或法学问题解决的方法的基础上,强调以数据和算式对该方法论中各种相关概念、概念之间的关系等加以界定和区别,避免陷入纯粹的概念之争或空洞的猜想之辩当中。所以计算法学方法能够支持哪些法学问题研究,能够支持到什么程度,能够把法学问题的解决具体实现到怎样等等问题的答案,不仅需要理论、抽象地想象出来,更需要实实在在地做出来。如要看具体用什么方法能够更准确地把需要的数据从非结构化的数据中提取出来,具体哪些法律相关的实际活动可以以数据的形式来表示,数据库的建设到什么程度、能够满足哪些高级检索的需要,等等。更为重要的是,在促进计算法学方法支持的研究的继往开来、合作积累方面,有关的机制建设,像已有的数据之间如何兼容合并、法律数据库如何建立、共享和重复使用等都需要进一步的建设和推动。所有这些都有待学界前辈、同人一起努力,共同研究,不断前行。